Das Klarissenkloster Söflingen

Forschungen zur Geschichte der Stadt Ulm

Herausgegeben vom Stadtarchiv Ulm

Band 20

1980

Schriftleitung: Dr. Hans Eugen Specker, Ulm, Stadtarchiv

Das Klarissenkloster Söflingen

Ein Beitrag
zur franziskanischen Ordensgeschichte Süddeutschlands
und zur Ulmer Kirchengeschichte

von

KARL SUSO FRANK OFM

Ulm 1980
Kommissionsverlag W. Kohlhammer, Stuttgart

Druck: Süddeutsche Verlagsgesellschaft mbH, Ulm (Donau)
Schutzumschlag: typofilm ulm, Rudi Rampf. — Vorlage (Französische Miniatur, um 1300, mit einer Darstellung von Nonnen bei der Messe und bei einer Prozession, unten): The British Library, London (Add. 39843, f. 6v), der wir für die freundliche Genehmigung zur Reproduktion herzlich danken.
Kommissionsverlag W. Kohlhammer, Stuttgart
ISBN 3-17-005129-6

INHALT

EINLEITUNG

Das Klarissenkloster Söflingen ist die älteste Niederlassung des zweiten franziskanischen Ordens in Deutschland. Es hat sich zum reichsten deutschen Klarissenkloster entwickelt und im späten 18. Jahrhundert die Reichsfreiheit erlangt. Eine Institution von so hohem Rang hat früh das Interesse der Historiker auf sich gezogen. Unter den Ulmer Lokalhistorikern war es der Dominikaner *Felix Fabri* (gest. 1502), der als erster über das Klarissenkloster berichtet hat. In seinem »Tractatus de civitate Ulmensi« gibt er sich kundig und wissend über die Klostergeschichte [1]. Freilich war er weit von den Anfängen des Klosters entfernt und für seine Zeit, das späte 15. Jahrhundert, ist er kein unparteiischer Berichterstatter gewesen. Er gehörte zu den Anhängern und Verfechtern der Klosterreform und betrachtete die Verhältnisse im Söflinger Kloster von diesem Standpunkt aus. *Martin Crusius* hat in seinen 1595/96 erschienenen »Annales Suevici« auch die Geschichte Söflingens berührt [2]. Für die Gründungszeit des Klosters hat er mit seinen Angaben allerdings mehr Verwirrung als Aufklärung gebracht [3]. Das weitere Schrifttum über Ulm und seine Geschichte geht keineswegs stillschweigend an Söflingen vorüber, aber zur Klärung der geschichtlichen Entwicklung des Klosters trägt es wenig bei.

Ungenügende und unsichere Auskunft bieten auch die franziskanischen Ordenshistoriker. Es sind dabei vor allem drei Namen zu nennen: *Nikolaus Glaßberger* (1450—ca. 1508), Franziskanerobservant, der zwischen 1506 und 1508 eine »Chronica Ordinis« geschrieben und darin wichtiges Material für eine Geschichte des franziskanischen Deutschland zusammenge-

1 Fabri veröffentlichte seine Ulmer Stadtgeschichte im Jahre 1488. Lateinische Ausgabe: Bibliothek des literarischen Vereins in Stuttgart 186, Tübingen 1889. — Deutsche Übersetzung von Konrad Dieterich Hassler, in: UO 13—15 (1908/09).

2 Crusius (1526—1607); deutsche Ausgabe der Annalen (Schwäbische Chronik) von Johann Jakob Moser, 1773.

3 *Miller*, Söflinger Briefe, S. 4; vgl. Anm. 12 und 13.

tragen hat[4]. Die Chronik enthält eine Reihe verstreuter Angaben zu Söflingen; eine ihr von anderer Hand angefügte Ergänzung bringt eine geraffte Darstellung der Söflinger Klostergeschichte, die freilich nicht in allem kritischer Überprüfung standhält. Das 18. Jahrhundert brachte den süddeutschen Franziskanern zwei weitere Historiker und aus ihrer Hand umfassende historische Darstellung des franziskanischen Süddeutschland. Einer war *Vigilius Greiderer* (1715—1780), Mitglied der Tiroler Observantenprovinz und sechs Jahre lang ihr Provinzialoberer. In den Jahren 1777—1780 veröffentlichte er zwei Teile einer umfangreichen »Germania Franciscana«. Mitten in der Arbeit am zweiten Teil, der die Klöster in Bayern, Tirol und Trient (anhangsweise auch die der Schweiz) darstellen sollte, starb er. In seiner Germania Franciscana III teilt er das ihm über Söflingen Bekannte mit[5]. Meldet sich in der Darstellung von Greiderer der Standpunkt der Franziskanerobservanten zu Wort, so haben wir in der »Chronica« des *Berard Müller* eine Ordensgeschichte vom Standpunkt der Franziskanerkonventualen. Müller stammte aus Breisach (Geburtsjahr unbekannt) und starb im Jahre 1704 als Guardian des Breisacher Franziskanerklosters. Er war längere Zeit Sekretär des Provinzoberen, was ihm reiche Kenntnis über die Geschichte der einzelnen Klöster vermittelte, ihn freilich auch zum Parteigänger im anhaltenden Streit zwischen Franziskanerobservanten und -konventualen machte. Annalenartig hat er die Geschichte der Oberdeutschen Konventualenprovinz bearbeitet und sie im Jahre 1703 veröffentlicht[6].

Die genannten Veröffentlichungen handeln von Söflingen als einer kirchlichen Institution, die in unmittelbarem Zusammenhang mit der Reichsstadt Ulm stand, oder als einem bedeutenden Kloster ihres Ordens. Söflingen ist dabei hineingestellt in den größeren Rahmen der Stadt-, Landes- oder Ordensgeschichte. Ältere Werke, die das Klarissenkloster Söflingen allein darstellen, sind recht spärlich. Aus der älteren Literatur ist ein klostereigenes Produkt über die Geschichte Söflingens bekannt: »Compendiosa ac tripartita relatio«. Es war eine 215 Folioseiten umfas-

[4] Veröffentlicht in: AF 2, Quaracchi 1887.

[5] Veröffentlicht in: Alem. Fr. 11, Landshut 1964.

[6] Ebd. 12, Landshut 1964. Die Ausgabe bringt die Chronik Müllers mit den Ergänzungen von *Viktor Tschann,* die dieser Franziskanerkonventuale 1720 angefertigt hat. Die übrigen Ordenshistoriker — wie *Fortunat Hueber,* Dreyfache Chronik von dem dreyfachen Orden des großen H. Francisci, München 1686; *Ladislaus Sappel,* Annales Provinciae Alemaniae (um 1755 geschrieben, Manuskript im Provinzarchiv der bayerischen Franziskanerprovinz); *Cherubin Mayr,* Chronologia Almae Provinciae Alemaniae seu Argentinae (geschrieben um 1756, Manuskript im Provinzarchiv der Tiroler Franziskanerprovinz) — erbringen für Söflingen über das im 18. Jahrhundert hinaus Bekannte nichts Neues. Das gilt auch von den übrigen Ordenschronisten der Zeit, zusammengestellt in: AF 8 (1946), S. 92 f.

sende Hausgeschichte, wohl von einem der in Söflingen tätigen Franziskaner im Jahre 1787 geschrieben[7]. Ebenso ausschließlich dem Klarissenkloster galt eine wenige Jahre vorher entstandene Veröffentlichung von *J. W. Schrader*: »Vertheidigung der ursprünglichen Freyheit und Immediatität des . . . Gotteshauses Söflingen«[8]. Es ist dies freilich mehr eine Streitschrift für die Sache des Klosters als eine distanziert-objektive Darstellung seiner Geschichte. Der Streit um die politische Selbständigkeit und Unabhängigkeit von Ulm hat diese Publikation veranlaßt. Dem Verfasser kam es daher vor allem auf die Zusammenstellung von umfangreichem Urkundenmaterial an, das Söflingens Autonomieansprüche unterstützen konnte. Danach dauerte es dann fast hundert Jahre, ehe Söflingen und seine Geschichte wieder eine eigene Darstellung fanden. Im Jahre 1862 erschien in Ulm aus der Feder von *Georg Fischer* die 46 Seiten umfassende »Geschichte des Klosters Söflingen nach den Quellen beschrieben«, die jedoch in keiner Weise den Ansprüchen einer historischen Monographie genügt[9].

Wichtige Beiträge zur Söflinger Klostergeschichte wurden schließlich in den jüngst vergangenen Jahrzehnten erbracht. Einmal war es Stadtpfarrer *Rudolf Weser*, von 1912—1932 Seelsorger der katholischen Kirchengemeinde Söflingen, der sich mit Liebe und Aufmerksamkeit der Geschichte des Söflinger Klosters angenommen hat. Einige Ergebnisse seiner Forschungen konnte er veröffentlichen[10], anderes hinterließ er handschriftlich; seine Aufzeichnungen sind hier dankbar mitbenutzt worden[11]. Daneben war es vor allem *Professor D. Dr. Dr. h.c. Max Miller*, der langjährige Leiter der Archivdirektion Stuttgart (verst. 1973). Ihm verdanken wir die vollstän-

7 *Miller* (Söflinger Briefe, S. 4) spricht vom Werk eines Beichtvaters. Danach kommen als Verfasser in Frage: Archangelus Geiger, Beichtvater in Söflingen 1787 bis 1789. Eine wissenschaftliche oder schriftstellerische Tätigkeit ist für ihn nicht nachgewiesen. Der Beichtvater des Jahres 1786, Bertrand Erdt, hat neben phil.-theol. Thesen 1783 in Augsburg eine staats- und kirchenrechtliche Abhandlung veröffentlicht (AF 8, 1946, S. 502 f.). Von 1784—1786 war Eutropius Liechtenauer Beichtvater; von ihm sind Abhandlungen zur Kirchengeschichte und Dogmatik bekannt (ebd., S. 530 f.).

8 1772 erschienen, eine typisch aktuelle und für Prozesse damaliger Zeit charakteristische Publikation. Vgl. z. B. auch die lange Liste derartiger Publikationen (Germania Benedictina 5, Augsburg 1975, S. 423) für und gegen den Anspruch der Abtei Neresheim auf Reichsfreiheit (im Prozeß 1763 zugunsten Neresheims entschieden).

9 *Miller* (Söflinger Briefe, S. 4) nennt sie eine »höchst unbedeutende Monographie«.

10 Weser wurde am 3. März 1869 in Pflaumloch geboren; nach seiner Pensionierung lebte er in Straßdorf/Schwäbisch Gmünd, wo er am 7. August 1942 verstorben ist. Für seine Veröffentlichungen zur Söflinger Klostergeschichte vgl. das Literaturverzeichnis.

11 Aufbewahrt im *Diözesanarchiv Rottenburg* (Nachlaß Rudolf Weser).

dige Aufarbeitung des Söflinger Urkundenmaterials. Seine »Regesten« zur Söflinger Klostergeschichte reichen von den Anfängen bis zum Jahr 1550[12] und erleichtern dank der sorgfältigen Quellenbearbeitung das Studium der mittelalterlichen Geschichte Söflingens außerordentlich. Miller hat darüber hinaus mit seiner Arbeit »Die Söflinger Briefe und das Klarissenkloster Söflingen bei Ulm a. D. im Spätmittelalter« — 1940 von der Kath.-Theol. Fakultät der Universität Tübingen als Dissertation angenommen — grundsätzliche Aussagen zur Söflinger Klostergeschichte gemacht. Zwar behandelt er darin nur einen Abschnitt der langen Klostergeschichte, freilich den zweifellos interessantesten und in den bisherigen Darstellungen umstrittensten, aber seine Arbeit ist für jede weitere Beschäftigung mit Söflingen unentbehrlich. Miller wies sich damit als bester Kenner der Geschichte des Klosters Söflingen aus. Leider kam er nicht zu ihrer vollständigen Bearbeitung[13]. Eine solche hätte den hier vorliegenden Versuch einer Geschichte des Söflinger Klarissenklosters sicher überflüssig gemacht.

Die folgende Darstellung sieht das Kloster in seiner unmittelbaren Nähe zur Reichsstadt Ulm. Mittelalterliche Stadt und mittelalterliches Kloster sind in jedem Fall ihres Beisammenseins ein lohnendes Forschungsobjekt; für das Klarissenkloster Söflingen wurde das Verhältnis zur Stadt nach deren Glaubenswechsel zur aufregenden und spannenden Geschichte. Zum anderen wird die Geschichte des Frauenklosters im Zusammenhang mit der Ordensorganisation gesehen, als bedeutende Institution im Rahmen der sich ablösenden franziskanischen Ordensprovinzen im südwestdeutschen Raum. Die Geschichte des Klosters Söflingen soll als Beitrag zur franziskanischen Ordensgeschichte verstanden werden.

Gerne sei schließlich zugestanden, daß die Untersuchung der Söflinger Klostergeschichte aus ganz persönlichem Interesse erfolgte, sind mir das ehemalige Kloster und seine Geschichte doch von früher Kindheit an vertraut. Die eigene Anteilnahme am Geschick des ehemaligen Klosters sehe ich dabei nicht als Gefahr für eine geschichtliche Darstellung. Sie fördert in besonderem Maße intellektuelle Neugier, die den Historiker bei seiner Arbeit umtreiben soll; sie schenkt wohl auch jene Offenheit für das Objekt und ermöglicht jenes Maß an Liebe zur Sache, die zum rechten Erkennen

12 Als Manuskript im *Staatsarchiv Ludwigsburg*. — Zu Max Miller vgl. *Günther Haselier*, Nachruf Max Miller, 1901—1973, in: Archivalische Zeitschrift 71 (1975), S. 78—88; *Eberhard Gönner*, Max Miller zum Gedenken, in: Der Archivar 29 (1976), Sp. 157—164.

13 Die Arbeiten von *Max Miller* zur Söflinger Klostergeschichte sind im Literaturverzeichnis zusammengestellt.

hinleitet, denn »niemand kann anders als durch Freundschaft erkannt werden«[14].

Während der Arbeit an der Söflinger Klostergeschichte durfte ich manche Hilfe und Unterstützung erfahren. Dankbar nenne ich das Ulmer Stadtarchiv und seinen Direktor, Herrn *Dr. Hans Eugen Specker*, das Staatsarchiv Ludwigsburg, das Diözesanarchiv Rottenburg für die großzügige Überlassung wichtiger Söflingensia aus dem Nachlaß Rudolf Wesers, meinen Bruder *P. Professor Dr. Isnard W. Frank*, meine Assistentin, Frau *D. König-Ockenfels*, die weiteren Mitarbeiter der Abteilung Alte Kirchengeschichte und Patrologie der Universität Freiburg und meine Sekretärin, Frau *L. Weber*, die sich mit Sorgfalt der notwendigen Schreibarbeit angenommen hat.

14 *Augustinus*, Zu 83 verschiedenen Fragen 71,5.

1. TEIL

Die Anfänge des Klosters

1. Die »Schwestern der hl. Elisabeth auf dem Gries« bei Ulm

Die Klostergründung auf dem Gries

Die Anfänge des Söflinger Klarissenklosters lagen nicht in Söflingen, sondern auf einem Gelände im östlichen Vorfeld der staufischen Reichsstadt Ulm. Die älteste, erhaltene Urkunde zur Geschichte des Klosters führt deutlich zu dieser Ortsbestimmung:

»Im Namen der Hl. und ungeteilten Dreifaltigkeit. Amen. Die gegenwärtige und zukünftige Zeit soll wissen, daß der edle Herr Ulrich von Freyberg, der Bruder des Herrn Peregrin von Hürbel, sein Eigentumsrecht über drei Hofstätten auf dem Gries bei Ulm, die der Herr Kraft von Langenau von dem genannten Peregrin von Hürbel zu Lehen gehabt hat, dessen Bruder und einziger Erbe der vorgenannte Ulrich war, zu seinem und seiner Vorfahren Seelenheil den Schwestern der hl. Elisabeth in Ulm übertragen hat.

Die Zeugen dieser Übertragung sind anwesend; es waren: Bertholdus Rufus, Amman in Ulm, Konrad Truncus, Heinrich Raegelinus, Konrad Razo, Heinrich Grecus, Ulrich Lapparius, Diepold Raegelinus und Ulrich, Johannes von Aschaffenburg, Friedrich, Pfarrer in Hunningen.

Zur vollen Sicherheit dieser Tatsache hat Bertholdus, der Ammann in Ulm, das gegenwärtige, mit seinem Siegel beglaubigte Schreiben, den vorgenannten Schwestern übergeben. Das geschah im Jahre der Geburt des Herrn 1237, am 25. Juli.« [1]

Die Niederlassung der Schwestern der hl. Elisabeth, von der die Urkunde spricht, lag »in arena apud Ulmam« [2]. »Arena« ist sandiges Land, meist

1 *UUB* I, Nr. 41 (S. 55—60); *Miller*, Regesten, Nr. 2.

2 *Greiderer*, Germania Franciscana III (Alem. Fr. 11, S. 101) nennt es »glarea seu arena«.

am Wasser oder Fluß gelegen; hier weist es auf Gelände am Donauufer hin. Die Lage des ersten Klosters kann genauer bestimmt werden: Es lag westlich der heutigen Gänstorbrücke in der Gideon-Bacher-Straße zwischen Zeughaus- und Griesbadgasse[3].

Die Urkunde belegt für dieses Gebiet vor der staufischen Stadtmauer Ulms »drei Hofstätten«, also ein landwirtschaftliches Anwesen, das bislang im Besitz des Herrn Ulrich von Freyberg war. Zur Zeit der Urkundenausstellung war der Besitz jedoch schon »den Schwestern der hl. Elisabeth« übertragen worden. Im Jahr 1237 existierte also auf dem Gries bei Ulm bereits eine klösterliche Niederlassung. Die wichtige Urkunde vom 25. Juli 1237 darf daher nicht als Gründungsurkunde angesehen werden. Sie beurkundet nur einen Vorgang, der bereits früher stattgefunden hat, eben die Übergabe des Besitzes auf dem Gries durch den Edelmann Ulrich von Freyberg an die genannten Schwestern. Wann diese Übertragung stattgefunden hat, geht aus der Urkunde nicht hervor. Die Anfänge des Klarissenklosters lassen sich daraus nicht unmittelbar festlegen. Der Text bietet jedoch Anhaltspunkte für den Beginn der klösterlichen Niederlassung auf dem Gries. »Schwestern der hl. Elisabeth« werden als neue Besitzer des Anwesens genannt. Diese Kennzeichnung setzt die Heiligsprechung der Landgräfin Elisabeth von Thüringen voraus. Elisabeth ist 1231 im Alter von 24 Jahren in Marburg gestorben. Am 27. Mai 1235 hat Papst Gregor IX. sie heiliggesprochen. »Schwestern der hl. Elisabeth« kann es vor diesem Zeitpunkt nicht gegeben haben. Damit ergibt sich für die Gründung des Klosters auf dem Gries die Zeit zwischen dem 27. Mai 1235 und dem 25. Juli 1237.

»Freie Schwestern« oder Klarissen?

Die Ulmer Lokaltradition und die ordensgeschichtliche Überlieferung stehen allerdings für einen früheren und ordensgeschichtlich bedeutsameren Anfang des Ulmer Klosters ein. Der Dominikaner Felix Fabri meinte, die Klarissen seien »nicht lange nach« den Franziskanern nach Ulm gekommen[4]; diese ließen sich im Jahre 1229 in der Stadt nieder[5]. Noch kundiger geben sich die Ordenshistoriker. Der Franziskaner Nikolaus Glaßberger

[3] Nach der Urkunde über den Verkauf des Anwesens an die Stadt Ulm am 30. September 1553: *StA Ulm*, A Urk. vom Verkaufstag.

[4] *Fabri*, Tractatus, S. 23.

[5] Zu den Anfängen des Ulmer Franziskanerklosters vgl. *I. W. Frank*, Franziskaner und Dominikaner im vorreformatorischen Ulm, in: H. E. Specker und H. Tüchle (Hrsg.), Kirchen und Klöster in Ulm, Ulm 1979, S. 107—110.

berichtet in seiner 1508 geschriebenen Ordenschronik: »Im Jahre 1237 sandte die hl. Klara einige Schwestern, gottgeweihte Jungfrauen, über Trient, wo für sie ein Kloster errichtet worden war, nach Böhmen und Alemannien; sie kamen nach Ulm, wo einige von ihnen zurückblieben. Auf dem Platz, der »uff dem Gries« genannt wird, begannen sie ein kleines Kloster zu bauen«[6]. Fabri läßt das Kloster bald nach 1229, Glaßberger dagegen erst 1237 entstanden sein. Beide stimmen darin überein, daß das Kloster von Anfang an eindeutig als Klarissenkloster errichtet wurde. Glaßberger behauptet, die Ulmer Schwestern seien sogar von Klara von Assisi geschickt worden.

Hat jedoch Klara von Assisi wirklich Schwestern nach Böhmen und Alemannien geschickt? Glaßberger verdient in seiner Mitteilung nicht ohne weiteres Glauben. Agnes (1205—1282), die Tochter Ottokars I. von Böhmen, hatte im Jahre 1232 bei der Gründung des Prager Franziskanerklosters mitgewirkt. Unter franziskanischem Einfluß schritt sie zur Gründung eines Klarissenklosters, in das sie selbst im Jahre 1234 eintrat, um hier mit einigen Gefährtinnen nach dem Ideal Klaras von Assisi zu leben[7]. Daß Klara nachträglich Schwestern zur Festigung der neuen Gemeinschaft gesandt hätte, läßt sich mit dieser Nachricht wohl verbinden, zumal Agnes und Klara in brieflicher Verbindung miteinander standen. Doch die erhaltenen vier Briefe aus den Jahren 1234 bis 1253 erwähnen solche Schwestern aus Italien nicht[8]. Auch Jordan von Giano, der in anziehender Weise die Ankunft der Minderen Brüder des Franz von Assisi in Deutschland beschrieben hat, berichtet nichts von den Schwestern Klaras, die über die Alpen nach Deutschland gezogen wären[9]. Das älteste Verzeichnis von Klarissenklöstern aus dem Jahr 1228 verzeichnet Verona und Trient als nördlichste Niederlassungen[10]. Schließlich scheint auch das zwischen 1230 und 1235 in Brixen gegründete Klarissenkloster ohne jede persönliche Verbindung zu Klara entstanden zu sein[11].

Von daher liegt es nahe, an anders geartete Anfänge des Ulmer Klarissenklosters zu denken. Der erhaltene Urkundenbestand regt selbst dazu

6 *Glaßberger*, Chronica, Appendix II, S. 572.

7 Zu Agnes von Prag: *W. Seton*, Some new sources for the life of Blessed Agnes, in: AFH 7 (1914), S. 185—197; *ders.*, Some new sources of the life of Blessed Agnes of Bohemia, Aberdeen 1915.

8 Deutsche Ausgabe: *E. Grau*, Leben und Schriften der hl. Klara von Assisi, Werl 2. Aufl. 1953.

9 Deutsche Ausgabe: *L. Hardick*, Nach England und Deutschland, Werl 1957.

10 *L. Oliger*, De origine Regularum Ordinis S. Clarae, in: AFH 5 (1912), S. 181—210, 413—447.

11 *L. Spätling*, Das Klarissenkloster in Brixen, in: Frz. St. 37 (1955), S. 365—388; Alem. Fr. 17 (1972), S. 243—254.

an. Aus dem Jahr 1239 sind die nächstältesten Urkunden des Ulmer Klosters erhalten. Darin wird nicht mehr von »Schwestern der hl. Elisabeth« gesprochen. Jetzt hießen sie »Frauen vom Orden des hl. Damian«[12]; sie befolgen »die Regel des hl. Damian«[13], und der Franziskaner Magister Albert von Ulm tritt für sie ein[14]. Deuten diese Aussagen darauf hin, daß die Schwestern auf dem Gries erst nach 1237 zu Klarissen wurden?

Im Jahre 1237 handelt es sich einfach um »Schwestern der hl. Elisabeth«. Nicht unerheblich ist, daß in jener Urkunde kein Franziskaner genannt ist. Die Schwestern auf dem Gries erscheinen dort nicht im Schutz und Gefolge eines bekannten Ordens. Jene Schwestern, die vor 1237 den Besitz des Ulrich von Freyberg übernommen hatten, sollten deshalb nicht als Klarissen angesprochen werden. Wir werden der religiösen Situation der Zeit gerechter, wenn wir in ihnen zunächst einen freien Zusammenschluß frommer Frauen sehen, die ohne Verpflichtung auf eine genaue Ordensregel und ohne Bindung an einen bestimmten Orden lebten.

Das 12. Jahrhundert hatte dem abendländischen Mönchtum eine unerwartete Ausbreitung gebracht. Das alte Benediktinertum sah sich von neuen Ordensgemeinschaften umgeben: Zisterzienser, Prämonstratenser und Kanoniker erbauten allenthalben ihre Klöster. Angesichts der Vielzahl der Klöster und der verschiedenartigen Lebensweise in den monastischen Gemeinschaften staunte der deutsche Prämonstratenserbischof Anselm von Havelberg: »Quot novitates in ecclesia!«[15] Mit Begeisterung oder kühler Zurückhaltung nahmen die Zeitgenossen die Veränderungen im Bereich des Ordensstandes wahr[16]. Die religiöse Bewegung, die sich in diesem monastischen Aufbruch niederschlug, hatte besonders starke Kräfte in der Frauenwelt. Die Prämonstratenser gründeten ihre ersten Niederlassungen fast immer als Doppelklöster, eine männliche und eine weibliche Kommunität in unmittelbarer lokaler Einheit. Auch die Zisterzienser gaben Frauen die Möglichkeit, nach ihrem Ordensideal zu leben. 1140 verboten jedoch die Prämonstratenser die Einrichtung von Doppelklöstern, und gegen Ende des 12. Jahrhunderts wehrten sich die beiden Orden gegen die Aufnahme von Frauen und die seelsorgerliche Betreuung von Nonnenklöstern, die sich ihrer Regel angeschlossen hatten. Die »cura monialium« (die pastorale und

12 Urkunde vom 2. Februar 1239: *UUB* I, Nr. 42 (S. 56 f.); *Miller*, Regesten, Nr. 3.

13 Urkunde vom 15. März 1239: *Miller*, Regesten, Nr. 4.

14 Urkunde vom 15. November 1239: *UUB* I, Nr. 45 (S. 60 f.); *Miller*, Regesten, Nr. 5.

15 *Anselm von Havelberg*, Dialogus I 1 (Sources chrétiennes, Bd. 118), Paris 1966, S. 34.

16 *K. S. Frank*, Grundzüge der Geschichte des christlichen Mönchtums, Darmstadt 1975, S. 68—108.

oft auch wirtschaftliche Sorge für die Nonnen) wurde zur Last, der sich die Mönchsklöster entziehen wollten. Doch nun zeigte sich, daß der Zustrom der Frauen zu den Klöstern nicht Frucht gezielter Mönchspropaganda, sondern von einer eigenen religiösen Bewegung der Frauen getragen war[17]. Als sich die männlichen Orden von der »cura monialium« zurückzogen, bewies die religiöse Frauenbewegung genügend Kraft und schöpferische Eigenständigkeit, die zu eigenem klösterlichem Zusammenleben drängte. Solch freie Zusammenschlüsse geschahen besonders im mittleren und nördlichen Europa. Jakob von Vitry (1180—1254), Augustinerchorherr und späterer Kardinal, hatte sich in Belgien der »frommen Frauen« besorgt angenommen und 1216 von Papst Honorius III. (1216—1227) die Erlaubnis erwirkt, daß die »frommen Frauen im Bistum Lüttich, in ganz Frankreich und Deutschland in Gemeinschaftshäusern zu gegenseitiger Ermahnung und Erbauung« zusammenleben durften[18].

Der Papst selbst hat — wenn auch wohl nur mündlich — damit einer neuen religiösen Lebensform zugestimmt: klösterlichen Frauengemeinschaften ohne Anschluß an einen bestehenden Orden, ohne Annahme einer wirklich anerkannten Ordensregel. Aus diesen neuen Gemeinschaften entstanden die Beginen mit ihren klosterähnlichen Niederlassungen — in Deutschland meist Sammlungen genannt —, die nun weithin zum Auffangbecken der religiösen Frauenbewegung wurden[19]. Ihre neue Lebensart, ohne Gelübde und ohne anerkannte Regel, ihre da und dort erwiesene Verbindung zu häretischen Kreisen, riefen die kirchliche Ordnung und Reglementierung auf den Plan[20]. Die Art des freien Zusammenschlusses war in das mittelalterliche Ordnungsdenken nicht einzubringen. Das Problem wurde gelöst, indem den Beginen und ähnlichen Gemeinschaften eine anerkannte Ordensregel auferlegt wurde: »Zu jedem wirklichen Orden und jeder anerkannten Lebensform gehört die bestimmte Regel, gehören Bestimmungen und auch bestimmte Gesetze für die Zucht. Wer daher ein Ordensleben führen will, der muß sich sorgfältig um die wahre und richtige Lebensweise nach seiner Regel und die Lebensordnung bemühen. Denn sicher wird von

17 *H. Grundmann*, Religiöse Bewegungen im Mittelalter, Berlin 1935; Neudruck: Darmstadt 1961. Die religiöse Frauenbewegung ist in den letzten Jahren intensiver untersucht worden; auch wirtschafts-und sozialgeschichtliche Faktoren wurden in die Forschung einbezogen; vgl. *G. Koch*, Frauenfrage und Ketzertum im Mittelalter, Berlin 1962; *M. Erbstösser* und *E. Werner*, Ideologische Probleme des mittelalterlichen Plebejertums. Die freigeistige Häresie und ihre mittelalterlichen Wurzeln, Berlin 1960, u. a.

18 *Grundmann*, Religiöse Bewegungen, S. 171—173.

19 *J. Greven*, Die Anfänge der Beginen, Münster 1912; *E. G. Neumann*, Rheinisches Beginen- und Begardenwesen, Meisenheim/Glan 1960.

20 *H. Grundmann*, Ketzergeschichte des Mittelalters (Die Kirche in ihrer Geschichte, Lieferung 2G1), Göttingen 1965, S. 91.

der Richtigkeit abweichen, wer die Leitlinien der richtigen Ordnung nicht beachtet. Und eben dort läuft man Gefahr, in den Irrtum zu fallen, wo man die sichere Kraft kluger Unterscheidung nicht anwendet und eine feste Grundlage für den geistlichen Fortschritt zu legen vernachlässigt.« Diese Mahnung des Kardinals Hugolin, des späteren Papstes Gregor IX. (1227 bis 1241), an italienische Frauenklöster mag stellvertretend für die kirchlichen Maßnahmen gegenüber der freien Frauenbewegung stehen[21]. Sie spricht für das Bemühen der Kirche um eine kirchliche Domestizierung der religiösen Bewegung, von der seit Innozenz III. (1198—1216) die kuriale Ordenspolitik bestimmt war.

Wollte die religiöse Frauenbewegung überleben und in der Kirche fruchtbar werden, mußte sie sich unter den Schutz eines anerkannten Ordens stellen und zu einer »richtigen Lebensordnung« bekennen. Nach der Weigerung der alten Orden boten hier die neuen Orden des 13. Jahrhunderts einen Ausweg. Die Predigerbrüder des Dominikus von Osma und die Minderbrüder des Franziskus von Assisi, beide selbst sichtbarste Frucht der allgemeinen religiösen Bewegung, antworteten auf die Not. Dominikus wie Franziskus gaben in ihren »zweiten Orden« den Frauen eine eigene Lebensordnung; beide Ordensgründer gaben ihren Brüdern, den Dominikanern und Franziskanern, auch die Sorge um die Frauen mit auf ihre Wege. Damit liegt aber auf der Hand, daß längst nicht jedes Kloster von Dominikanerinnen oder Franziskanerinnen von vorneherein als solches gegründet worden wäre. In vielen Klostergründungen des frühen 13. Jahrhunderts geht eine freie Schwesterngemeinschaft voraus; die genaue Kennzeichnung auf Grund einer befolgten Ordensregel wird erst im späteren Stadium möglich, eben von dem Zeitpunkt an, da ein benachbartes Dominikaner- oder Franziskanerkloster oder ein anderer Orden sich der gemeinsam lebenden Frauen annimmt und sie in ihre Ordensfamilie aufnimmt.

Der hier beschriebene Vorgang läßt sich an einer Reihe von Klöstern der beiden Orden im südwestdeutschen Raum und weit darüber hinaus belegen[22]. Er erklärt auch am einfachsten die schnelle Ausbreitung der weiblichen Zweige der beiden großen Bettelorden und zeigt sie in ihrer ersten Ausbreitungswelle als »Nutznießer« der religiösen Frauenbewegung[23]. Das

21 *Bullarium Franciscanum* I, S. 265—395.

22 *B. Degler-Spengler*, Das Klarissenkloster Gnadental in Basel 1289—1529, Basel 1969. Die schwäbischen Frauenklöster Heiligkreuztal, Heggbach, Rottenmünster und Wald bieten das gleiche Gründungsschema: Zunächst freie Schwesterngemeinschaft, später Anschluß an den Zisterzienserorden.

23 Für die Ausbreitung der Klarissen vgl.: *E. Wauer*, Entstehung und Ausbreitung des Klarissenordens, Leipzig 1906; *A. Schäfer*, Die Orden des hl. Franziskus in Württemberg, in: BllWKG N.F. 23 (1919), S. 1—38, 49—100, 145—170; 24 (1920), S. 55—104; *L. Bauer*, Die Ausbreitung der Bettelorden in der Diözese Konstanz, in: FDA N.F. 1 (1900), S. 1—101; 2 (1901), S. 1—107.

teilweise verklärende Bild der älteren Ordensgeschichte wird dadurch revidiert: Es war nicht einfach die Durchschlagskraft eines neuen Ideals — etwa die Faszination des Franziskanischen —, die allenthalben neue Frauenklöster entstehen ließ, sondern die kirchlich gelenkte Bereitschaft der Bettelorden, die ihnen vielfach Frauenklöster zuwachsen ließ.

Diese Überlegungen sind mit der Frühgeschichte des Klosters »auf dem Gries« zu verbinden[24]. Die Schwestern, die vor 1237 den Besitz der Herren von Freyberg »auf dem Gries« übernommen haben, waren noch keine Klarissen, sondern eine vorfranziskanische Gemeinschaft, die für den Anschluß frommer Ulmer Frauen an die religiöse Bewegung der Zeit spricht. Die Begeisterung für die eben heiliggesprochene thüringische Landgräfin ließ sie deren Namen annehmen. Die Namenswahl rückte die Schwestern auch in die unmittelbare Nähe zu den Franziskanern, die Kult und Verehrung der hl. Elisabeth zu ihrer eigenen Sache gemacht hatten. Außerdem hatten die Franziskaner ja seit 1229 ihr Kloster in der Stadt; zunächst waren sie die einzigen Vertreter eines neuen Ordens in Ulm — die Dominikaner folgten erst 1281 —, also für die Schwestern »auf dem Gries« die nächste Ordensgemeinschaft, die ihnen Eingang in den kirchlichen ordo geben konnte. Der Anschluß der Schwestern an die Franziskaner geschah vor 1239. Denn die oben erwähnten Urkunden jenes Jahres weisen die Ulmer Schwestern eindeutig als Klarissen aus. Am 15. März 1239 gab Papst Gregor IX. den Schwestern die »Regel des hl. Damian«[25], schrieb ihnen also jene Lebensordnung vor, die nach des Papstes Wunsch und Befehl im Kloster Klaras von Assisi (San Damiano) und allen anderen Klarissenklöstern befolgt werden sollte. Diese Regel war immerhin schon 1218/19 von Kardinal Hugolin verfaßt worden. Sie hätte den Schwestern »auf dem Gries« also auch schon vorher gegeben werden können, und gar die von Glaßberger eingeführten Schwestern aus Assisi hätten sie mitbringen können. Sie wurde den Ulmer Schwestern aber erst 1239 vorgelegt. Erst von jetzt an sind die Schwestern eindeutig als Klarissen zu bezeichnen. Aus den »Schwestern der hl. Elisabeth« sind nun die »Frauen vom Orden des hl. Damian« geworden.

24 Für die »Ulmer Sammlung« sehe ich einen ähnlichen Anfang; vgl. *K. S. Frank*, Die Franziskanerterziarinnen in der Ulmer Sammlung, in: H. E. Specker und H. Tüchle, Kirchen und Klöster in Ulm, Ulm 1979, S. 148—155.

25 Vgl. oben Anm. 13; zur Regel unten, S. 22 f.

2. Die Klarissen im 13. Jahrhundert

Der Orden und seine Regeln

Der Klarissenorden entstand als Gemeinschaftswerk des hl. Franz von Assisi (1182—1226) und der hl. Klara von Assisi (1194—1253). Doch trotz dieser beiden überragenden geistigen Persönlichkeiten muß der Orden auch als kirchlich gelenkte und gesteuerte Frucht der religiösen Frauenbewegung des 13. Jahrhunderts gesehen werden.

Klara Sciffi, die Tochter eines Edelmannes aus Assisi, schloß sich als Achtzehnjährige Franz von Assisi an. Am Palmsonntag (18. März) des Jahres 1212 gab ihr Franziskus den Schleier und führte sie damit zum Ordensleben. Nach kurzem Aufenthalt in zwei Benediktinerinnenklöstern konnte sie mit einigen Gefährtinnen in San Damiano bei Assisi einziehen; Franz hatte sich die Kirche vom Bischof für die frommen Frauen erbeten. In diesem Kloster lebte Klara mit ihren Schwestern bis zu ihrem Tode am 11. August 1253, ängstlich besorgt, das kostbare geistliche Erbe des hl. Franz treu zu bewahren[26].

Klara wollte mit ihren Frauen die neue Art des »evangelischen Lebens« verwirklichen, wie es Franziskus mit seinen Brüdern tat. Doch das Wollen ließ sich nicht einfach in die Tat umsetzen. Die Wanderpredigt der Minderen Brüder konnte von Frauen nicht übernommen werden. Der äußere Rahmen franziskanischen Frauenlebens mußte eine andere Form annehmen; es war die Form traditionellen klösterlichen Lebens, d. h. die Gemeinschaft in streng nach außen abgeschlossener Klausur. Doch in die überkommene Weise brachten Franz und Klara eine Neuerung ein: Das Kloster bei San Damiano sollte ohne festen Besitz und Einkünfte sein, also in wirklicher Armut nur von der Arbeit der Schwestern und fremder Unterstützung leben. Für dieses Programm kämpften Franz und Klara bis zum äußersten; freilich unterlagen sie dem besonnenen und mäßigenden Spruch der Kirche. Das Klara schon von Papst Innozenz III. zugestandene »Privilegium paupertatis« ist daneben als persönlicher Erfolg der Heiligen zu werten; der Papst gestand Klara und ihrem Kloster die völlige Besitzlosigkeit zu und verbot jegliche Güterübertragung an das Kloster San Damiano; auch Gregor IX. bestätigte dieses Privileg[27].

[26] Zu Klara von Assisi vgl. *E. Grau*, Leben und Schriften der hl. Klara von Assisi (mit weiterer Literatur).

[27] Deutscher Text des Privilegs bei *Grau*, S. 115—117; zur Problematik des Textes: *ders.*, Das Privilegium paupertatis Innozenz' III., in: FrzSt. 31 (1949), S. 337—349.

Franziskus gab im Jahre 1215 den Frauen von San Damiano eine eigene Regel. Es war wohl — wie die älteste Regel der Minderen Brüder — einfach eine Zusammenstellung von Texten der Hl. Schrift, sollte doch das damit umschriebene Leben »ein Leben nach dem Evangelium« sein[28]. Die in San Damiano gelebte Weise fand zunächst nur langsam in italienischen Klöstern Nachahmung. Im Jahr 1219 waren es sicher vier Klöster, denen San Damiano Vorbild war[29]. Für diese Klöster schrieb Kardinal Hugolin eine erste Regel: »Wir geben euch die Regel des hl. Benedikt ... Sie sollt ihr in allen Dingen beobachten, die jener Lebensordnung [d. h. der früheren »formula vitae«], die wir euch bereits gegeben haben, nicht widersprechen«[30]. Die Regel forderte ein äußerst strenges Leben; sie verlangte strengste Klausur und lebenslänglichen Aufenthalt in dem einen Kloster. Ständiges Stillschweigen und andauerndes Fasten, häufig bei Wasser und Brot, wurden den Schwestern zur Pflicht gemacht. Durch diese Regel war das Leben der ersten Klarissen in die längst bekannte Form klösterlichen Frauenlebens gefaßt: ein Leben in streng abgeschlossener Beschaulichkeit. Die strenge Klausur machte die Schwestern zu »eingeschlossenen Frauen«[31]. Auch die Frage der kirchlichen Aufsicht wurde in diesem Sinne entschieden: Nicht der Ortsbischof sollte zuständig sein, sondern ein eigens bestellter Visitator. Mit Regel wurde der Zisterzienser Ambrosius zum Visitator der Klarissenklöster bestellt, der allerdings bald durch den Franziskaner Philipp den Langen ersetzt wurde[32]. Auch die Frage der »cura monialium« war damit von der römischen Kurie entschieden: Sie bestellte den päpstlichen »General-Visitator« für die Armen Frauen.

Vom eigentlichen Anliegen Klaras enthielt diese Regel nichts. Das »Privilegium paupertatis« blieb unerwähnt. Jedes Kloster dieser Regel konnte Besitz erwerben und über Eigentum verfügen. Die Armut wurde in her-

28 Die Regel ist nicht erhalten; Gregor IX. nennt sie »formula vitae« und meint, »sie habe nicht feste Nahrung, sondern nur Milch geboten« (*BF* I, S. 243). — Zu den Anfängen des Klarissenordens vgl. *H. Holzapfel*, Handbuch der Geschichte des Franziskanerordens, Freiburg 1909; *J. Moorman*, A History of the Franciscan Order from its Origins to the Year 1517, Oxford 1968; *J. Omaechevarria*, Las Clarisas a través de los siglos, Madrid 1972.

29 *BF* I, S. 4.

30 *Ebd.* I, S. 264. Mit dieser »Übergabe der Regel Benedikts« war auch die Bestimmung des 4. Laterankonzils erfüllt, die jede neue Ordensregel verbot.

31 *Ebd.*: »Omni namque tempore vitae suae clausae manere debent ...«; auch der Friedhof soll innerhalb der Mauern liegen; nur um ein neues Kloster zu gründen, wird das Verlassen der Klausur gestattet.

32 Jordan von Giano 13 (*L. Hardick*, Nach England und Deutschland, S. 49); *L. Oliger*, Documenta originis Clarissarum, in: AFH 15 (1922), S. 75—81. Bruder Philipp scheint sich eigenmächtig in das Amt gedrängt zu haben; 1220 wurde wieder ein Zisterzienser Visitator, allerdings erscheint 1228—1233 erneut Bruder Philipp in diesem Amt.

kömmlicher Weise als persönliche Besitzlosigkeit der einzelnen Schwester gefordert. Doch diese Regel verbreitete sich rasch. Sie kam über Italien hinaus nach Frankreich und Deutschland und sie war es auch, an die sich die Ulmer Schwestern von 1239 an hielten. Das Kloster »auf dem Gries« war ein Klarissenkloster kurialer Entscheidung. Die Schwestern konnten als Gemeinschaft Besitz haben, über ihn verfügen und ihn vermehren. Das Klosterleben stand in gutem Einklang mit der Lebensform der Frauenklöster älterer Orden. Glaßberger konnte deshalb ganz mit Recht schreiben, die Ulmer Schwestern hätten zuerst nach der Regel und den Bestimmungen des hl. Benedikt gelebt und sich nicht an die Satzungen der hl. Klara gehalten[33]. Er übersah dabei nur, daß diese Regel eben die der Klarissen war.

Doch die Regel von 1218/19 wurde später durch eine neue Regel ersetzt, die Papst Innozenz IV. (1243—1254) im Jahre 1247 den Klarissen gab, nachdem er noch 1245 die treue Beobachtung der Hugolin-Regel eingeschärft hatte[34]. Verschiedene Gründe hatten die Neubearbeitung nötig gemacht. Die Strenge der ersten Regel, vor allem ihre Fastenvorschriften, verlangten eine Milderung. Der Streit um die Armutsauffassung im Franziskanerorden forderte auch die Klarissen zur Stellungnahme heraus, und schließlich verlangte die durch die weitere Verbreitung der Klarissenklöster gesteigerte Problematik der »cura monialium« eine klare Entscheidung. Auf diese anstehenden Fragen antwortete die neue päpstliche Regel[35]. Im großen Ganzen blieb zwar die neue Regel bei den Bestimmungen Hugolins; formal unterblieb aber nun die Berufung auf Benediktus. Inhaltlich wurden die Fastenvorschriften gemildert. Die Armutsforderungen wurden in traditionellem Sinne gelöst: Ein Klarissenkloster kann über Besitz verfügen. Die Verwaltung solchen Klosterbesitzes übertrug die Regel Prokuratoren, deren Tätigkeit durch die Visitatoren aus dem Franziskanerorden überwacht werden sollte.

Die geistliche Sorge für die »Frauen vom hl. Damian« wies die neue Regel den Franziskanern zu: »Den General- und Provinzialministern übertragen wir kraft gegenwärtigen Schreibens die Sorge in allem für euch und die Klöster eures Ordens. Wir bestimmen, daß ihr in Zukunft verpflichtet seid, immer unter deren Gehorsam, Leitung und Belehrung zu bleiben und gehalten seid, ihnen streng zu gehorchen. Sie ernennen eure Visitatoren, hören eure Beichte und spenden euch die hl. Sakramente.«[36] Die

33 *Glaßberger*, Chronica, Appendix II, S. 572: »ubi primum sub regula seu institutionibus S. Benedicti vixerunt, observantes nihilominus Constitutiones S. Clarae.«

34 Mit der Bulle »Solet annuere«: *BF* I, S. 394—399.

35 *BF* I, S. 476—483; sie kann als mildere Fassung der Regel Hugolins charakterisiert werden.

36 *Ebd.*, S. 482.

Wahl der Äbtissin ist Sache des Konventes, die Bestätigung und Einsetzung aber Aufgabe der Minister. Durch diese päpstliche Entscheidung waren die Franziskaner zur Seelsorge in den Klarissenklöstern verpflichtet. Die Klöster wurden den Provinzen des Ordens zugeteilt und die Provinzialminister mit der Aufsicht über die Frauenklöster in ihrem Bereich beauftragt. Sie konnten zwar die Seelsorgeverpflichtungen in den Konventen der Schwestern auch durch fremde Geistliche (Kapläne) wahrnehmen lassen, aber Träger der »cura monialium« für die Klarissen blieben die Franziskaner. Die Bestimmung Innozenz' IV. muß wieder auf dem Hintergrund der weiteren Verbreitung der Klarissen gesehen werden. Dem Orden — oder einzelnen Mitgliedern — lag an einem Zuviel jener »cura monialium« wenig. Vielleicht stammt aus solchen Kreisen die Überlieferung, die schon Franziskus das schroffe Wort in den Mund legte: »Gott hat uns die Frauen genommen — und der Teufel gibt uns nun die Schwestern«[37]. Die Schwestern andererseits mußten den Schutz und die Betreuung des anerkannten Ordens anstreben. So wird es verständlich, daß Innozenz IV. auch bestimmte, es dürfte hinfort kein neues Klarissenkloster mehr ohne Zustimmung des Ordensgenerals gegründet werden.

Die Regel Innozenz' IV. blieb ebenfalls bei der traditionellen Aufteilung der klösterlichen Gemeinschaft in Chor- und Laienschwestern[38] und schrieb damit erneut fest, was schon Hugolins Regel in die Klarissenklöster eingeführt hatte. Die neue Regel fügte jedoch eine weitere Gruppe hinzu: die männlichen Helfer, die »fratres conversi«, die durch Ordensgelübde gebunden und mit eigener Ordenstracht versehen, ebenfalls zur Klosterfamilie gezählt wurden. Auch der Kaplan des Klosters, wenn er nicht dem Franziskanerorden angehörte, zählte zur Konversengruppe[39]. Das Konverseninstitut wurde keineswegs für das Klarissenkloster neu geschaffen; es hat seine eigenen Ursprünge[40]. Seine Übernahme für die Klarissenklöster

37 AFH 12 (1919), S. 382—384; die Bestimmung der endgültigen Regel des Minderbrüderordens über die Nonnenseelsorge lautet (Kap. 11): »Nachdrücklich verbiete ich den Brüdern insgesamt ... auch die Klöster der Nonnen zu betreten, jene Brüder ausgenommen, denen vom Apostolischen Stuhl eine besondere Erlaubnis gegeben worden ist.«

38 Die Zweiteilung entspricht den beiden Gruppen von Priester- und Laienbrüdern im Franziskanerorden. Bei den Schwestern war es im wesentlichen eine Unterscheidung auf Grund des Bildungsstandes (Lesen-, Schreibenkönnen, Lateinkenntnisse), der von der sozialen Herkunft der Schwestern abhing. Die gebildeten Schwestern verrichteten das gemeinsame Chorgebet in lateinischer Sprache; die ungebildeten (Laienschwestern) hatten als feste, tägliche Gebetspflicht »Vaterunser« zu beten.

39 *BF* I, S. 483.

40 Es ist ein Ergebnis der mittelalterlichen Mönchsreform; vgl. *K. Hallinger*, Woher kommen die Laienbrüder?, in: Anal. Ord. Cist. 12 (1956), S. 1—104; *G. Dubois*, Artikel »Converso«, in: Dizionario degli Istituti di Perfezione III (1976), S. 110—120.

hängt mit dem Besitzrecht der Klöster zusammen. Die strenge Klausur engte die Schwestern in ihrer Bewegungsfreiheit ein. Andererseits eröffnete ihnen die Erlaubnis, Besitz zu erwerben und Güter zu unterhalten aber auch die Möglichkeit, in der Öffentlichkeit eine wichtige Rolle zu spielen. Dabei wurden die Konversen als Mitglieder der klösterlichen Familie zu zuverlässigen Helfern und Sachwaltern der Belange der Schwestern in der Öffentlichkeit [41].

Die päpstliche Regel war als Lebensordnung für alle Klarissenklöster gedacht. Aus dem Schatz der reichen monastischen Erfahrung hatten sie ihre Bestimmungen und Verordnungen geschöpft, die die Klarissenklöster freilich nur als neue Spielart des längst anerkannten klösterlichen Frauenlebens erscheinen ließen. Klara sah in dieser Regel keineswegs ihr Programm bestätigt und wehrte sich gegen die neue Regel. Auch in anderen Klöstern widersetzten sich die Schwestern der päpstlichen Ordnung. Der Papst nahm schließlich 1250 die Allgemeinverpflichtung seiner Regel zurück; kein Kloster sollte durch Zwang auf seine Regel verpflichtet werden [42]. Klara schrieb danach selber eine Regel nieder, in der sie ihr eigenes Verständnis franziskanischer Gemeinschaft und besonders der franziskanischen Armut zum Ausdruck brachte. Papst Innozenz bestätigte diese Regel am 9. August 1253, zwei Tage vor Klaras Tod [43]. Allerdings schuf weder die Regel Innozenz' noch die eigene Regel Klaras eine einheitliche Observanz in den Klarissenklöstern. Klaras Regel wurde in San Damiano und einigen wenigen anderen Konventen angenommen. Die Rezeption der päpstlichen Regel ist eine völlig offene Frage. Im Fall der Ulmer Schwestern sind wir in der glücklichen Lage, Sicheres zu wissen, denn am 24. Dezember 1254 teilte Kardinal Hugo von St. Sabina dem Kloster mit, daß es bei der Regel Innozenz' IV. bleiben dürfe, ohne auf andere Vorschriften verpflichtet zu werden [44]. Im Kloster »auf dem Gries« war also die Regel von 1247 angenommen und die erste Regel Hugolins dadurch ersetzt worden.

Um die Mitte des 13. Jahrhunderts können somit auf Grund der Regeln drei verschiedene Arten von Klarissen unterschieden werden: Klöster nach

41 Aus dem gleichen Grunde nahmen die beschaulichen Frauenklöster eine weitere »Hilfsgruppe« auf, die sog. »Servizialschwestern«, die nicht an die strenge Klausur gebunden waren. Über sie ausführlich in der Regel Urbans IV., 19. Kapitel.

42 Mit der Bulle »Inter personas« vom 6. Juni 1250: *BF*, Supplementum, S. 22.

43 Wieder mit einer Bulle »Solet annuere«; die gleiche Einleitungsformel hatte Papst Honorius III. für seine Bestätigung der endgültigen Franziskanerregel am 29. November 1223 benützt (vgl. Anm. 34). — Lat. Text der Regel: Seraphicae Legislationis textus originales, Quaracchi 1897, S. 51—75; deutsche Übersetzung bei *E. Grau*, Leben der hl. Klara, S. 72—89.

44 *UUB* I, Nr. 70 (S. 85 f.); *Miller*, Regesten, Nr. 32.

der Regel Hugolins von 1218/19, solche nach der Regel Innozenz' IV. von 1247 und Klöster nach der Regel Klaras von 1253.

Für französische Klarissenklöster kam um diese Zeit eine weitere Regel hinzu. Isabella von Frankreich ließ sie 1252 für das von ihr gegründete Kloster Longchamp zusammenstellen: Papst Alexander IV. bestätigte 1259 diese Regel und ebenso Papst Urban IV. 1263[45]. Inzwischen nahm sich Bonaventura, 1257—1274 Generalminister der Franziskaner, der Klarissen und ihrer Regel an. Parallel zu seinem mäßigenden Einigungswerk im Franziskanerorden versuchte er auch die Klarissen zu einer einheitlichen Observanz zu führen und das Verhältnis der Schwestern zu den Franziskanern endgültig zu klären. Dieser doppelten Intention sollte eine neue Regel entsprechen. Am 18. Oktober 1263 wurde sie veröffentlicht und von Papst Urban IV. bestätigt[46]. Unter seinem Namen wurde die neue Regel bekannt, die die Klarissen nun zu »Urbanistinnen« machte. Die Regel räumte offiziell die Namensverschiedenheit aus: Statt vom »Orden des hl. Damian« sollte hinfort vom »Orden der hl. Klara« gesprochen werden. Die Zuständigkeit für die »cura monialium« übertrug die Regel dem Ordensprotektor; sie bestimmte dazu, daß das Protektorat über Franziskaner und Klarissen von einem einzigen Kardinal wahrgenommen werden sollte[47]. Der Protektor sollte die Visitatoren für die Frauenklöster bestimmen; die Visitatoren mußten nicht unbedingt Franziskaner sein. Die Seelsorgsverpflichtung war damit unmittelbar dem Provinzialoberen abgenommen; nur auf dem Weg der Delegation durch den Protektor konnten sie dazu beauftragt werden[48]. In diesem Fall sollten die Brüder solchen Dienst aber »nicht aus Pflicht, sondern aus Liebe leisten«[49].

In der neuen Regel schlug sich das mäßigende, kompromißbereite Regiment Bonaventuras nieder[50]. Den Schwestern wurden Zugeständnisse fest verbürgt: Mit Rücksicht auf ihr schwaches Geschlecht durften die Schwestern das ständige Fasten brechen; der Äbtissin wurde Dispensvollmacht von Regelvorschriften eingeräumt[51]. Die neue Regel hielt an dem bereits selbst-

45 *BF* II, S. 477—486.

46 *Ebd.*, S. 509—521; eine deutsche Übersetzung (im 13. Jh. im Regensburger Klarissenkloster geschrieben) ist veröffentlicht in: Mitteilungen aus altdeutschen Handschriften X, Wien 1908.

47 Regel, Kap. 25 (*BF* II, S. 526): »Von dem Kardinal des geistlichen Lebens.« Bonifatius VIII. übertrug 1287 die »cura monialium« wieder unmittelbar dem Ordensoberen; vgl. zu dieser Regel *L. Oliger,* De origine Regularum Ordinis S. Clarae, in: AFH 5 (1912), S. 439—444.

48 Kap. 24 (*ebd.*, S. 519—520): »Von dem Visitator und seinem Amt.«

49 Zitiert nach *J. Moorman*, History, S. 215.

50 *K. S. Frank*, Utopie und Pragmatismus. Bonaventura und das Erbe des hl. Franziskus von Assisi, in: Wissenschaft und Weisheit 37 (1974), S. 139—159.

51 Regel, Kap. 11 (*BF* II, S. 513—514).

verständlich gewordenen Besitzrecht der Klarissenklöster fest[52]. Es sind Zugeständnisse, die eine allgemeinverpflichtende Klosterregel immer fordert; soll die Regel wirklich in allen Klöstern von allen beobachtet werden können, so muß sie mit einem bestimmten »Maß an Durchschnittlichkeit« verfaßt werden. Freilich sind es auch Festlegungen, die mißbraucht werden konnten und in der Zukunft des Ordens reichlich ausgenutzt wurden, so daß sie immer mehr Zündstoff für den Ruf nach einer Reform lieferten.

Die letzte Klarissenregel setzte sich schließlich in den meisten Klöstern des Ordens durch. Auch die deutschen Niederlassungen übernahmen diese Ordnung[53]. Schon bald nach der Publikation der Regel nannten sich die Söflinger Nonnen »Schwestern vom Orden der hl. Klara«, folgten also der Anweisung der Urbanregel. Während sie sich in den Urkunden bis 1263 als Frauen oder Schwestern vom »Orden des hl. Damian« bezeichneten, traten sie in den Urkunden von 1265 an unter der neuen Ordensbezeichnung auf[54].

Das Ulmer Kloster und die Franziskaner

Das Ulmer Kloster »auf dem Gries« darf vom Jahr 1239 an mit gutem Recht als Klarissenkloster bezeichnet werden. Freilich muß nochmals betont werden, daß es sich dabei um Klarissen »päpstlich-kurialer Interpretation« handelte. Damit hatten sie Anschluß an den Franziskanerorden gefunden; die Niederlassung des Ordens in Ulm gewährte der Schwesterngemeinschaft Eingang in das geordnete Gefüge der Orden und Klöster der Kirche und sicherte ihnen seelsorgerliche Betreuung. Magister Albert, der damalige Guardian des Ulmer Franziskanerklosters, nahm sich der Schwestern besorgt an: Für das neue Kloster »auf dem Gries« erbat er im November 1239 in Schwäbisch Hall den Schutz des erwählten römischen Königs Konrad IV. und die Erlaubnis, in rechtmäßiger Weise Güter zu erwerben[55].

Es war die Zeit, in der die Franziskaner in Deutschland Fuß faßten. Die »cura monialium« wurde in keiner Weise als Last empfunden — im

52 Regel, Kap. 21 (*ebd.*, S. 517—518): »Der Prokurator (Schaffner), der über des Klosters Gut und Geld gesetzt wird.«

53 *Wauer*, Entstehung und Ausbreitung, S. 57.

54 In einer Urkunde vom 10. Oktober 1263 (*UUB* I, Nr. 92, S. 115 f.; *Miller*, Regesten, Nr. 70) ist noch die Rede »von den Frauen vom Garten der hl. Jungfrau vom Orden des hl. Damian« (in Söflingen); am 21. Mai 1265 (*WUB* VI, Nr. 1789, S. 180 f.; *Miller*, Regesten, Nr. 72) heißt es »Äbtissin und Konvent des Klosters vom Garten der hl. Maria vom Orden der hl. Klara«. Eine Urkunde vom 2. Februar 1269 (*UUB* I, Nr. 101, S. 125 f.; *Miller*, Regesten, Nr. 82) kehrt allerdings nochmal zur alten Bezeichnung zurück (nach Miller ist es die erste vom Kloster ausgestellte Urkunde).

55 *UUB* I, Nr. 45 (S. 60 f.); *Miller*, Regesten, Nr. 5.

Gegenteil, auch sie war ein Weg zur Ausbreitung und Festigung der Position des Ordens. Nachdem der erste Versuch der Franziskaner, in Deutschland Eingang und Aufnahme zu finden, im Jahre 1219 gescheitert war, führte ihr zweites Missionsunternehmen im Jahre 1221 zum Erfolg. Unter Bruder Caesar von Speyer kamen die Brüder über die Alpen und konnten schnell in deutschen Städten Niederlassungen gründen[56]. Schon 1229 wurden die deutschen Klöster in zwei Ordensprovinzen territorial zusammengefaßt: in der sächsischen und rheinischen Provinz. Zehn Jahre später schritt das Generalkapitel des Ordens in Assisi zu einer Dreiteilung des Ordens in Deutschland: sächsische, rheinische und oberdeutsche Provinz. Die Weiträumigkeit der Provinzgebiete wurde durch die dem Orden eigene Untergliederung gemildert: Jede Provinz wurde in einzelne Kustodien aufgeteilt. Die oberdeutsche (oder Straßburger Provinz) umfaßte ganz Süddeutschland und verteilte sich auf die sechs Kustodien: Rhein, Elsaß, Basel, Bodensee, Schwaben und Bayern. Höchster Ordensoberer in diesem Gebiet war der Provinzialminister. Jede Kustodie wurde vom Kustos geleitet. Nach dieser Organisation zählte der Konvent von Ulm mit den Klöstern Würzburg, Schwäbisch Hall, Schwäbisch Gmünd, Esslingen und anderen zur schwäbischen Kustodie der oberdeutschen Ordensprovinz[57].

Innerhalb dieses Verbandes stand auch das Ulmer Klarissenkloster. Die Einbindung des Klosters in den Ordensverband wurde im Jahre 1247 endgültig, als die Bestimmungen Innozenz' IV. angewandt wurden[58]. Der Kustos der Kustodie Schwaben und der Provinzialminister der oberdeutschen Franziskanerprovinz waren damit die unmittelbaren kirchlichen Oberen der Ulmer Klarissen. Vom weiteren Hin und Her im Streit um die »cura monialium« scheint das Ulmer Kloster nicht betroffen gewesen zu sein. Päpstliche Entscheidungen der folgenden Jahre sicherten den Ulmer Schwestern ihre Ordenszugehörigkeit[59], und als sich auch in der oberdeut-

56 Anschaulich geschildert von Jordan von Giano in seiner »Chronik«: *L. Hardick*, Nach England und Deutschland, Werl 1957.

57 Eine zusammenfassende Darstellung der oberdeutschen Franziskanerprovinz existiert nicht. Für die Anfänge vgl. *K. Eubel*, Geschichte der oberdeutschen Minoritenprovinz, Würzburg 1886. Über die einzelnen franziskanischen Klöster im süddeutschen Raum informieren die Reihen »Bavaria Franciscana Antiqua« und »Alemania Franciscana Antiqua«.

58 *UUB* I, Nr. 63 (S. 78—80); *Miller*, Regesten, Nr. 12: Am 24. Juli 1247 übergibt Papst Innozenz IV. das Ulmer Kloster der hl. Elisabeth vom Orden des hl. Damian dem Minoritengeneral und -provinzial für Oberdeutschland; dazu übergibt er ihnen alle Freiheiten und Privilegien des Franziskanerordens (Regesten, Nr. 13—14); am 28. Juli 1247 erfolgte eine neue Bestätigung der Ordenszugehörigkeit (Regesten, Nr. 15).

59 So 1254 (*Miller*, Regesten, Nr. 28, 29; Nr. 31, 32); in Nr. 32 (= *UUB* I, Nr. 70, S. 85 f.) ist bereits die Möglichkeit eines Umzuges erwähnt: »wohin das Kloster auch seinen Platz verlege« (24. Dezember 1254).

schen Provinz Widerstände gegen eine weitere Ausdehnung der »cura monialium« zeigten, bezogen sich diese nicht auf Ulm. Das 1255 in Esslingen tagende Provinzkapitel bekannte sich zur Sorge für die Klarissenklöster Straßburg, Konstanz, Ulm und Pfullingen[60]. Papst Alexander IV. anerkannte diesen Einsatz und dehnte die Verpflichtung der Provinz zur »cura monialium« nicht weiter aus[61].

3. Die Verlegung des Klosters

Die Festigung der Gründung

Max Miller schrieb über die Anfänge des Ulmer Klarissenklosters: »Das Klarissenkloster Ulm-Söflingen erstand im Zusammenwirken der seit 1229 in Ulm wirkenden Minderbrüder des hl. Franz, des schwäbischen Adels und der führenden Kreise der emporstrebenden Reichsstadt.«[62] Dieser Aussage ist zuzustimmen, jedoch mit der Erweiterung, daß die drei genannten Faktoren durch die religiöse Situation der Zeit zur Wirkung kamen, besonders durch die religiöse Frauenbewegung des frühen 13. Jahrhunderts. Für die weitere Geschichte des Klosters blieben die erwähnten Kräfte von entscheidender Bedeutung.

Auf den entscheidenden *Einfluß der Franziskaner* wurde bereits hingewiesen. Zwar läßt sich nur die Tätigkeit des Bruders Albert von Ulm für die Klarissen urkundlich belegen; ein Kustos oder Provinzialminister wird in dem aus der frühesten Zeit des Klosters erhaltenen Urkundenbestand nicht erwähnt[63]. Bruder Albert scheint in der Überlieferung der Ordensprovinz in guter Erinnerung weitergelebt zu haben. Berard Müller, der spätere Chronist der Ordensprovinz, nennt ihn wegen seiner hervorragenden Rednergabe »Hofprediger« Friedrichs II. und Konrads IV., der auf Grund seines Einflusses nicht bloß für das Ulmer Franziskanerkloster, sondern auch für das der Klarissen vom Kaiser und anderen Fürsten zahl-

60 Es sind dies die ältesten Klarissenklöster im Gebiet der oberdeutschen Ordensprovinz; vgl. *Eubel*, Geschichte; zu Konstanz (Paradies): *K. Schib*, Geschichte des Klosters Paradies, Schaffhausen 1951; zu Pfullingen: Alem. Fr. 17 (1972), S. 169 bis 216.

61 *WUB* XI, Nr. 5610 (S. 489); *Miller*, Regesten, Nr. 34: Urk. von 1255 März 8.

62 *Miller*, Söflinger Briefe, S. 5.

63 Nach *Eubel* (Geschichte, S. 159) waren die ersten Provinzialminister der oberdeutschen Ordensprovinz: Theoderich 1239—1244; R (?) 1246; Petrus, Gerhard, Konrad de coeli porta 1252—1254.

reiche Gnadenerweise, Privilegien und Hilfeleistungen erwirkt habe[64]. Daß er für die Ulmer Klarissen königlichen Schutz erreicht habe, wurde schon erwähnt[65]. Wenn Bruder Albert bei dieser Gelegenheit für »das im Bau befindliche Kloster« eingetreten ist, darf man annehmen, daß auch die notwendigen Baumaßnahmen »auf dem Gries« von ihm gefördert worden sind. Es ging dabei um notwendige bauliche Veränderungen, die das Anwesen der Herren von Freyberg zur geeigneten Wohnung für die Schwestern werden ließen. Das Ergebnis jenes Umbaues läßt sich nicht mehr feststellen[66].

Der *schwäbische Adel* als zweites Element im Kräftespiel um Gründung und Festigung des Ulmer Klarissenklosters tritt dagegen deutlicher in Erscheinung. Am Anfang der Klostergründung stehen die Herren von Freyberg, die den »Schwestern der hl. Elisabeth« ihren Besitz auf dem Gries übergaben. Es waren Angehörige einer oberschwäbischen freiadligen Familie von Hürbel-Freyberg[67]. Auch die erste Äbtissin Helwig (Hedwig) dürfte aus schwäbischem Adel gekommen sein[68]. Sie wird »von Riesenburg« genannt, was auf das bei Günzburg/Donau ansässige Geschlecht weisen kann[69]. Sie war übrigens schon Klara von Assisi bekannt, denn die Ordensgründerin trug in das sogenannte Brevier des hl. Franziskus ihren Namen ein, freilich in arger Verstümmelung: »Heleieuiis Abbatissa de Ulma«[70].

Am 2. Februar 1239 wird schließlich der Eintritt der Mutter des Grafen Berthold von Marstetten gen. von Neuffen ins Ulmer Kloster belegt[71]. Damit tritt ein bedeutendes schwäbisches Geschlecht mit dem Klarissen-

64 *Müller*, in: Alem. Fr. 12, S. 221 (zum Jahr 1232); über Berard Müller siehe oben, S. 10.

65 Siehe oben, Anm. 55; zum »königlichen Schutz« unten, S. 44—46.

66 Versuch einer Rekonstruktion bei *H. Frank*, Die Uranfänge des Söflinger Klarissenklosters auf dem Grieß bei Ulm a. D., in: Thuringia Franciscana 19 (1964), S. 205—245. — Das im Jahre 1533 an Ulm übergegangene Anwesen wurde von der Stadt zum Waisenhaus bestimmt. Auf der alten Stadtansicht von 1597 (*StA Ulm*, F 1) ist der Gebäudekomplex zu sehen, läßt aber kaum die ursprüngliche Gestalt erkennen.

67 Bei Hürbel (Kr. Biberach) ansässig. Das vermutlich 1521 erbaute Schloß ist noch erhalten. Vgl. *Das Land Baden-Württemberg*. Amtliche Beschreibung, Bd. VII: Regierungsbezirk Tübingen, Stuttgart 1978, S. 482; *Max Frhr. von Freyberg-Eisenberg*, Genealogische Geschichte des Geschlechts der Freiherrn von Freyberg, 1884.

68 Urkundlich bezeugt 1254 und 1259.

69 Heute Reisensburg bei Günzburg; *Handbuch der hist. Stätten Deutschlands*, Bd. 7: Bayern, Stuttgart 2. Aufl. 1965, S. 618 f.

70 *S. van Dyk*, The Breviary of S. Francis, in: Franciscan Studies 9 (1949), S. 19.

71 *UUB* I, Nr. 42 (S. 56 f.); *Miller*, Regesten, Nr. 3.

kloster in Verbindung[72]. Graf Berthold verpfändete anläßlich des Klostereintritts seiner Mutter »den Frauen vom hl. Damian« Weinberge in Neuffen, am Nordrand der Schwäbischen Alb. Diese sind die ersten Güter des Klosters in weiter Entfernung[73]. Nicht uninteressant sind in diesem Zusammenhang die Zeugen der Pfändungsurkunde vom 2. Februar 1239: Graf Berthold von Kirchberg, Graf Otto von Brandenburg, Heinrich von Neuffen, Konrad von Neuffen (Kanoniker zu Augsburg), Eberhard von Illereichen, Heinrich von Rinsburg (Riesenburg?) und Heinrich von Schönegg[74]. Mit diesen Familien ist der Kreis der ältesten Gönner des Klosters, wie er sich im Urkundenbestand erfassen läßt, genannt. Das Patriziat der Stadt Ulm wird in den ersten Jahrzehnten der Klostergeschichte noch nicht greifbar. Seine große Zeit in der Geschichte des Klosters beginnt erst etwa hundert Jahre später.

Dagegen ist von Anfang an die *Abtei Reichenau* mit dem Ulmer Klarissenkloster verbunden. Die Bodensee-Abtei besaß in Ulm einen »Hof«[75]. Auch das Freybergische Anwesen in Ulm ist ursprünglich Reichenauer Besitz gewesen[76]. Zum anderen erscheinen Abt und Konvent der Reichenau von der allerersten Zeit an als Stifter zugunsten der Ulmer Klarissen: Am 1. Dezember 1239 übergab Abt Konrad von Reichenau der Kirche der hl. Elisabeth auf dem Gries bei Ulm den Hof des Lang und das Gut des Swenco gegen jährlichen Zins und unter Vorbehalt des Quartierrechtes auf einer Hofstatt[77]; unter dem gleichen Datum übergab er dem Kloster gegen jährlichen Wachszins einen anderen Hof in Ulm[78]. Weitere Übertragungen von Reichenauer Eigentum in den folgenden Jahren gaben den Ulmer Kla-

72 Die Grafschaft Marstetten (Allgäu) kam um 1240 an Berthold von Neuffen, der 1267/68 König Konradin auf seinem Italienfeldzug begleitete; *Handbuch der hist. Stätten Deutschlands*, Bd. 6: Baden-Württemberg, Stuttgart 1965, S. 433 (Marstetten), 475 (Neuffen). Über die Bedeutung der Grafen von Graispach und Marstetten gen. von Neuffen für Ulm vgl. auch *H. E. Specker*, Ulm. Stadtgeschichte, Ulm 1977, S. 46 (mit weiterer Literatur).

73 Schon 1247 kamen weitere Weinberge in Neuffen an Söflingen: *UUB* I, Nr. 62 (S. 78); *Miller*, Regesten, Nr. 11.

74 Wichtig scheint mir dabei Konrad von Neuffen, der Kanoniker von Augsburg, der möglicherweise früh die Verbindung der Ulmer Klarissen mit Augsburg herstellen konnte.

75 Zum »Reichenauer Hof« vgl. *Specker*, Stadtgeschichte, S. 36 und 95 f. (mit weiterer Literatur).

76 Daher der Name »Mönchhof« für das Freybergsche Anwesen in Ulm: *H. Frank*, Uranfänge, S. 212.

77 *UUB* I, Nr. 46 (S. 61 f.); *Miller*, Regesten, Nr. 6.

78 *UUB* I, Nr. 47 (S. 63); *Miller*, Regesten, Nr. 7.

rissen ausgedehnten Besitz in ihrer unmittelbaren Umgebung[79]. Dieses frühzeitige Zusammenwachsen klostereigenen Besitzes sicherte den Bestand der Klarissengemeinschaft; es legte aber auch für dieses Kloster wie für viele andere Frauenklöster der Zeit jene Entwicklung fest, in der nicht so sehr die »vita religiosa«, sondern der wirtschaftliche Stand die innere Lebensform und das äußere Ansehen des Konventes bestimmten.

Immerhin lief im Kloster »auf dem Gries« das *personelle Wachstum* mit der wirtschaftlichen Sicherung parallel. Bald nach 1250 waren Schwestern aus Ulm am Aufbau einer Klarissenkommunität in Pfullingen beteiligt[80]. Die Mitwirkung muß im Rahmen ihrer Zugehörigkeit zur oberdeutschen Minoritenprovinz gesehen werden. Diese Einbindung in den großen Ordensverband macht die Beteiligung von Ulmer Schwestern an der Gründung anderer Klarissenklöster bzw. an der Übernahme bestehender klösterlicher Gemeinschaften in die Ordensprovinz wahrscheinlich[81]. Dazu gehören Esslingen[82], Paradies bei Konstanz[83], Straßburg[84], Mainz[85] und Würzburg[86]. Die überlieferte Beteiligung der Ulmer Schwestern an all diesen Gründungen paßt freilich auch gut in das erbauliche Schema der älteren Ordensgeschichtsschreibung: Ulm, das älteste Klarissenkloster in Deutschland, hatte seine ersten Schwestern aus Assisi erhalten. Von dieser »ersten Tochter« der Mutter stammen nun alle weiteren »Töchter« ab.

Die Verlegung des Klosters nach Söflingen

Mit der Verlegung des Klosters »auf dem Gries« in das westlich der Reichsstadt gelegene Dorf Söflingen wird die Gründungsphase des Ulmer Klarissenklosters abgeschlossen. Die bisher beschriebene Entwicklung der klösterlichen Gemeinschaft macht die Ortsveränderung nicht ohne weiteres

79 *UUB* I, Nr. 58 (S. 74); *Miller*, Regesten, Nr. 10: Das Gut Striebel an der Donau, das bis zur Aufhebung des Klosters Söflinger Besitz geblieben ist und (im Jahre 1795) 72½ Jauchert Acker und 9½ Tagewerk Wiesen umfaßte (*Staatsarchiv Neuburg*, Klosterliteralien Söflingen 1); dazu ein Hof in Pfuhl. Zum Reichenauer Besitz vgl. *J. Matzke*, Die ehemaligen Besitzungen des Klosters Reichenau im heutigen Kreis Neu-Ulm, in: UO 36 (1962), S. 57—97; *K. Beyerle*, Die Kultur der Reichenau, München 1925—1926.

80 Vgl. oben Anm. 60.

81 *Wauer*, Entstehung und Ausbreitung, S. 114.

82 Alem. Fr. 19 (1974), S. 5—59.

83 Vgl. oben Anm. 60.

84 Gemeint ist das 1264 gegründete Klarissenkloster »auf dem Roßmarkt«; im Jahre 1299 wurde in Straßburg ein weiteres Klarissenkloster »auf dem Werde« gegründet.

85 *H. Schrohe*, Geschichte des Reichsklaraklosters in Mainz, Mainz 1904.

86 Bavaria Franciscana 2 (1955), S. 120—122.

verständlich. Von besonderen Schwierigkeiten »auf dem Gries« läßt sich nichts ermitteln. Allerdings ist die Verlegung eines Klosters in der mittelalterlichen Klostergeschichte nichts Auffallendes und auch von einer Reihe anderer Klarissenklöster bekannt[87]. Der erste Platz eines Klosters ergab sich häufig aus dem erstbesten Angebot. Gelang einer Gründung die weitere Festigung, kam sie zu innerem und äußerem Gedeihen, dann erwies sich das Ergebnis der ersten Wahl nicht selten als unzulänglich. Die Kommunität wurde zu einer Ortsänderung gezwungen. Glaßberger schreibt »allzu große Beunruhigung« und die »ungünstige Lage« des Klosters hätten die Schwestern veranlaßt, sich nach einem geeigneteren Ort umzusehen[88]. Mit solcher Aussage ist nicht viel gewonnen. Die »allzu große Beunruhigung« kann auf Bedrängnisse in kriegerischen Zeiten hinweisen. Die Stadt Ulm war damals in die kriegerischen Auseinandersetzungen zwischen dem Gegenkönig Heinrich Raspe und dem Staufer Konrad IV. hineingezogen und wurde, da sie zum Stauferkönig hielt, 1246 von Heinrich Raspe belagert. Für das Kloster vor der Stadtmauer mag solches Unternehmen Unruhe und Störung mitgebracht haben. Der Hinweis auf die »ungünstige Lage« kann diese Situation unterstreichen, einfach aber auch besagen, daß die Wohnverhältnisse und die übrigen Zustände des Hauses »auf dem Gries« einer weiteren Entwicklung der Gemeinschaft nicht angemessen waren.

Glaßberger fährt in seiner Chronik dann fort: Eine fromme Matrone, Gräfin von Dillingen, habe vom Wunsch der Schwestern nach einem Ortswechsel gehört und ihnen mit Zustimmung und Billigung der Grafen von Dillingen in Söflingen Land geschenkt und dort ein Kloster gegründet für 72 Schwestern der hl. Klara, und zwar als die hl. Klara noch lebte[89]. Danach muß die Verlegung vor 1253 erfolgt und die Familie der Grafen von Dillingen daran beteiligt gewesen sein.

Die *Grafen von Dillingen* treten damit unvermittelt in die Geschichte des Ulmer Klarissenklosters ein und schließen sich den das Ulmer Kloster

87 Z. B. Paradies (bei Konstanz) und Schaffhausen, Trient, Brixen u. a. In Ulm wurde das Augustinerchorherrenstift auf dem Michelsberg gegründet, dann auf die Blauinseln und schließlich in das Stadtgebiet verlegt: *H. E. Specker*, Das Augustinerchorherrenstift St. Michael zu den Wengen (1183—1549), in: H. E. Specker und H. Tüchle (Hrsg.), Kirchen und Klöster in Ulm, Ulm 1979, S. 49—65.

88 *Glaßberger*, Chronica, Appendix, S. 572: »ob nimiam inquietudinem et importunitatem locum mutare decreverunt extra oppidum Ulmam«; *Greiderer* (Alem. Fr., S. 101) gibt als Grund der Verlegung an: »cum multam inquietudinem ex populi accursu paterentur, cogitarunt civitatem relinquere et extra illam de commodo sibi providere habitaculo.«

89 *Glaßberger* (wie Anm. 88): »Quod audiens quaedam devota matrona, comitissa de Dillinga, ex consensu et favore comitum de Dillinga aream in Sefflinga dictis sororibus obtulit et dotavit monasteriumque ibidem fundavit pro septuaginta duabus sororibus ordinis S. Clarae, ipsa S. Clara adhuc vivente.«

fördernden schwäbischen Adelsfamilien an. Wie die Dillinger die Verbindung zu den Klarissen angeknüpft haben, läßt sich kaum erhellen. Der unvermittelte Eintritt der Dillinger in die Klostergeschichte bringt freilich keine große Überraschung: Die Dillinger Grafen waren Vögte der Stadt Ulm. Wenn dann freilich Martin Crusius in seinen 1595 veröffentlichten »Annales Suevici« die Stiftung zu Gunsten des Klosters als phantasievoll dargestellten Sühneakt erscheinen läßt, so entbehrt dies, obwohl mehrfach von Ordenshistorikern nachgeschrieben, jeder Glaubwürdigkeit[90]. Nach Glaßberger ging die Schenkung von einer Gräfin von Dillingen aus. Der letzte Graf von Dillingen war Hartmann IV., vermählt mit einer Gräfin Willibirgis[91]. Diese ist jedoch schon im Jahre 1246 verstorben. Da der Chronist von »Zustimmung und Billigung der Grafen« berichtet, könnte die von ihm genannte Gräfin auch die Tochter Willibirgis, die Gattin des Grafen Ulrich von Helfenstein, gewesen sein. Die den Ortswechsel bestätigenden Urkunden nennen nun allerdings gar keine Frau aus der Dillinger Familie als Hauptakteurin, sondern eben den Grafen Hartmann IV. selbst, der am 11. Dezember 1258 verstorben ist. Am 13. Januar 1258 hat dieser Graf die großzügige Schenkungsurkunde für die Ulmer Klarissen unterzeichnet:

»Im Namen der heiligen und ungeteilten Dreifaltigkeit. Amen. Hartmann, Graf von Dillingen, allen, die Einblick nehmen in vorliegendes Schreiben, Kenntnis des unten Niedergeschriebenen.

Weil es Überzeugung der Kirche Gottes ist, daß es höchste Glückseligkeit sein wird, sich um die Gewinnung von Seelen zu bemühen, müssen die einzelnen Mitglieder ihr Streben auf dieses Ziel hinrichten, damit sie sich nicht von dem Eintritt in ihr ewiges Heil ausschließen. Wir wollen daher, daß alle, die dieses gegenwärtige Schreiben einsehen, wissen, daß wir mit Einwilligung unseres Herrn und Sohnes Hartmann, durch Gottes Gnade ehrwürdiger Bischof der Augsburger Kirche, der in Übereinstimmung mit dem Inhalt des gegenwärtigen Schreibens ein eigenes Bestätigungsschreiben ausgestellt hat, ferner unserer Töchter Adelheid, Gräfin von Zollern, Williburg, Gräfin von Helfenstein, und Agnes, Gräfin von Hellenstein, zu Ehren des allmächtigen Gottes, der seligen Jungfrau, des hl. Franziskus und aller Heiligen, zu unserem und unserer Eltern Heil, die ganze Herrschaft, alle Besitzungen und alles Eigentum des Landortes Söflingen bei Ulm in der Diözese Konstanz, ebenso das Patronat der Kapelle, ferner unsere Leibeigenen daselbst, die sich in freiem Entschluß den unten genannten

[90] *Crusius-Moser,* Bd. 1, Teil 3, 14, S. 759. Auch *Müller* (Chronica, S. 172 f.) und *Greiderer* (S. 102) folgen neben anderen dieser Version; ebenso *G. Fischer,* Geschichte des Klosters Söflingen, S. 9.

[91] Zu den Dillingern: *A. M. Seitz,* Die Grafen von Dillingen und ihre Klosterstiftungen, in: Jahrbuch des historischen Vereins Dillingen 64/65 (1962/63), S. 39—60.

Schwestern als Eigen anschließen wollen, ferner den Wald Langweidach, den Wald, den man Berg nennt, den Wald Adelheiderisach samt den Wiesen, Äckern, Nutznießungen mit den gangbaren und weglosen Gründen und allem Zubehör ganz unter der Bedingung, die volkstümlich Ehaft genannt wird, mit Ausnahme der Lehen, mit denen einige von dort belehnt sind, samt dem dazugehörigen Recht, der Äbtissin und dem Konvent der Frauen vom Orden des hl. Damian bei Ulm vollkommen frei, Gottes wegen, geschenkt haben. Wir werden uns jeder Handlung und jeden Rechtes, unter welchem Titel es auch immer vorgebracht werden könnte, in dem Gesagten aufs bestimmteste enthalten und setzen die Äbtissin und ihren Konvent von dem Tage der Schenkung an Gottes wegen als Eigentümerinnen des Gesagten ein. Zu dieser Schenkung geben wir, oben genannte Töchter, mit Einwilligung unserer Gatten vollständig frei diesem Schreiben unsere Zustimmung und verzichten endgültig auf jede Handlung und unser Erbrecht in allem Gesagten.

Damit aber besagte Schenkung gegen Angriffe streitsüchtiger Menschen geschützt sei und sich durch unsere Vorsorge vollster Sicherheit erfreue, haben wir zum Zeugnis unserer Schenkung der genannten Äbtissin und ihrem Konvent gegenwärtiges Schreiben gegeben und es mit unserem und unserer oben genannten Töchter Siegel bekräftigt.

Zeugen aber dieser Schenkung sind: Hartmann, durch Gottes Gnade Bischof von Augsburg; Herr Hildebrand von Rechberg, Kanonikus in Augsburg; Albert, Schreiber des Herrn Bischofs; die Predigerbrüder: frater H, Prior, frater R, Lektor; ferner die Minderbrüder: frater Benedikt, Custos der Franken, frater Walter, Guardian von Ulm, frater H von Nau; die Ritter: Rudolf, Truchseß von Söflingen, Siegfried von Tunschalkingen, Hildebrand von Trugenhofen, Berthold von Hochstetten; sowie mehrere andere Geistliche und Laien. Dies ist geschehen im Jahr des Herrn 1258 am Oktavtag von Epiphanie.« [92]

Graf Hartmann IV., der auch sonst als großzügiger Stifter und Wohltäter von Klöstern bekannt ist[93], hat danach die Verlegung des Ulmer Klarissenklosters vom Gries nach Söflingen ermöglicht. Er tritt hier als Stifter des neuen Klosters auf, der durch reiche Besitzschenkung den Grund für ein eigenes klösterliches Territorium gelegt und die Abtei auch in Herrschaftsrechte eingesetzt hat. Alles, was die Familie bisher in Söflingen besaß, soll Eigentum der Klarissen sein[94]. Seine Kinder stimmten der Schenkung zu

[92] *UUB* I, Nr. 80 (S. 101—103); *Miller*, Regesten, Nr. 54—55.

[93] Vgl. Anm. 91.

[94] Graf Hartmann ergänzte noch im gleichen Jahre seine Schenkung: *UUB* I, Nr. 81 (S. 103) und *Miller*, Regesten, Nr. 58 (Eigentum der Dillinger Lehnsleute); *WUB* V, Nr. 1474 (S. 241 f.), Regesten, Nr. 59 und *UUB* I, Nr. 82 (S. 104 f.), Regesten, Nr. 60 (der Wald Buchenloch).

und blieben nach dem Tode des Vaters dabei[95]; sein Sohn Hartmann, Bischof von Augsburg (1249—1286), folgte ihm mit weiteren Schenkungen nach[96]. Der Kreis der mit dem Kloster verbundenen schwäbischen Adelsfamilien hatte sich damit erweitert.

Das neue Kloster lag in *Söflingen*, etwa eine Stunde von der westlichen Stadtmauer entfernt. Es gehörte zur Pfarrei Ulm; das Patronat der dortigen Kapelle zu den Heiligen Jakobus und Laurentius besaßen die Grafen von Dillingen[97], unter deren Herrschaft das ganze Ortsgebiet stand. Wahrscheinlich war das ganze Gebiet ursprünglich Königsgut gewesen, seit dem 11. Jahrhundert als Reichslehen im Besitz der Grafen von Dillingen, die — wie erwähnt — auch Vögte der Ulmer Pfalz waren[98]. Mit dem Schenkungsakt vom 13. Januar 1258 ist dieses Dillinger Herrschaftsgebiet in den Besitz des Klarissenklosters übergegangen.

Der Tag der Schenkungsurkunde ist wohl kaum der genaue Termin der Verlegung des Klosters vom Gries nach Söflingen. Von den an der Pfullinger Klostergründung beteiligten Schwestern hieß es: »Im Jahre des Herrn 1252, am Feste des hl. Otmar [16. November] kamen Schwestern aus dem Kloster Ulm und Söflingen, das schon begonnen, aber noch nicht vollendet war, und wurden feierlich in das genannte Kloster bei Pfullingen eingeführt.«[99] Wenn diese Nachricht ernst zu nehmen ist — die Anfänge

95 *UUB* I, S. 103 und *Miller*, Regesten, Nr. 56; *WUB* V, Nr. 1523 (S. 289 f.) und *Miller*, Regesten, Nr. 66; *UUB* I, Nr. 88 (S. 111) und Regesten, Nr. 67; *UUB* I, Nr. 89 (S. 112 f.) und Regesten, Nr. 68; Regesten Nr. 71 u. a.

96 *UUB* I, Nr. 92 (S. 115 f.) und *Miller*, Regesten, Nr. 69; *UUB* I, S. 116 (Anhang zu Nr. 92) und Regesten, Nr. 70; *UUB* I, Nr. 98 (S. 121) und Regesten, Nr. 76; *UUB* I, Nr. 106 (S. 130 f.) und Regesten, Nr. 84/85; *UUB* I, Nr. 107 (S. 131 f.) und Regesten, Nr. 86 u. a.

97 Das Patronat ging mit der Schenkung an das Kloster (vgl. unten, S. 72); die Kapelle stand auf dem heutigen Gemeindeplatz und wurde 1805 abgetragen. Die Nachrichten über das »Kirchle« sind spärlich. Nach *F. Fabri* soll sie in karolingische Zeit zurückreichen; das ursprüngliche Patrozinium — St. Jakobus — soll auf Karl den Großen selbst zurückzuführen sein (Hist. Suevica II 17). Sicher war 1258 die Kapelle vorhanden, die inzwischen St. Laurentius als zweiten Patron angenommen hatte. — Beim Abbruch wurde am Stiegenhaus der Kapelle die Inschrift gefunden: »Anno 1607 hat die regierende Frau Äbtissin M. Anna Storrin das Kirchle erbauen lassen« (in einer handschriftlichen Aufzeichnung von R. Weser, *DA Rottenburg*). Es kann sich damals aber nur um einen Neubau bzw. eine umfassende Renovierung gehandelt haben.

98 Vogtvertrag vom 21. August 1255: *UUB* I, Nr. 73 (S. 93—96); vgl. auch *Specker*, Stadtgeschichte, S. 40 f.

99 *Glaßberger*, Chronica, Appendix, S. 573: »... venerunt sorores ex Ulmae sive Seffingae monasterio, quod iam inchoatum fuerat, licet nondum consummatum.« Dazu paßt die Aussage, Söflingen sei noch zu Lebzeiten der hl. Klara (also vor 1253) gestiftet worden (*ebd.*, S. 572).

des Pfullinger Klarissenklosters liegen sicher vor 1258[100] —, dann muß mit der Verlegung des Ulmer Klosters bereits in den frühen fünfziger Jahren begonnen worden sein. Die Zeit der offiziellen Güterübertragung darf danach vielleicht als Abschluß des Umzuges und Vollendung des Neubaus angenommen werden. Das erste Kloster »auf dem Gries« war damit aufgegeben[101]; das Anwesen blieb aber noch im Besitz der Klarissen und wurde erst 1553 an die Stadt Ulm verkauft[102]. Felix Fabri, der das frühere Kloster noch im Besitz der Klarissen erlebt hat, erzählt, daß die Schwestern beim Umzug nach Söflingen ihre Glocke mit der der Franziskaner getauscht hätten, weil die Glocke der Schwestern heller geklungen habe als die der Brüder[103].

Der *Neubau des Klosters* in Söflingen ist mit einiger Mühe und bleibender Unsicherheit zu rekonstruieren. Da die späteren Um- und Neubauten sich am gleichen Platz erhoben, ist die Lage des Klosters unbestritten: Die älteste Umfassungsmauer ist in ihrem Verlauf noch zu bestimmen, teilweise noch erhalten. Das Kloster lag am Westrand des Dorfes. Die Klostermauer verlief vom heutigen Rathaus gegen Norden über die Blau am jetzigen Pfarrhaus vorbei bis zur Kirche. Hier brach sie ab und lief als nördliche Abschlußmauer bis an die Blau. Parallel zur Blau begrenzte die westliche Mauer das Klostergebiet bis auf die Höhe des heutigen Rathauses, wo sie auf die südliche Klausurmauer stieß[104]. Die Mauer umschloß ein Stück Land, das auf jeder Seite gute hundert Meter maß. Innerhalb der Mauer lag der Klausurbezirk: Auf der Nordseite die Kirche, an die sich als Dreiflügelanlage das Klostergebäude anschloß. Die Rekonstruktion führt zur »Normalausgabe« eines mittelalterlichen Bettelordenklosters, die deutlich den typischen Klosteranlagen der älteren Orden folgt[105].

100 Die ältesten päpstlichen Urkunden für Pfullingen stammen aus den Jahren 1252 und 1253: Alem. Fr. 17, S. 172. — Die Anfänge des Klosters lagen auch hier in einer freien Schwesterngemeinschaft.

101 *Degler-Spengler* (Das Klarissenkloster Gnadental in Basel) und *V. Gerz-von Büren* (Geschichte des Clarissenklosters St. Clara in Kleinbasel) sprechen irrtümlich von einer Tochtergründung der Ulmer Klarissen in Söflingen.

102 Vgl. oben Anm. 66.

103 *Fabri*, Tractatus, S. 203, bzw. in: UO 13—15, S. 137.

104 Beschreibung der ursprünglichen Klosteranlage: *R. Weser*, Bauanlage und Baugeschichte des Klosters Söflingen, in: Archiv für christliche Kunst 41 (1926), S. 89—115.

105 O. *Linck*, Mönchtum und Klosterbauten Württembergs im Mittelalter, Stuttgart 1953, spricht von Söflingen nur beiläufig (S. 141, 144). Allgemein zur Klosterarchitektur: *W. Braunfels*, Abendländische Klosterbaukunst, Köln 2. Aufl. 1976; *A. M. Romanini*, Artikel »Architettura monastica occidentale«, in: Dizionario degli Istituti di Perfezione I (1974), S. 790—827.

Über die Ausstattung des ersten Klosters läßt sich kaum Sicheres sagen. In den Jahren 1914/15 wurden einige Bau- und Ausstattungsreste gefunden: Ziegelplättchen in rot, braun, schwarz und gelb mit Musterungen aus geometrischen Formen, aber auch Tier- und Pflanzenmotive, die wohl vom alten Bodenbelag des Klosters stammen. Auch Teile von Gewölberippen aus gebranntem Ton mit gelblichem Verputz wurden gefunden. Sie lassen auf eine teilweise Einwölbung des Klosters schließen[106]. Die jüngere kunstgeschichtliche Aufarbeitung der Söflinger Bau- und Ausstattungsreste konnte das bisher Vermutete und Erschlossene bestätigen[107].

Mit dem Ortswechsel war auch ein *Namenswechsel* des Klosters verbunden. Aus dem Kloster der hl. Elisabeth wurde das »Kloster im Garten der seligen Jungfrau Maria« (Mariengarten). Der neue Name ist wohl kaum einfach zur Unterscheidung vom alten Besitz auf dem Gries gewählt worden[108]. In der Namenswahl mag Reichenauer Einfluß stecken. Die Benediktinerabtei war schon mit den Schwestern in ihrer ersten Niederlassung verbunden und diese Verbindung wird sich in Söflingen verstärkt haben, zumal die Abtei Reichenau dort ausgedehnten Besitz hatte; auch der Titel der Söflinger Klosterkirche »Mariä Himmelfahrt« entspricht dem der Abteikirche auf der Reichenau (Mittelzell). Freilich kann sich in der Namenswahl auch ganz einfach die Frömmigkeit der Schwestern niedergeschlagen haben oder mag der fromme Wunsch der Stifter entscheidend gewesen sein.

106 *Weser*, Bauanlage, S. 93 f.; ausführliche Beschreibung der Bodenfliesen: *ders.*, Der Bodenfliesenfund in Söflingen, in: Archiv für christl. Kunst 33 (1915), S. 90 f. — Die Platten befinden sich heute zum Teil im Ulmer Museum (Magazin).

107 *R. Wortmann*, Artikel »Söflingen« in: Die Kunstdenkmäler des ehemaligen Oberamts Ulm, München 1978, S. 601—693.

108 Das Konstanzer Klarissenkloster nahm z. B. seinen Namen mit nach Schaffhausen. Der neue Name des Söflinger Klosters erscheint mit leichten Unterschieden in den Urkunden seit 1258. *Miller*, Regesten, Nr. 58 (um 28. August 1258): »Schwestern vom Garten Mariä«; Regesten, Nr. 59 (28. August 1258): »Konvent vom Garten der hl. Maria in Söflingen«; *Regesten*, Nr. 60 (17. September 1258): »Schwestern vom Garten der hl. Maria bei Ulm«; *Regesten*, Nr. 62 (8. November 1258): »Schwestern vom Garten der seligen Jungfrau bei Ulm«; u. a.

2. TEIL

Das Kloster von 1258 bis zur Reform im Jahre 1484

1. Die äußere Sicherung

Die Einbindung in den Orden

Mit dem neuen Ort haben die Klarissen im Kloster Mariengarten einen Platz gefunden, an dem sie mehr als fünfeinhalb Jahrhunderte leben sollten. Der schnell und stark wachsende Besitz ließ Söflingen zum reichsten Klarissenkloster in Deutschland werden. Ein Kloster ist sicher zunächst eine religiöse Institution. Das gilt bis heute und galt auch in der Vergangenheit. Mehr als heute war aber das mittelalterliche Kloster eine öffentliche Institution, unlösbar hineingebunden in das Gefüge der mittelalterlichen Weltordnung. Wollte eine klösterliche Gemeinschaft lebendig bleiben, so mußte sie in dieser Ordnung ihren festen Platz haben. Schon in ihrer ersten Niederlassung hatten die Ulmer Schwestern mit ihrem Anschluß an die Franziskaner einen solchen Platz erworben; sie nahmen diese Art von rechtlicher Sicherung in ihr neues Kloster mit. Der Anschluß an den Franziskanerorden gab ihnen innerhalb dieser Ordensfamilie eine geistlich-rechtliche Heimat. Damit war die »cura monialium« für die Söflinger Schwestern gesichert. Sie war den Franziskanern übertragen, näherhin den jeweiligen Oberen der Straßburger Ordensprovinz. Die Verpflichtung der Franziskaner bestand in der Seelsorge für die Schwesterngemeinschaft: Meßfeier, Beichthören, Unterweisung in Predigt und Belehrung. Hinzu kam die Hilfe in wirtschaftlichen und rechtlichen Fragen — Franziskaner treten als Zeugen in Rechtsgeschäften auf[1] — oder in anderen Belangen des Klosters[2]. Die Schwestern verpflichteten sich ihrerseits zu

1 Z. B. *Miller*, Regesten, Nr. 70 (von 1263); Nr. 89 (um 1270); Franziskaner als Zeugen: *ebd.*, Nr. 98 (1275); Nr. 128 (1289); Nr. 144 (1296) u. ö.

2 P. Heinrich Waldenberger, Guardian in Ulm (1495—1501) wird im Söflinger Seelbuch, 10. Woche, S. 17 (*DA Rottenburg*) »Schreiber des alten Seelbuchs« genannt; *ebd.*, 45. Woche, S. 67: »P. Adam Schilling, unser getreuer Buchschreiber«.

geistlicher Hilfe durch ihr Gebet und zu materieller Hilfe durch festgelegte Abgaben an das Ulmer Franziskanerkloster [3].

Der päpstliche Schutz

Von Anfang an stand das Ulmer Klarissenkloster unter päpstlichem Schutz [4]. Die Päpste — es waren zunächst Innozenz IV. (1243—1254) und Alexander IV. (1254—1261) — nahmen ihre Schützerfunktion des Klosters durch verschiedene Verfügungen zugunsten des Klosters wahr. Am 18. Mai 1254 befreite Innozenz IV. die Schwestern von der Verpflichtung zu Krieg-, Wein- und Wegzoll und von den üblichen Abgaben für Frucht, Wolle, Holz, Steine und andere Dinge, die sie für ihren Gebrauch kauften [5]. Unter dem gleichen Datum erlaubte er den Schwestern auch, »unfertig« (d. h. unrechtes) Gut anzunehmen [6]. Fünf Tage später gewährte der Papst den Wohltätern des Klosters 40 Tage Ablaß [7]. Am 11. Juni 1254 befreite der Papst die Schwestern von der Zehntabgabe aus ihren Gärten und Wiesen [8].

Papst Alexander IV. erteilte am 8.Juni 1256 dem Kloster das Privileg, vor kein Gericht außerhalb der Diözese Konstanz gezogen zu werden, auch nicht vom Apostolischen Stuhl oder seinen Legaten [9]. Im folgenden Jahr gestattete der Papst, daß die Klosterdiener zur Zeit des Interdiktes im Kloster den Gottesdienst besuchen und auch innerhalb des Klosters begraben werden dürften [10] und nahm die Diener, Geschäftsführer und gewöhnlichen »Arbeiter« des Klosters — wie aller Frauenklöster des hl. Damian — von den über das Land verhängten Strafen des Interdikts und der Exkommunikation aus [11]. Ebenfalls im Jahre 1257 gestattete der

3 Urbar von 1483 (*StA Ulm*, fol. 88) führt an Naturalabgaben an: Zu St. Martinstag ein Eimer Esslinger Wein (als Meßwein); zu Weihnachten ein »gut gemästet Schwein«; jede Woche und zu jedem der vier Hochfeste 25 Brote; jedes Jahr »ein Kessel wohlgebrühtes Kraut« und ein Sack »Kappeskraut«; zu Ostern 200 Eier; zu Pfingsten zwei gute Käse; zu Allerheiligen sechs Herbsthühner, zu Fastnacht sechs Fastnachtshennen; u. a.

4 Die Exemption der Klarissen von bischöflicher Gewalt wurde schon von Papst Gregor IX. im Jahre 1241 ausgesprochen: *BF* I, S. 293.

5 *UUB* I, Nr. 69 (S. 84 f.); *Miller*, Regesten, Nr. 22.

6 *Miller*, Regesten, Nr. 23; Alexander IV. wiederholte 1257 diese Verfügung: *ebd.*, Nr. 48.

7 *Miller*, Regesten, Nr. 25.

8 *Ebd.*, Nr. 26.

9 *UUB* I, Nr. 74 (S. 96 f.); *Miller*, Regesten, Nr. 36.

10 *Miller*, Regesten, Nr. 39.

11 *WUB* V, Nr. 1422 (S. 186 f.); *Miller*, Regesten, Nr. 40; dazu Nr. 41.

Papst dem Kloster, weltliche Güter erblich zu erwerben; nur Mannlehen sollten davon ausgenommen sein[12]. Dazu gab er dem Kloster die Erlaubnis, fremden Zehnten mit Erlaubnis des zuständigen Bischofs zu kaufen[13] und befreite das Kloster von dem Zehnten aus seinen Ländern, Weinbergen, Mühlen, Besitzungen und Haustieren[14]. Ebenfalls befreit wurden die Schwestern von den üblichen Abgaben für Legaten oder Nuntien des Apostolischen Stuhles, von päpstlichen Steuern, Kollekten und Subsidien[15]. Auf die Festtage des hl. Franziskus, des hl. Antonius und der hl. Klara erteilte der Papst am 19. Februar 1257 den Besuchern der Klosterkirche einen Ablaß von hundert Tagen[16]. Am 27. Februar 1257 verbot der Papst, daß weltliche Frauen im Kloster leben[17], und am folgenden Tag gestattete er, die Schwestern, die außerhalb des Klosters verstarben, im Kloster zu begraben[18]. Am gleichen Tag erhielten die Beichtväter des Klosters die Vollmacht, Frauen, die in das Kloster eintreten wollten, von Bann und Simonie zu absolvieren[19]. Durch einen Entscheid vom 11. März 1257 schließlich wurde dem Kloster zugestanden, daß es weder durch den Apostolischen Stuhl noch durch seine Legaten vor Gericht geladen werden dürfe[20].

Die eben aufgeführten päpstlichen Verfügungen zugunsten des Ulmer Klosters, die ganz allgemein der kurialen Aktivität gegenüber einem Kloster entsprechen, haben den Schutz und die Sicherung der klösterlichen Gemeinschaft im Auge[21]. Dabei geht es vor allem um den materiellen Besitz des Klarissenklosters. Die zugunsten des Klosterbesitzes gewährten Privilegien belegen klar das päpstlich-kuriale Armutsverständnis, dem auch die Ulmer Schwestern zugestimmt hatten: Weil die Schwestern die Armut, die sie freiwillig um Gottes willen auf sich genommen haben, auch weiterhin bewahren wollen, gestattet der Apostolische Stuhl Abgabenfreiheit und andere Vergünstigungen[22]. Deutlich tritt auch die Sorge um das

12 *Miller*, Regesten, Nr. 42.
13 *Ebd.*, Nr. 43.
14 *UUB* I, Nr. 77 (S. 98 f.); *Miller*, Regesten, Nr. 45.
15 *UUB* I, Nr. 78 (S. 99 f.); *Miller*, Regesten, Nr. 45.
16 *Miller*, Regesten, Nr. 47.
17 *Ebd.*, Nr. 49.
18 *Ebd.*, Nr. 50.
19 *Ebd.*, Nr. 51.
20 *UUB* I, Nr. 79 (S. 100 f.); *Miller*, Regesten, Nr. 53.
21 Derlei päpstliche Entscheide finden sich nicht nur in der Söflinger Klostergeschichte; *Miller* (Regesten) konnte deshalb eine Reihe der Urkunden aus der Geschichte des Klarissenklosters Brixen übernehmen, für die sich im Söflinger Urkundenbestand kein Beleg finden ließ. — Vgl. *A. Gössi*, Das Archiv der oberdeutschen Minoritenprovinz im Staatsarchiv Luzern, Luzern/München 1979.
22 Text aus Anm. 6: »... paupertati, quam propter deum voluntarie sustinetis et quieti paterna volentes in posterum sollicitudine providere ...«.

gesicherte religiöse Leben des Klosters hervor[23] und die Klärung der gerichtlichen Abhängigkeit bzw. Unabhängigkeit.

Diese päpstlichen Privilegien und Gunsterweise wurden in den Jahren 1254—1257 gewährt, also bereits in der Zeit, da die Verlegung des Klosters abgemachte Sache war. Eine eigene päpstliche Erklärung von 1258 ließ das ganze Bündel der Verfügungen auch für das neue Kloster wirksam bleiben: »... Da wir euren ergebenen Bitten geneigt sind, gestatten wir euch kraft gegenwärtigen Schreibens, daß ihr euch der Freiheiten, Befreiungen und Apostolischen Privilegien, die ihr an euerem früheren Ort rechtmäßig besessen habt, auch ohne Bedenken an dem neuen Ort erfreuen könnt.«[24] — Im Jahre 1280 dehnte Papst Nikolaus III. den päpstlichen Schutz für Söflingen auf alle Untertanen und Güter des Klosters aus[25].

Bischöflicher Schutz

Die Zugehörigkeit der Klarissen zum Franziskanerorden unterstellte die Schwestern der päpstlichen Aufsicht. Trotzdem lebte die Klostergemeinschaft nicht ohne jede Beziehung zum Bischof. Der zuständige Bischof für die Ulmer Klarissen war der Bischof von Konstanz; in den entscheidenden Jahren der Gründung und Sicherung des Klosters war dies Bischof Eberhard II.[26] Allerdings trat der Konstanzer Bischof in der Geschichte des Söflinger Klosters erst spät auf.

Ausdrücklich bestellte der Papst den Dompropst von Augsburg zum Schutzherrn des Klosters. Erstmals geschah dies durch Innozenz IV. am 23. Mai 1253: Der Propst sollte die dem Kloster vom Papst zugestandene Abgabenfreiheit überwachen und schützen[27]. Am 13. Juni des gleichen Jahres bestätigte der Papst erneut diese Schutzaufgabe des Propstes von Augsburg[28]. Der Augsburger Domherr sollte also darüber wachen, daß die Söflinger Schwestern sich ungehindert der päpstlichen Gunsterweise erfreuen könnten. Mit seiner Bestellung erhielt er die Vollmacht, über all jene, die das Kloster bedrängen sollten, die päpstlichen Strafen des Bannes, des Interdiktes und der Suspension zu verhängen. Es mag ein wenig überraschen, daß die Wahrnehmung des päpstlichen Schutzes dem Augsburger

23 Daher die Ausnahmeregelungen für Bann und Interdikt.
24 *UUB* I, Nr. 84 (S. 106 f.); *Miller*, Regesten, Nr. 62; dazu auch Nr. 63.
25 *UUB* I, Nr. 134 (S. 161); *Miller*, Regesten, Nr. 104.
26 Eberhard II. von Waldburg, Bischof von Konstanz 1248—1274.
27 *UUB* I, Nr. 65 (S. 81); *Miller*, Regesten, Nr. 24.
28 *Miller*, Regesten, Nr. 27.

Dompropst übertragen wurde, doch gibt es für diesen Vorgang genügend Parallelen, die eine derartige päpstliche Zuweisung als ganz normal ausweisen[29]. Außerdem erscheint schon in einer der ältesten Urkunden des Klarissenklosters ein Augsburger Kanoniker als Zeuge[30]. Es liegt von daher nahe, an eine persönliche Bindung der Ulmer Klarissen zur Augsburger Kurie zu denken. Außerdem war in den Jahren 1249—1286 Hartmann von Dillingen Bischof von Augsburg, der Sohn des Grafen Hartmann IV. von Dillingen, der 1258 die Schenkungsurkunde für das neue Kloster in Söflingen ausstellte. Damit werden die Verbindungen des Klosters mit Augsburg deutlicher und die großzügige Förderung des Klosters durch die Dillinger tritt in ein neues Licht. Ein Augsburger Dompropst als Schutzherr des Klosters läßt sich auch später noch belegen[31].

Neben dem Augsburger Schutz stand der durch den zuständigen Diözesanbischof[32]. In den Jahren 1265/66 hatte sich der Konstanzer Bischof Eberhard II. mit dem Söflinger Kloster zu befassen. Äbtissin und Konvent hatten Papst Klemens IV. (1265—1268) gebeten, die auf ihrem Grund und Boden liegende St. Lorenzkapelle dem Kloster einzuverleiben. Auf Anweisung des Papstes vollzog der Bischof danach diese Übertragung[33]. Dabei handelt es sich freilich um einen kirchenrechtlichen Akt, der in die Zuständigkeit des Diözesanbischofs fiel. Eine ausdrückliche Bestellung des Bischofs von Konstanz zum Schutzherrn des Klosters geschah durch Papst Johannes XXII. (1316—1334)[34].

29 Für das benachbarte Benediktinerkloster Blaubeuren wurden z. B. im Jahre 1398 die Domdekane von Augsburg, Speyer und der Bischof von Konstanz zu »Konservatoren des päpstlichen Schutzes« bestellt; *Lonhard*, Kloster Blaubeuren, S. 45.

30 Am 2. Februar 1239 (siehe oben, S. 31, Anm. 74): Konrad von Neuffen, Kanoniker von Augburg.

31 Im Jahre 1268 bestellt Papst Klemens IV. den Dekan zu Augsburg zum Schutzherrn des Gotteshauses Söflingen und ebenso den Dekan des Augsburger St.-Moritz-Stiftes: *Miller*, Regesten, Nr. 79—80.

32 8. Juni 1256 (*UUB* I, Nr. 74, S. 96 f.; *Miller*, Regesten, Nr. 36): Konstanz als zuständiges Gericht.

33 *Miller*, Regesten, Nr. 72 (ebd. auf den 21. Mai 1265 datiert); dazu *WUB* VI, Nr. 1844 (S. 239 f.) und *Miller*, Regesten, Nr. 73; zu einem Vertrag zwischen Pfarrer Geßler und Ulm über die Meßstipendien in der St.-Lorenz-Kapelle vgl. *Geiger*, Die Reichsstadt Ulm, S. 124 Anm. 15.

34 *Miller*, Regesten, Nr. 206; mit dem Bischof von Konstanz werden der Erzbischof von Mainz, die Bischöfe von Bamberg, Straßburg und Regensburg zu Schutzherren bestellt.

Königlich-Kaiserlicher Schutz und die Vogtei

Parallel zum Bemühen um die gesicherte und geschützte Stellung innerhalb der kirchlichen Ordnung mußte sich ein mittelalterliches Kloster ebenso um einen anerkannten Platz im Gefüge der staatlichen Ordnung bemühen. Schon 1239 konnten die Schwestern »auf dem Gries« königlichen Schutz erlangen. Bruder Albert vom Ulmer Franziskanerkloster hatte damals dem erwählten römischen König Konrad IV. die Bitte um diese, das Kloster in seinem Bestand sichernde Gunst vorgetragen, und im November jenes Jahres verfügte der König von Schwäbisch Hall aus: »Wir nehmen den Konvent und das Kloster vom Orden des hl. Damian bei Ulm mit seinen Leuten und all seinen Gütern, die sie gegenwärtig zu Recht haben und besitzen und die sie in Zukunft rechtmäßig erwerben können, unter unseren und des Reiches besonderen Schutz.« [35] Der Besitz des Klosters erhielt dadurch den höchsten Schutz in der staatlichen Ordnung. Der königliche Schutzherr drohte als Strafe für einen ungerechten Angriff auf den Besitz des Klosters seine persönliche Ungnade und die Strafe von zehn Goldmark an [36].

In dem von König Konrad IV. ausgesprochenen Schutz des Königs und des Reiches für das Ulmer Klarissenkloster steckt die Beanspruchung der Vogtei durch den König über das Kloster. Diese Verfügung paßt in das Regierungsprogramm der Staufer, die bei einer ganzen Reihe von Klöstern die älteren Vogteirechte ablösten. Die königlich-kaiserliche »Entvogtung« führte dabei freilich zur neuen Form der Reichsvogtei über diese Klöster [37]. Die Reichsvogtei schaltete für Söflingen Anspruch und Herrschaft jeder anderen weltlichen Macht aus. Allerdings zeigt die weitere Geschichte des Klosters, daß die von Konrad IV. ausgesprochene und angenommene Vogtei nicht unbestritten durchgehalten wurde. Nach dem Wortlaut der Schenkungsurkunde von 1258 nahmen die Dillinger Grafen Schutzrechte dem

35 *UUB* I, Nr. 45 (S. 60 f.); *Miller,* Regesten, Nr. 5: »..., conventum et monasterium, sub ordine sancti Damiani apud Ulmam cum personis et omnibus bonis suis, que in presenti iuste tenent et possident et que inantea iusto titulo poterunt obtinere, sub nostra et imperii protectione recepimus speciali.«

36 *Ebd.*: »Quod qui praesumpserit, indignatione nostri culminis se sciat incurisse, decem quoque marcarum auri componat, quarum medietas fisce nostro, reliqua passis iniuriam persolvatur.«

37 Zum allgemeinen Vorgang: *A. Heilmann,* Die Klostervogtei im rechtsrheinischen Teil der Diözese Konstanz bis zur Mitte des 13. Jh., Köln 1908; *M. Reichenmiller,* Das Reichsstift Rottenmünster, Stuttgart 1964, S. 15—17; vgl. auch die Ausführungen zu den schwäbischen Benediktinerklöstern in *Germania Benedictina* V, jeweils die Abschnitte »Grundherrschaft und Vogtei«.

Kloster gegenüber in Anspruch[38]. Mit dem Erlöschen der Stifterfamilie verschwand diese Schutzherrschaft. Rudolf von Habsburg (1273—1291) hat möglicherweise danach die Reichsvogtei für Söflingen wieder übernommen[39]. Ludwig der Bayer (1314—1347), der in der Auseinandersetzung mit den Päpsten von Avignon starke Unterstützung bei den Franziskanern gefunden hatte, verfügte in königlicher Macht über Angelegenheiten des Söflinger Klosters[40].

Unter Karl IV. (1346—1378) trat jedoch eine gewichtige Änderung ein. Am 3. Juni 1356 mahnte er jene Fürsten, Grafen, Herren und Städte, die in Schwaben den Landfrieden halten, das Söflinger Kloster zu schirmen und zu schützen. Unter diesen im Auftrag des Königs für Söflingen Verantwortlichen nannte er vor allem die Reichsstadt Ulm[41]. Diese Entscheidung kann als Übertragung der Vogtei an die Stadt gedeutet werden; tatsächlich leitete die Stadt auch aus der Schutzbeauftragung durch Kaiser Karl IV. immer wieder Rechts- und Herrschaftsansprüche über das Kloster her. Der Söflinger Konvent veranlaßte den Kaiser jedoch im Jahre 1368 zu verbriefen, daß das Kloster bisher nicht vogtbar war und keinen Vogt hatte und dies auch in Zukunft gelten sollte. Wenn dann trotzdem in derselben Urkunde wieder »Bürgermeister, Rat und Bürger der gemeinen Stadt Ulm« zum Schirm und Schutz des Klosters bestellt werden, dann bestimmte der Kaiser damit zwar eine unmittelbare Schutzmacht für das Söflinger Kloster, schloß aber deren Deutung als Vogtei aus[42]. Auf dieser Linie blieben auch die weiteren königlichen Schutzbriefe des späten 14. und frühen 15. Jahrhunderts[43].

Keinem der schwäbischen Reichsstände wurde dabei die Vogtei über Söflingen zugesprochen; aber allen, besonders und ausdrücklich der Stadt Ulm, wurde Wahrnehmung des kaiserlichen Schutzes aufgetragen. Die Stellung des Söflinger Klarissenklosters in Land und Reich war also nicht mit letzter Klarheit und Eindeutigkeit umschrieben; die Stadt Ulm hatte unleugbar einen besonderen kaiserlichen Auftrag dem Kloster gegenüber — einen Auftrag, den die Stadt in möglichst weitreichendem Sinne zu inter-

38 Vgl. oben, S. 35, Anm. 92 (*UUB* I, Nr. 80, bes. S. 102): ». . . et ex nostra provisione plenissima securitate gaudeat«; auch *UUB* I, Nr. 89 (S. 112 f.) und *Miller*, Regesten, Nr. 68 (25. Mai 1259).

39 So *Miller*, Söflinger Briefe, S. 9.

40 *UUB* II, Nr. 218 (S. 233); *Miller*, Regesten, Nr. 272 (21. Mai 1342).

41 *Miller*, Söflinger Briefe, S. 9.

42 *UUB* II, Nr. 778, S. 663 f. (vom 29. Januar 1368 aus Frankfurt).

43 *Miller* (Söflinger Briefe, S. 10) führt weitere Schutzbriefe an: König Wenzel vom 3. Oktober 1376; König Ruprecht vom 14. August 1401 (beide erwähnen den besonderen Schutzauftrag Ulms nicht).

pretieren suchte, in dem das Kloster aber nie ein Untertanenverhältnis der Stadt gegenüber begründet sehen konnte[44].

2. Die Söflinger Klostergemeinschaft

Vom Leben der Söflinger Klarissen zu schreiben, ist außerordentlich schwierig. Die Beziehungen des Klosters zu seiner Umwelt, zur kirchlichen wie zur weltlichen, werden in der Urkundenüberlieferung greifbar; das Wachstum des materiellen Besitzes schlug sich im reichen Urkundenbestand nieder. Doch das Alltagsleben der Kommunität, das einfach als Beobachtung und Erfüllung der Ordensregel verstanden wurde, hat keinen aufmerksamen Berichterstatter gefunden. Das gilt für Söflingen wie für viele andere Klöster, besonders für Frauenklöster[45]. Greifbarer werden jene Klostergemeinschaften, in denen ein oder mehrere über die Klostermauern hinaus wirksam werdende Mitglieder lebten[46]. Das trifft für Söflingen nicht zu. Besser faßbar kann das Leben im Kloster auch im Fall offensichtlichen Niedergangs der Observanz, des notorischen Skandals werden. Solche Ereignisse fanden Eingang in Urkunde und erzählenden Bericht. Gerade dafür ist das spätmittelalterliche Söflingen ein bekanntes Beispiel. Die im 15. Jahrhundert für Söflingen bekannten Zustände dürfen jedoch nicht einfach in die Anfänge zurückverlegt werden. Aus den ersten Jahrzehnten des neuen Klosters ist uns Derartiges nicht überliefert. Ein Rekonstruktionsversuch des Lebens der Schwestern im Kloster für das späte 13. und 14. Jahrhundert muß daher von anderem Material ausgehen. Unerläßlich ist dafür der Rückgriff auf die für Söflingen verbindliche Urbanregel. Freilich vermag eine Regel allein das konkrete Leben im Kloster nicht vollständig zu ordnen. Ihr Wortlaut führt deshalb nicht ohne weiteres zum wirklich gelebten Leben. Für Söflingen und die Klarissenklöster der oberdeutschen Minoritenprovinz steht für diese »Lücke« bescheidenes Auskunftsmaterial zur Verfügung: Die Provinzialoberen mußten sich mit Fragen der Klarissenklöster auseinandersetzen, und von zwei Provinzialen des 14. Jahrhunderts sind Überlegungen zum Leben im Klarissenkloster und entsprechende Ausführungsbestimmungen erhalten. Diese finden sich in einem Brief des Provinzials Heinrich von Ravensburg aus dem Jahr 1303

44 Vgl. unten, S. 117—124.

45 *Gerz-von Büren*, St. Clara, S. 26; eine eigene Chronik ist aus dem mittelalterlichen Söflingen nicht erhalten.

46 So z. B. im Klarissenkloster Freiburg/Br. die Schwester Magdalena Beutler, 1407 bis 1458, vgl. Alem. Fr. 7, S. 137—170.

und in einem Brief des Provinzials Heinrich von Thalheim, der wenige Jahre später geschrieben sein muß[47]. Aus diesem Rundschreiben läßt sich einige Auskunft über das innere Leben des Konventes Söflingen erheben.

Die Leitung des Klosters

Die unmittelbare Leitung des Klosters lag in der Hand der *Äbtissin*, die vom Konvent gewählt und vom Ordensoberen bestätigt wurde. Nach der Urbanregel war nicht an eine lebenslängliche Amtszeit gedacht. Bei der jährlichen Visitation sollte die Äbtissin auf ihr Amt verzichten, doch konnte sofort eine Wiederwahl erfolgen[48]. Die — allerdings unvollständige — Äbtissinnenliste für die älteste Zeit Söflingens macht einen häufigen Äbtissinnenwechsel unwahrscheinlich. Tatsächlich ergibt sich auch aus den Anweisungen des Provinzials Heinrich von Thalheim die grundsätzliche Wahl auf Lebenszeit. Er verordnet die Neuwahl beim Tode der Äbtissin bzw. nach einer Amtsenthebung, die vom größeren Teil des Konventes gefordert werden konnte[49]. Nach diesem Entscheid hatten alle Profeßschwestern vom vollendeten 12. Lebensjahr an aktives Wahlrecht; das passive Wahlrecht setzte das vollendete 30. Lebensjahr voraus. Der Wahlgang wurde vom Visitator aus der oberdeutschen Minoritenprovinz geleitet, dem drei Franziskaner als »Kompromissäre« zur Seite standen. Ihnen hatte der Provinzial eindringlich auferlegt, alles zu meiden, was zu Parteiung und Zwiespalt unter den Schwestern führen könnte. Die wahlberechtigten Schwestern gaben ihre Wahl den Kompromissären bekannt, die dann bei erfolgreichem Wahlgang den Namen der Gewählten verkündeten. Wurde in einem Wahlgang keine Mehrheit erreicht, so mußte die Wahl sofort wiederholt werden. Wurde auch nach weiteren Wahlgängen keine Mehrheit gefunden, so blieb dem Provinzial die Entscheidung über das weitere Vorgehen. Erst seine Bestätigung machte die Wahl gültig[50].

Die Wahl beauftragte die Äbtissin mit der Leitung des Klosters im Innern und auch mit der Vertretung der Klostergemeinschaft nach außen. Die Urbanregel stellte hohe Forderungen an diese Frau, die freilich in dieser Form in allen Regeln seit Benedikt von Nursia erhoben werden. Sie

[47] Nach *Eubel* (Oberdeutsche Minoriten-Provinz, S. 162) war Heinrich von Ravensburg 1302—1309 Provinzial; Heinrich von Thalheim 1316—1326. Die Briefe der beiden Provinziale liegen in einer Handschrift aus dem 14. Jh. in der *Stiftsbibliothek Einsiedeln/Schweiz* (HS 203): Constitutiones Ord. S. Francisci; Teiledition: Alem. Fr. 7, S. 159—164.

[48] Urbanregel, Kap. 22 und 24 (*BF* II, S. 518—520).

[49] *Stiftsbibliothek Einsiedeln*, Hs 203, fol. 164—167.

[50] *Ebd.*, Wahlordnung und Wahldurchführung sind ausführlich beschrieben.

sollte eine tugend- und gewissenhafte Frau sein, ihren Konvent durch das gute Beispiel führen und sich in ihrer Führungsaufgabe mehr auf die Liebe als auf die Furcht stützen[51] und vor allem darauf achten, daß unter den Schwestern stets Friede und Eintracht herrschten. Der Franziskanerprovinzial Heinrich von Ravensburg unterstrich diese Forderung und dehnte sie als ernste Mahnung auf alle Schwestern aus[52]. In die Hand der Äbtissin legten auch die Novizinnen nach Ablauf des Probejahres die Profeß ab[53].

Zur Überwachung von Zucht und Ordnung sah die Regel das Schuldkapitel vor, das die Äbtissin wöchentlich anzusetzen hatte, um Verstöße gegen die Ordensregel zu rügen und zu bestrafen[54]. Heinrich von Ravensburg warnte die Schwestern besonders vor Aufsässigkeit und Widerspruch im Kapitel[55]. Die Regel selbst gestand der Äbtissin allgemein und genau bestimmte Dispensvollmachten zu, so von den Klausurvorschriften oder den Fasten- und Schweigegeboten[56].

In der Leitung der Klostergemeinschaft wurde die Äbtissin von verschiedenen *»Ratsschwestern«* unterstützt[57]. Heinrich von Ravensburg scheint ein engeres und ein weiteres consilium gefördert zu haben: Jährlich sollten vier Schwestern zu »Ratsschwestern« gewählt werden und außerdem noch sieben weitere Schwestern[58]. Für Teilaufgaben und wichtige Dienste der Gemeinschaft bestellte die Äbtissin besondere *»Amtsschwestern«*. Unter diesen hatte die »Windenschwester« die Aufsicht über das Sprechgitter und die dort angebrachte Winde[59]. Die Urbanregel verlangte, daß dieses Amt einer zuverlässigen Schwester zu übertragen sei. Andere Ämter lassen sich zwar nicht im einzelnen belegen, dürfen aber durch Vergleiche mit anderen Konventen und aus dem bekannten Vollzug des klösterlichen Lebens erschlossen werden: Novizenmeisterin, Schreiberin, Kran-

51 Regel 22 (*BF* II, S. 518); Benedikt verlangte vom Abt, daß er mehr zum Helfen als zum Befehlen da sei (Regel 64,8).

52 *Stiftsbibliothek Einsiedeln*, Hs 203, fol. 188.

53 Regel 10 (*BF* II, S. 513).

54 *Ebd.* 22 (S. 518).

55 Wie Anm. 52.

56 Regel 9 (*BF* II, S. 512 f.); 10 (S. 513).

57 Regel 22 (*BF* II, S. 518 f.); Priorin (als ständige Stellvertreterin der Äbtissin) ist in der Regel nicht genannt, in Söflingen ist sie erst später bezeugt. Vgl. auch *Gerz-von Büren*, St. Clara in Kleinbasel, S. 55; *Degler-Spengler*, Klarissenkloster Gnadental in Basel, S. 31.

58 Wie Anm. 52.

59 Regel 14 (*BF* II, S. 515). An ihrer Seite steht eine Gehilfin.

kenpflegerin oder »Siechenmeisterin« usw.[60] Das geordnete Leben eines Klosters forderte diese Aufgaben und Funktionen, von denen Ordnung und Eintracht im Konvent abhingen.

Die Verantwortung für die klösterliche Gemeinschaft lag sicher bei der Äbtissin. Man wird ihr aber kaum unumschränkte Herrschaft zusprechen dürfen. Einmal stand über ihr der Provinzialobere der Franziskaner. Zum anderen war sie an die Zustimmung ihrer »Ratsschwestern« gebunden, und darüber hinaus erhielt auch der Konvent in seiner Gesamtheit ein gerüttelt Maß an Mitbestimmung[61]. Über die Anweisungen der Ordensregel hinaus bestimmte zum Beispiel Heinrich von Ravensburg, daß zur Änderung der Besuchsordnung am Sprechgitter die Zustimmung der Schwestern erforderlich sei[62]. Als Zeichen für die umfassende Verantwortung der Äbtissin gab ihr schon die Regel das Siegel des Konventes in die Hand[63].

Die Schwestern im Kloster

Die Urbanregel sah die Trennung der Schwestern in *Chor- und Laienschwestern* vor[64]. Die erste Gruppe bildete den eigentlichen Konvent; im Grunde zielten alle Bestimmungen auf diese Gruppe ab. Die Laienschwestern stehen am Rand. Sie ermöglichen den Chorschwestern das von der Regel vorgeschriebene Leben, das ein Leben der stillen Zurückgezogenheit, der Buße und des Gebetes sein sollte. Über andere Aufgaben und Arbeiten der Schwestern erfahren wir wenig, allenfalls über die notwendigen Dienste an der Gemeinschaft. Von besonderen Arbeitsleistungen der Söflinger Schwestern, die zu Anerkennung außerhalb des Klosters gefunden hätten, ist nichts festzustellen.

Die allgemeinen *Aufnahmevorschriften* der Regel[65] präzisierte Heinrich von Ravensburg dahin, daß er zu starke Gruppen von Verwandten

60 *Miller* (Söflinger Briefe, S. 12 f.) erhebt aus Söflinger Urkunden die »Jahrzeitenmeisterin, Kürsenmeisterin [die für Pelzsachen Verantwortliche], Küsterin«; für andere Konvente vgl. *Degler-Spengler*, S. 31; Gerz-von Büren, S. 55.

61 Regel 22 (*BF* II, S. 519).

62 *Stiftsbibliothek Einsiedeln*, HS 203 (Alem. Fr. 7, S. 161): Mindestens zwei Drittel der Schwestern müssen in diesem Fall zustimmen.

63 Regel 22 (*BF* II, S. 519): Sigillum conventus; über das Söflinger Äbtissinnen- und Konventssiegel: *Miller*, S. 13; *A. Rampf*, Die Siegel der Gründungsurkunden, in: Schwäbische Zeitung Ulm vom 10. Februar 1977, S. 12.

64 Regel 3 (*BF* II, S. 511): Besondere Kleidung für die »Servizialschwestern« (= Laienschwestern); in Regel 4 (S. 511): Unterscheidung von »gelehrten Schwestern« (= Chorschwestern, die lesen und singen können) und »nichtgelehrten Schwestern«; 19 (S. 517): Über den Ausgang der Servizialschwestern aus dem Kloster.

65 Regel 2—3 (*BF* II, S. 510 f.).

in einem Konvent verbot. Die verwandtschaftlichen Beziehungen hätten die Schwestern auch im Kloster binden und zu Spaltungen und Parteiungen der Gemeinschaft führen können. Berücksichtigt man dazu noch den Einfluß bestimmter Familien auf das Kloster, so wird der Ernst dieser Gefahr verständlich. Deshalb sollten in keinem Konvent mehr als sechs Schwestern sein dürfen, die miteinander bis zum dritten Grade verwandt waren[66]. Ob die Mahnung auch Söflingen betraf, läßt sich nicht ermitteln, doch weist die von Miller versuchte Aufstellung der Schwestern nach ihrer Familienherkunft kaum in diese Richtung[67]. Der gleiche Provinzial bestimmte auch, daß niemand ohne Erlaubnis des Visitators oder Kustos ein Almosen von den aufgenommenen Novizinnen annehmen und behalten dürfe[68] — im Zusammenhang mit der vorher erwähnten Einschränkung der Aufnahme von Verwandten sicher eine wichtige Vorschrift.

Mit besonderer Sorgfalt wollte Provinzial Heinrich von Ravensburg die *persönliche Armut* der Schwestern sichergestellt wissen. Er verbot jeden überflüssigen Aufwand in der Kleidung und untersagte ausdrücklich Schmuck und Kostbarkeiten aus Edelsteinen, Gold, Silber, Elfenbein und Seide, Zinnbecher oder andere Weingläser[69]. Dagegen gestattete er den einzelnen Schwestern das private »depositum«: Fünf Solidi sollte die Schwester in einem Jahr frei ausgeben können, ohne darüber Rechenschaft geben zu müssen. Ein größeres »depositum« konnte nur mit Erlaubnis der Äbtissin zugestanden werden, wobei auch die persönliche Verfügung über solches »Privatvermögen« der Kontrolle durch die Äbtissin unterlag. Die gelobte Armut sah der Provinzial nicht im Besitz des »depositum« verletzt, sondern im freien Verfügen darüber[70]. Mit diesem Zugeständnis ist wohl auch die Vorschrift Heinrich von Thalheims zu verbinden, der vom Visitator verlangte, daß er feststellte, ob auch keine Schwester »Besitzerin« sei[71]. Durch das gewährte »depositum« wurde die Schwester noch nicht zur »Besitzerin« im Sinne des Provinzials. Der hier erlaubte bescheidene »Privatbesitz« machte den Klöstern im späten Mittelalter außerordentlich schwer zu schaffen. Auch für Söflingen sollte aus dem kleinen depositum nach und nach wertvoller Besitz mit freier Verfügung werden.

Ausführlich hat sich der erste Provinzialbrief mit dem Verkehr der Schwestern mit der *Außenwelt* beschäftigt. Dieser vollzog sich am Sprech-

66 *Stiftsbibliothek Einsiedeln*, HS 203 (Alem. Fr. 7, S. 161).
67 *Miller*, Söflinger Briefe, S. 11 f.
68 *Stiftsbibliothek Einsiedeln*, HS 203 (Alem. Fr. 7, S. 162).
69 *Ebd.*, S. 160.
70 *Ebd.* Das Zugeständnis des »kleinen Privatbesitzes« ist typisch für alle klösterlichen Observanzen im späten Mittelalter; den ursprünglichen Ordensregeln ist es fremd; jede Ordensreform baut es entschieden ab.
71 *Ebd.*, S. 164: proprietaria.

gitter[72]. Es sollte grundsätzlich am Sonntag, Freitag, zur Nachtzeit, während der Vesper, des Essens und der Ruhezeit verschlossen bleiben. Jede Schwester sollte nur einmal in zwei Wochen an das Sprechgitter gehen dürfen, um Besuch zu empfangen. Die Besuchszeit sollte nicht länger als ein »Misere mei« (Ps 51/50) dauern. Dabei sollte immer die Äbtissin oder die Priorin oder sonst eine angesehene Schwester (soror notabilis) anwesend sein. Offensichtlich kannten die Klarissen den Brauch, daß das Sprechgitter bei bestimmten Anlässen geöffnet wurde, so daß die Schwestern gesehen werden konnten. Heinrich von Ravensburg bestimmte nun, daß dies nur einmal im Jahr geschehen dürfe. Der Provinzial verordnete in diesem Zusammenhang auch, daß keine Schwester einem Besucher ein mündliches oder schriftliches Bittgesuch vorlegen dürfe[73]. Die Aktualität eines solchen Verbotes wird die spätere Geschichte des Klosters Söflingen zeigen.

Für das *religiöse Leben* — Gebet und Gottesdienst — sollten die Schwestern sich treu an ihre Regelvorschriften halten[74]. Die Beichte, so bestimmte Heinrich von Ravensburg, sollte nicht vor der gemeinsamen Meßfeier und nicht nach der abendlichen Komplet, auch nicht während der gemeinsamen Mahlzeit, gehört werden. Außer bei Krankheit oder ernster Not sollte keiner Schwester eine Generalbeichte erlaubt werden, wenn sie innerhalb der letzten drei Jahre eine solche abgelegt hatte. Die Eucharistie sollten die Schwestern außer an Festen »duplicibus maioribus« höchstens einmal in der Woche empfangen. Wenn eine Schwester länger als acht Tage vom Kommunionempfang fernblieb, sollte sie bestraft werden[75]. Beachtenswert im Hinblick auf die weitere Geschichte Söflingens ist die Bestimmung des Provinzials, daß die Seelsorger des Klosters von den Schwestern keine kostbaren Geschenke annehmen dürfen[76].

Die Ordensregel und die ergänzenden Bestimmungen der Ordensoberen wollten das *innere Leben* des Konvents sichern, die »pax Sororum«[77] innerhalb der Gemeinschaft bewahren. Die bestimmenden Vorschriften sollten nicht als immer neue Aufbürdung von Lasten verstanden werden[78], sondern als Hilfen für das Ordensleben. Die so erfaßbare Lebensform entspricht gediegener Ordensobservanz. Die ernsten Mahnungen lassen

72 Die Urbanregel enthält ausführliche Bestimmungen darüber: Kap. 13—17 (*BF* II, S. 514—516).

73 *Stiftsbibliothek Einsiedeln*, HS 203 (Alem. Fr. 7, S. 161).

74 Regel 6—7 (*BF* II, S. 512 f.).

75 Wie Anm. 73, S. 159.

76 *Ebd.*: Clenodia.

77 So motiviert Heinrich von Thalheim seine Bestimmungen über die Äbtissinnenwahl: *Ebd.*, S. 163.

78 Heinrich von Ravensburg: »ne onus oneri semper addatur« (*ebd.*, S. 162).

erkennen, daß eine streng abgeschlossene Schwesternkommunität ein leicht verwundbares Gebilde ist. Allzu große Strenge gefährdet solches Leben so gut wie allzu weitgehende Zugeständnisse. Die Forderungen sind vom Geiste Bonaventuras getragen, der durch genau bestimmte, von allen Willigen erfüllbare Vorschriften das Wollen des Franz von Assisi in lebbare Form faßte. Nicht von ungefähr nimmt einer der Provinzialbriefe das Schriftwort Jesus Sirach 36,27 auf, das auch Bonaventura in seinen Ordenskonstitutionen zitierte: »Wo kein Grenzzaun gesetzt ist, geht das Erbe verloren.« [79]

Wieviele Schwestern in Söflingen gewöhnlich gelebt haben, läßt sich nicht ausmachen. In Glaßbergers Chronik wird behauptet, das neue Kloster im Mariengarten sei für 72 Schwestern gebaut worden [80]. Greiderer wollte vom Hörensagen wissen, in Söflingen hätten gewöhnlich fünfzig Schwestern gelebt [81]. Die nachprüfbaren Angaben lassen eher an geringere Zahlen denken. Zur Zeit der Reform 1484 gehörten zum Söflinger Konvent 34 Chorschwestern und zwei Laienschwestern [82]. Ungenau muß auch eine Zusammenstellung der Schwestern nach ihrer Herkunft bleiben. Teilweise läßt sie sich aus den Besitzverhältnissen des Klosters ermitteln. Das nur unvollständig erhaltene Nekrologium erbringt ebenfalls einige Ergebnisse, doch erschwert das Fehlen genauer chronologischer Angaben im Totenbuch die Auswertung [83]. Die Auswertung dieser sozial- und standesgeschichtlichen Angaben durch Miller ergibt für die Frühzeit des Söflinger Klosters ein Übergewicht an Schwestern aus dem schwäbischen Adel. Danach lassen sich 72 adelige Familien nennen, freilich recht unterschiedlichen Ranges und ungleicher Bedeutung, aus denen wenigstens eine, meist aber mehrere Töchter den Weg ins Söflinger Kloster gewählt haben [84].

Von der Mitte des 14. Jahrhunderts an treten mehr Schwestern aus dem Ulmer Patriziat auf. Im 15. Jahrhundert scheint sich das Verhältnis schließlich zu Gunsten des Patriziats verschoben zu haben; freilich ist in jener Zeit auch eine Verwischung der Standesunterschiede zwischen Adel und Patriziat festzustellen. Miller hat auch die Schwestern aus Ulmer bzw. reichsstädtischen Patriziergeschlechtern zu erfassen versucht; in seiner Liste erscheinen manche für die Ulmer Stadtgeschichte bedeutende Namen: Besserer, Ehinger, Krafft u. a. [85]

79 Constitutiones Narbonnensis, Praefatio (*Bonaventura,* Opera omnia VIII, S. 450); *Stiftsbibliothek Einsiedeln,* Hs 203, fol. 25.

80 *Glaßberger*, Appendix, S. 572.

81 *Greiderer* (Alem. Fr. 11), S. 105.

82 *Miller*, Söflinger Briefe, S. 12.

83 *DA Rottenburg*, Totenbuch (Nachlaß R. Weser); im Original, das aus dem 18. Jh. stammt, fehlen die Angaben für neun von 52 Jahrwochen.

84 *Miller*, S. 11; er beläßt die zusammengestellte Liste in ihrer Unsicherheit und Unvollständigkeit.

85 *Ebd.*, S. 12.

Die weitere Klosterfamilie

Zur Klostergemeinschaft zählten über die Chor- und Laienschwestern hinaus weitere Personen. Auch in Söflingen scheinen sich immer minderjährige Mädchen aufgehalten zu haben, *»Kinder«* wurden sie genannt[86]. Im Schreiben des Provinzials Heinrich von Ravensburg werden sie ebenfalls erwähnt[87]. Die »Kinder«, zur Erziehung und Versorgung ins Kloster gebracht, gaben den Schwestern ein geringes Maß an Erziehungsarbeit; diese Aufgabe trug auch zum wirtschaftlichen Unterhalt des Klosters bei und außerdem zur personellen Sicherung der Klostergemeinschaft, da diese Kinder sich häufig schließlich der Zahl der Schwestern anschlossen.

Die Eigenart eines Klarissenklosters — streng klausurierte kontemplative Gemeinschaft mit Besitz und ausgedehnter Wirtschaftsverwaltung — erforderte einen weiteren Personenkreis. Schon die Regel Innozenz' IV. führte für die Klarissenklöster das *Konverseninstitut* ein[88]. Die Urbanregel hielt an dieser Einrichtung fest[89]. Nur mit Hilfe dieser Familiaren blieb das Kloster funktions- und lebensfähig. Die Konversen waren Ordensleute; sie gelobten Armut und Keuschheit und versprachen der Äbtissin Gehorsam. Sie wurden nach der Prüfung im einjährigen Probejahr in den Dienst und die Gemeinschaft des Klosters aufgenommen. Ihre Aufgabe war die Verwaltung und Bewirtschaftung des Klosterbesitzes, die Übernahme des geschäftlichen Verkehrs mit der Außenwelt. Es waren im Grunde Klosterknechte, die aber durch die Ordensgelübde, das Ordenskleid und die Auflage eines religiösen Lebens zu den Ordensleuten gezählt wurden. Die Bestimmungen der Ordensoberen betreffen auch die Konversen, regeln ihre Aufgabe und ihre Lebensform im Bereich der süddeutschen Klarissenklöster[90]. Es sind recht biedere Anweisungen, die vor allem auf das rechte Verhalten der Brüder außerhalb des Klosters Wert legen: Sie dürfen eigenmächtig keine Rechtsgeschäfte abschließen; sie sollen außerhalb des Klosters weder essen noch trinken und dürfen sich aus der Stadt kein Fleisch, keine Fische und keinen Wein besorgen lassen; keiner darf für sich selber Schweine oder andere Tiere halten usw. Im Rahmen des Klosters bildeten die Brüder eine eigene Gemeinschaft; einen von ihnen bestellte die Äbtissin mit ihrem Rat zum Oberen der Brüder. Innerhalb ihrer Gemeinschaft sollen sie auf Frieden bedacht sein. Sie werden zum Stillschweigen ermahnt,

86 *Ebd.*

87 Alem. Fr. 7, S. 160; für die beiden Klarissenklöster in Basel vgl. *Degler-Spengler* (S. 52) und *Gerz-von Büren* (S. 79—81).

88 Zur Regel Innozenz' IV. vgl. oben, S. 23—25.

89 Urbanregel 20 (*BF* II, S. 517).

90 *Stiftsbibliothek Einsiedeln*, HS 203, fol. 199—203: eine Art »Konversenregel«; Alem. Fr. 7, S. 188 f. — auch zum folgenden.

zum Gebet aufgefordert; mindestens einmal in vierzehn Tagen soll für sie das Kapitel stattfinden. Den Schwestern gegenüber sollen sie voll Ehrfurcht sein, anderen Frauen gegenüber zurückhaltend. Die Vorschriften werden durch Strafandrohungen unterstrichen: Fasten bei Wasser und Brot, Vornahme der Geißelung, Gebet für den Bruder, den einer beleidigt hat, usw.

Das Institut der Konversen war sicher auch in Söflingen eingeführt worden. In mehreren Urkunden werden »Brüder« erwähnt, die Konversen waren[91]. Weit abgelegene Klostergüter wie die Weinberge in Neuffen und Esslingen wurden von Konversen bewirtschaftet[92]. Schwieriger ist auszumachen, welche Aufgaben in Kloster- und Güterverwaltung von den Konversen wahrgenommen wurden. Miller zählt den »Baumeister« (Landwirtschaftsverwalter) dazu und vermutet auch den Prokurator unter den Konversen[93]. Nach der »Konversenregel« scheint der Prokurator jedoch nicht zum Kreis der Konversen gehört zu haben. Die Konversen sind vom Prokurator abhängig und ihm rechenschaftspflichtig. Heinrich von Ravensburg schrieb dem Prokurator »Besitz- und Güterverwaltung« durch sich und andere in umfassendem Sinn zu und ließ ihn von der Äbtissin und dem Konvent nach dem Rat des Visitators, des Beichtvaters und anderer erfahrener Leute bestellt werden[94]. Den Oberen der Konversenbrüder dagegen bestimmte einfach die Äbtissin mit ihrem Rat[95]. Allerdings nannte Heinrich von Ravensburg die Konversen auch Brüder des Prokurators[96]. Vielleicht ließ das ursprüngliche Konzept den Prokurator aus dem Kreis der Konversen hervorgehen. Mit der Entwicklung seines Aufgabenbereichs durch das Anwachsen des Klosterbesitzes wurde das Amt dann zu einer eigenen Position, die nicht mehr von einem Konversen wahrgenommen wurde. Miller rechnet auch den Kaplan (»der vrowen bichter«) zu den Konversen. Der Kaplan war der eigentliche Seelsorger des Klosters; oft erscheint er auch als Rechtsvertreter der Schwestern nach außen und wird dann nicht selten als Prokurator bezeichnet[97]. Die »Konversenregel« macht es jedoch unwahrscheinlich, daß sie auf den Kaplan oder die Kapläne des Klosters zutraf. Die Söflinger Beichtväter waren gewöhnlich Franziskaner, also bereits Mitglieder eines Ordens, die daher nicht zur eigenen Gruppe der Konversen gezählt werden können. In ihrem Aufgaben- und Verant-

91 Z. B. *Miller*, Regesten, Nr. 211.
92 *Miller*, Söflinger Briefe, S. 13 f.
93 *Ebd.* — Über den »Baumeister« ausführlich die »Söflinger Dorfordnung« (*Wintterlin*, S. 860—863); der Baumeister ist der Vorläufer des späteren Hofmeisters.
94 Alem. Fr. 7, S. 162; Urbanregel 21 (*BF* II, S. 517 f.) ebenso.
95 Konversenregel (Alem. Fr. 7, S. 188).
96 Ebd., S. 162.
97 *Miller*, Söflinger Briefe, S. 14.

wortungsbereich waren sie Vertreter ihrer eigenen Ordensoberen. Wenn Innozenz IV. in seiner Regel die Kapläne eines Klarissenklosters in die Konversen einreihte, dann waren das keine Franziskaner, sondern Weltgeistliche, die die seelsorgerlichen Dienste im Kloster wahrnahmen[98].

Über allzu lange Zeit hat sich das Konverseninstitut nicht gehalten. Die Betreuung der wirtschaftlichen Güter ging an weltliche Kräfte über, die im Dienstverhältnis zum Kloster standen[99]. Der Wechsel muß sich in Söflingen im Laufe des späteren 14. Jahrhunderts vollzogen haben. Wenn später noch von Brüdern beim Klarissenkloster in Söflingen die Rede ist, dann handelt es sich um Franziskaner — gewöhnlich der Beichtvater und sein Gehilfe (socius) —, die im Auftrage ihres Ordensoberen in Söflingen tätig waren, aber in keinem Gehorsamsverhältnis zur Äbtissin des Konventes standen.

Mitwirkung bei Neugründungen des Ordens

Das Ulmer Klarissenkloster hat während der Verlegung nach Söflingen einige Schwestern nach *Pfullingen* entsandt, die dort an der Gründung eines Klarissenklosters mitgewirkt haben. Daß solche aktive Teilnahme auch von den anderen älteren Klarissenklöstern im Raum der oberdeutschen Minoritenprovinz gefordert worden ist, wurde oben schon erwähnt. Nun sollen aber auch aus dem Kloster in Söflingen wiederum Schwestern zu Neugründungen berufen worden sein.

In der Reihenfolge der Gründungsjahre steht dabei das Klarissenkloster *Nürnberg* an erster Stelle. Dort wurde im Jahre 1279 eine bisher als Magdalenen oder Reuerinnen lebende Klostergemeinschaft dem Franziskanerorden angeschlossen und in ein Klarissenkloster umgewandelt[100]. Dazu sollen Klarissen aus Söflingen berufen worden sein, die die Nürnberger Schwestern in die Regel und Lebensart der Klarissen einführen sollten[101]. Greiderer hält an dieser Traditon fest und beruft sich dabei auf alte schriftliche Überlieferung des Klosters[102]. Diesen Angaben folgen

98 *Wadding*, Annales, Bd. 3, S. 482 ff. (Schlußkapitel der Regel, vgl. Urbanregel 21).

99 Die »Konversenregel« läßt erkennen, daß im Dienst des Klosters auch »Mägde« standen; Alem. Fr. 7, S. 189.

100 *J. Kist*, Das Klarissenkloster in Nürnberg bis zum Beginn des 16. Jh., Nürnberg 1929. — Die Umwandlung war nötig geworden durch den Vollzug des Dekretes »Religionum Diversitatem« des Konzils von Lyon 1274, das neben anderen Ordensgemeinschaften auch den Magdalenenorden aufhob.

101 *Kist*, S. 9.

102 *Greiderer*, S. 172.

Eubel[103] und mit ihm Wauer[104]. — Das späte 13. Jahrhundert gehörte noch in die Zeit der franziskanischen Expansion. Nürnberg lag im Bereich der oberdeutschen Minoritenprovinz. Eine Mitwirkung der Söflinger Schwestern liegt durchaus im Bereich des Möglichen.

Im gleichen Ordensgebiet lag *München*, wo im Jahre 1284 in St. Jakob am Anger ein Klarissenkloster gegründet wurde. Auch dafür wird die Mitwirkung Söflingens beansprucht. Glaßberger erwähnt kurz die Gründung des Klosters und nennt als genaues Datum den 16. Oktober 1284. Zur Gründung seien vier Klarissen gekommen, eine geborene von Künzelsau, eine von Sattelberg und zwei namens Sendlinger[105]. Diese Angaben werden von Eubel und Wauer übernommen, die nun hinzufügen, die vier Schwestern seien aus Söflingen gekommen[106]. — Die Nachricht kann nicht mehr Wahrscheinlichkeit für sich beanspruchen als die in der Ordenstradition behauptete Mitwirkung von Söflinger Schwestern bei der Gründung des Nürnberger Klarissenklosters.

Das im Jahre 1294 in *Flein bei Heilbronn* gegründete Klarissenkloster gehörte wie Söflingen zur schwäbischen Kustodie innerhalb der oberdeutschen Ordensprovinz[107]. Nach Greiderer hat Papst Coelestin V. Äbtissin und Konvent von Söflingen beauftragt, einige Schwestern zur Klostergründung nach Flein zu senden, wozu noch Schwestern aus Pfullingen gekommen seien[108]. Die Ergänzung zu Glaßbergers Chronik schreibt zwar auch von Söflinger und Pfullinger Gründungsschwestern, gibt aber zu, daß dies nur eine Vermutung sei[109]. — Auch hier kann die tatsächliche Mitwirkung der Söflinger Schwestern nicht eindeutig erwiesen werden. Immerhin sprechen die Nachrichten der Ordenshistoriker für das Ansehen Söflingens, das für sie als »Mutter der deutschen Klarissenklöster« in der Anfangszeit des Ordens gegolten hat und in diesem Ruf auch weiterhin verbleiben sollte. Noch im frühen 14. Jahrhundert mußte Söflingen für diesen Ruf einstehen. So wurden für das von Königin Elisabeth, der Witwe des 1308 ermordeten Königs Albrecht, im Jahre 1309 gestiftete franziskanische Doppelkloster Königsfelden (Aargau) die ersten Schwestern aus Söflingen berufen[110].

103 *Eubel*, S. 230 (Nr. 133).
104 *Wauer*, Entstehung und Ausbreitung, S. 120; ebenso *Miller*, Söflinger Briefe, S. 6.
105 *Glaßberger*, S. 101.
106 *Eubel*, S. 230 (Nr. 134); *Wauer*, S. 121; so auch *J. Gatz*, in: Bavaria Franciscana Antiqua 3 (1957), S. 299.
107 *Eubel*, S. 239 (Nr. 131); das Kloster wurde 1302 aus Flein in die Stadt Heilbronn verlegt.
108 *Greiderer*, S. 108.
109 *Glaßberger*, S. 574: »aestimo autem«; ihm schließt sich *Wauer* (S. 122) an.
110 *G. Boner*, Die Gründung des Klosters Königsfelden, in: ZSKG 47 (1953), S. 1—24, 81—112, 181—209.

3. Der Besitz des Klosters

Das vom Kloster Söflingen erhaltene Urkundenmaterial bietet in seinem größten Teil Zeugnisse für den reichen, ständig wachsenden Besitz des Klarissenklosters. Ordensgesetze standen dem Besitzerwerb und der damit verbundenen Geschäftsführung nicht im Wege. Die gelobte Armut der einzelnen Schwester blieb gewahrt, wenn diese auf Privateigentum und freie Verfügung über Besitz verzichtete.

Grundbesitz bis zum Jahre 1258

Mit der Gründung des Klosters »auf dem Gries« waren die »drei Hofstätten« des Ulrich von Freyberg in den Besitz der Schwestern übergegangen. Die Klarissen haben dieses Anwesen im Jahre 1553 an die Stadt Ulm verkauft. Aus der Verkaufsurkunde wird ersichtlich, daß dazu 86¼ Morgen Acker und 49 Tagewerk Wiesen gehörten[111]. Dieser Grund war wohl schon 1237 mit dem Hof verbunden. Er bildete also den Beginn des klösterlichen Grundbesitzes. Für die Frühzeit des Klosters ist damit die häufigste Art von Besitzerwerb gegeben: die *Schenkung* durch Wohltäter.

Die nächste Schenkungsurkunde hat anderen Anlaß, ist von weniger selbstloser Art. Graf Berthold von Marstetten gen. von Neuffen verpfändete den Ulmer Schwestern am 2. Februar 1239 seine Weinberge in Neuffen. Der Grund der Verpfändung: Damit seine Mutter in das Ulmer Kloster eintreten kann. Die vorläufige Übergabe der Weinberge in Neuffen gilt als Mitgift der ins Kloster Eintretenden[112]. Die *Mitgift* der Schwestern in Form von Grundbesitz zeigt sich hier als weiterer Erwerbstitel des Klosters. Die pflichtgemäße Mitgift (Einkaufssumme) war eine selbstverständliche Existenzsicherung mittelalterlicher Frauenklöster jeder Observanz. Die Höhe der Einkaufssumme ist kaum genau anzugeben. Wenn Graf Berthold nach dem Wortlaut der Urkunde seiner Mutter hundert Mark schuldete und dafür die Weinberge an das Kloster verpfändete,

111 *StA Ulm*, A Urk. 1553 Sept. 30.
112 *UUB* I, Nr. 42 (S. 56 f.); *Miller*, Regesten, Nr. 3.

mag die Summe in dieser Höhe gelegen haben[113]. Auch im später reformierten Kloster blieb diese Art von Einkünften erhalten[114].

Am 1. Dezember 1239 übergab Abt Konrad von der Reichenau den Schwestern »den Hof des Lang« und »das Gut des Swenco«. Damit tritt die Abtei Reichenau in die Reihe der Wohltäter des Klosters, in der sie einen besonderen Platz behalten, freilich dem Konvent, seinem Rechtsanspruch und seinen Besitzungen auch erhebliche Schwierigkeiten bereiten sollte. Die Überlassung geschah nicht ganz ersatzlos. Für den »Hof des Lang« sollten die Schwestern jährlich am Martinustag (11. November) 17$^1/_2$ Solidi zahlen, für das »Gut des Swenco« jährlich am gleichen Tag fünf Solidi. Ferner behielt sich der Abt das Quartierrecht auf dem Anwesen vor[115]. Es ist eine *Güterüberschreibung mit verpflichtender Gegenleistung*, wie sie häufig in der Geschichte des Söflinger Gütererwerbs vorkommt. In gleicher Art übergab der Reichenauer Abt den Schwestern ein Gut, genannt Striebel, gegen einen jährlichen Wachszins: Jeweils am Fest des hl. Martin sollten vier Pfund Wachs abgegeben werden[116]. In den nächsten Jahren gingen Reichenauer Güter zu den Wengen, in Straß, Burlafingen und Pfuhl zu ähnlichen Bedingungen an die Schwestern[117]. Im Jahre 1247 übertrug Heinrich von Neuffen den Schwestern seine Weinberge in Neuffen[118]. Abt Burkhard von der Reichenau belehnte die Schwestern im Jahre 1253 mit Gütern in Böfingen gegen jährlichen Wachszins[119]. Der Besitz wird hier nicht einfach geschenkt oder für eine Gegenleistung überlassen, sondern als *Zinslehen* an das Kloster gegeben[120].

113 *Degler-Spengler* (S. 32—34) und *Gerz-von Büren* (S. 56—58) berechnen für die Basler Klöster 100—200 Gulden.

114 *DA Rottenburg*, Nachlaß R. Weser: Beleg über die für Schwester Angela von Slawata und Eleonora Knitlin (Einkleidung 1659) bestimmte Summe für »ihren Einschlaf«; die Mitgift der adeligen Novizin betrug 400 fl., die der bürgerlichen 200 fl. — Crescentia Wacker, eingekleidet 1763, brachte 2 200 fl. Mitgift, wovon ihre Heimatstadt Ettlingen 220 fl. abzog; Mitteilung von Herrn *L. Zollner*, Ettlingen, vom 6. August 1976.

115 *UUB* I, Nr. 46 (S. 61 f.); *Miller*, Regesten, Nr. 6.

116 *UUB* I, Nr. 47 (S. 63); *Miller*, Regesten, Nr. 7. »Striebel« lag am rechten Donauufer, gegenüber von Böfingen.

117 *UUB* I, Nr. 58 (S. 74 f.); *Miller*, Regesten, Nr. 8—10; vgl. *J. Matzke*, Die ehemaligen Besitzungen des Klosters Reichenau im heutigen Kreis Neu-Ulm, in: UO 31 (1962), S. 57—97.

118 *UUB* I, Nr. 62 (S. 78); *Miller*, Regesten, Nr. 11.

119 *UUB* I, Nr. 68 (S. 83 f.); *Miller*, Regesten, Nr. 18; dazu *UUB* I, Nr. 71 (S. 86 f.) und *Miller*, Regesten, Nr. 19.

120 *Ebd.*: »Censuali feudo infeudavimus«; in den anderen Übertragungsurkunden der Reichenau heißt es »contradidimus«.

Zu diesen Besitzungen fügte sich im Jahre 1258 die *Übertragung des Dillinger Besitzes* in Söflingen. Das durch die denkwürdige Übertragungsurkunde vom 13. Januar 1258 dem Kloster geschenkte Land ist in der Urkunde selbst genau angeführt und dazu die Versicherung: »Wir werden uns in dem besagten Gebiet jeder Handlung und jeden Rechtes enthalten, unter welchem Titel auch immer es vorgebracht werden könnte, und setzen um Gottes wegen die Äbtissin und ihren Konvent vom Tage der Schenkung an als Eigentümerinnen ein« (»constituentes dominas«)[121]. Hier handelt es sich um vorbehaltlose Schenkung ohne Gegenleistung. In nachfolgenden Schenkungsakten wurde der Besitz des Klosters durch die Dillinger ergänzt: Was Dillinger Lehnsleute veräußern, soll Eigentum des Klosters werden[122]; der Wald Buchenloch, der in der Schenkungsurkunde nicht genannt worden war, soll in den Besitz des Klosters übergehen[123]; schließlich wurden auch die Dillinger Weinberge in Esslingen dem Kloster geschenkt[124].

Zur Zeit der Verlegung des Klosters nach Söflingen verfügte der Klarissenkonvent bereits über stattlichen Besitz. Es war Besitz an Grund und Boden, das meiste für landwirtschaftliche Nutzung, die der Klostergemeinschaft eine gediegene wirtschaftliche Grundlage bot. Der größte Teil war vorbehaltlose Schenkung; Auflagen und Verpflichtungen waren mit dem kleineren Teil des Besitzes verbunden. In der geographischen Streuung lassen sich drei Schwerpunkte feststellen: Söflingen, im Stadtgebiet des heutigen Neu-Ulm und die entfernten Weinberge in Neuffen und Esslingen.

Zur weiteren Besitzgeschichte

Die Söflinger Schwestern konnten ihren ersten Besitz nicht nur erhalten und behaupten, sondern verstanden es auch, ihn zu vermehren. Die Erwerbsarten blieben weiterhin gleich, allerdings wurde vom 14. Jahrhundert an weiterer Besitz mehr durch Kauf als durch einfache Schenkung erworben. Von dieser Zeit an beginnt das Kloster mit seinem Besitz auch zu handeln. Erworbener Grund und Boden wird getauscht: Am 18. Mai 1281 tauschten Ammann Otto und die Richter und Bürger von Ulm mit

121 Vgl. oben, S. 34 f.

122 *UUB* I, S. 103 (Anhang zu Nr. 80: 1258 Febr. 20); *Miller*, Regesten, Nr. 58.

123 WUB V, Nr. 1474 (S. 241 f.); *Miller*, Regesten, Nr. 59; dazu *UUB* I, Nr. 82 (S. 104 f.) und *Miller*, Regesten, Nr. 60; die für dieses Waldstück ausbedungene Bezahlung erließ Bischof Hartmann, der Sohn des Schenkers, dem Kloster am 7. Januar 1259: *WUB* V, Nr. 1523 (S. 289 f.); *Miller*, Regesten, Nr. 66.

124 17. Sept. 1258; *UUB* I, Nr. 83 (S. 105 f.); *Miller*, Regesten, Nr. 61.

der Äbtissin Guta von Söflingen den Garten zwischen den Wengen vor dem Judenfriedhof gegen den Acker des Klosters hinter dem Judenfriedhof[125]. Am 2. Mai 1293 tauschte der Rektor der Heiligkreuzkapelle einen Acker dieser Kapelle bei Söflingen gegen einen Acker des Klosters, der zwischen Söflingen und Ulm lag[126]. Am 11. November 1337 vertauschten Konrad und Wolf vom Stain ihren Acker in Harthausen mit einem Söflinger Acker in Ehrenstein[127]. Tauschgeschäfte sollten zur Abrundung des Besitzes führen, zur Erfassung größerer Nutzungseinheiten an einem Platz und gehören deshalb zum normalen Geschäftsgang eines Grundbesitzers.

Auch der Verkauf von Besitz wurde in Söflingen eine selbstverständliche Angelegenheit. Nach den vorhandenen Urkunden geschah es im Jahre 1274 zum ersten Mal, daß Äbtissin und Konvent Besitz verkauften: Um 12 Pfund Heller ging ein Gut in Volkersheim an die Prämonstratenser in Marchtal[128]. Es ist nicht auszumachen, wann und wie das Gut in Volkersheim an das Söflinger Kloster gekommen war[129]. Auch der Grund des Verkaufs läßt sich nicht ermitteln. Im Jahr 1289 verkauften die Schwestern ihre sämtlichen Güter in Riedheim an den neu gewählten Bischof Wolfhard von Augsburg[130]. Der Kaufpreis von 194 Pfund Heller läßt auf umfangreichen Besitz schließen, der damals seinen Eigentümer wechselte. In beiden hier angeführten Fällen handelte es sich um weiter entfernt liegende Güter des Klosters. Doch kann die Entfernung nicht Grund der Veräußerung gewesen sein. Anderer, entfernterer Besitz blieb Eigentum des Klosters und in nächster Nähe gelegener konnte verkauft werden, wie im Jahre 1308 ein in Söflingen selbst gelegenes Stück, die Schamme gen. Weiherstatt, die für 100 Pfund Heller an den Ritter Berthold von dem Staine verkauft wurde[131]. Am 12. März 1336 verkaufte das Kloster Söflingen für 277 Pfund Heller Zinsen in Ulm an Abt und Konvent des Prämonstratenserklosters Roth. Die Verkaufsurkunde führt mehr als dreißig Zinspflichten auf und belegt damit weiten Besitz des Söflinger Klosters in der Stadt Ulm[132]. Ein Verkauf von Weingärten und Wiesen in

125 *UUB* I, Nr. 138 (S. 164 f.); *Miller*, Regesten, Nr. 107: Das Kloster Söflingen wird in der deutschen Urkunde »Sammlung« genannt.

126 *UUB* I, Nr. 174 (S. 205 f.); *Miller*, Regesten, Nr. 135.

127 *UUB* II, Nr. 159 (S. 187); *Miller*, Regesten, Nr. 258.

128 *WUB* VII, Nr. 2381 (S. 272); *Miller*, Regesten, Nr. 96 a.

129 Solche und andere Beispiele machen auf die Unvollständigkeit des Urkundenmaterials aufmerksam.

130 *WUB* IX, Nr. 3842 (S. 268 f.); *Miller*, Regesten, Nr. 128 (hier: Riedhausen); dazu gehört auch *WUB* X, Nr. 4384 (S. 141); *Miller*, Regesten, Nr. 136.

131 *UUB* I, Nr. 239 (S. 293 f.); *Miller*, Regesten, Nr. 171.

132 Miller, Regesten, Nr. 253. Am 3. März 1336 hatte Roth eine Wiese bei Gögglingen (die »Hirschhalde«; früher Wiblinger Besitz) um 288 Pfund Heller an Söflingen verkauft. Die beiden Verkaufsaktionen kommen damit dem Tauschgeschäft nahe.

größerem Ausmaß in Heimbach bei Esslingen ist für das Jahr 1342 belegt[133].

An die Seite solcher Verkaufsgeschäfte lassen sich Nachrichten stellen, die die Verpachtung und Verleihung von Klosterbesitz belegen. 1269 verpachteten zum Beispiel die Söflinger Schwestern ihre Weingärten in Neuffen an einen Neuffener Weingärtner[134]; am 21. Dezember 1319 liehen Äbtissin und Konvent an Hermann von Wiblingen und seinen Erben eine Wiese und drei Jauchert Acker[135]. Die angeführten Beispiele zeigen, daß der Klosterbesitz in Söflingen Gegenstand lebhaften Geschäftes war. Die Urkunden, die den Geschäftsverkehr festhalten, lassen leider die Hintergründe und jeweiligen Anlässe von Kauf und Verkauf, Pacht und Leihgabe usw. nicht erkennen. Sie stehen aber für die rührige Geschäftigkeit des Klosters Söflingen ein. Im wirtschaftlichen Bereich galt das Hauptinteresse der Wahrung und Mehrung des Besitzes, der die Existenz des Klosters und seiner Bewohner garantierte.

Das weitere Anwachsen des Söflinger Besitzes hing eng zusammen mit Zuwendungen jener Familien, die schon vor 1258 zu den Wohltätern des Klosters gehörten. In der Liste derer, die Söflingen nach 1258 Güter schenkten, mit bestimmten Auflagen überließen oder verkauften, stehen die Dillinger Familie und ihre Nachkommen mit an erster Stelle. Es ist vor allem Bischof Hartmann von Augsburg, der die Stiftungstat seines Vaters fortsetzte. Am 10. Oktober 1263 bestätigte der Bischof nochmals alle Söflinger Schenkungen seines Vaters: Alles, was das Kloster inzwischen in Söflingen erworben hat. Darüber hinaus ermöglichte er den Schwestern den freien Erwerb seiner Güter in Langenau und donauaufwärts bei Ulm, die dort in den Händen seiner Ministerialen waren; einzige Gegenleistung sollte der Jahrtag für seinen Vater und schließlich für ihn selbst sein[136]. Daß Ministerialen des Bischofs Besitz an Söflingen übergaben, läßt sich leicht belegen. Dadurch konnte vor allem der Klosterbesitz in Söflingen abgerundet werden: Rudolf von Klingenstein, der Getreue des Bischofs Hartmann, übertrug 1267 das Eigentum all seiner Söflinger Besitzungen durch die Hand des Bischofs von Augsburg dem Kloster[137]. Neben Rudolf waren es die Ministerialen Heinrich gen. Schwarz

133 *UUB* II, Nr. 210 und 212 (S. 226—229); *Miller*, Regesten, Nr. 269—270.

134 *UUB* I, Nr. 101 (S. 125 f.); *Miller*, Regesten, Nr. 82; nach Miller die erste vom Kloster Söflingen ausgestellte Urkunde!

135 *UUB* II, Nr. 24, S. 39; *Miller*, Regesten, Nr. 228.

136 *UUB* I, Nr. 92 (S. 115 f.); *Miller*, Regesten, Nr. 69—70.

137 *UUB* I, Nr. 98 (S. 121); *Miller*, Regesten, Nr. 76. Rudolf von Klingenstein war auch Ministeriale König Konrads II. und übergab als solcher sein Eigengut in Gremheim, Schwenningen und Söflingen an das Kloster: *UUB* I, Nr. 97 (S. 120 f.); *Miller*, Regesten, Nr. 75.

von Söflingen[138], Willibirg, die Witwe des Wicmann[139], Ebo von Söflingen[140], Adelheid, die Tochter des Schwarz von Söflingen[141]. Auf diese Weise kam das Kloster auch in den Besitz der Burg von Söflingen: »die Burg von Sevelingen mit allem was dazugehört, mit allem Besitz an Äckern, Wiesen, Gewässern, Wäldern, Wegen und Unwegen schenkt und verkauft aus eigenem Willen Willibirg, die Witwe des Wicmann von Aislingen, für 300 Pfund Heller.« [142]

Neben Bischof Hartmann stand Graf Ulrich von Helfenstein, der Schwiegersohn des Grafen Hartmann von Dillingen, als Wohltäter aus der Stifterfamilie. Er gab 1264 dem Kloster lehnsweise die Dillingischen Güter in Tomerdingen[143] und verkaufte 1287 eine Halde in Bermaringen an das Kloster[144].

Auch Besitz der Abtei Reichenau ging in den ersten Jahrzehnten nach 1285 in das Eigentum der Klarissen über. Am 17. August 1272 übertrug Abt Albert von der Reichenau mit Zustimmung seines Konventes den Zehnten in Söflingen, Butzental und Harthausen an das Söflinger Kloster, damit die Schwestern »in ihrem Wachen, Fasten, Beten und sonstigen ständigen Gottesdiensten ohne irdische Sorgen sein können«. Die Übergabe bedeutete freilich keine einfache Schenkung. Das Kloster Söflingen sollte den Benediktinern dafür 100 Mark Silber geben[145]. Da die Ulmer Pfarrkirche einen geringen Anteil am Zehnten in den drei Dörfern hatte, mußte sie entschädigt werden: Die Abtei Reichenau übertrug ihr dafür Zehntanteile in Lehr und Mähringen[146]. Am 25. April 1287 übertrugen Abt und Konvent der Reichenau dem Söflinger Kloster ihr Eigentum am Kirchensatz in Burlafingen und an anderen dortigen Besitzungen[147]. Nachdem die Reichenau diese Veräußerung durchgeführt hatte, folgten auch einige ihrer Lehnsleute in Burlafingen und überließen den von ihnen verwalteten Besitz den Söflinger Klarissen[148]. Derlei Güterübertragungen zei-

138 *UUB* I, Nr. 106 (S. 130 f.); *Miller*, Regesten, Nr. 84—85.

139 *UUB* I, Nr. 107 (S. 131 f.); *Miller*, Regesten, Nr. 86.

140 *UUB* I, Nr. 104 (S. 128 f.); *Miller*, Regesten, Nr. 87; dazu auch *UBB* I, Nr. 108 (S. 132 f.); *Miller*, Regesten, Nr. 89: Ebo erhält einen Teil des Klosters als Leibgeding.

141 *UUB* I, Nr. 118 (S. 144); *Miller*, Regesten, Nr. 91 (1272).

142 Wie Anm. 139: Schenkung und Verkauf.

143 *Miller*, Regesten, Nr. 71. — Graf Ulrich war mit Hartmanns Tochter Willibirg vermählt.

144 *UUB* I, Nr. 157 (S. 192 f.); *Miller*, Regesten, Nr. 117. Mit dem Grafen tritt sein Sohn Ulrich d. J. als Verkäufer auf.

145 *UUB* I, Nr. 115 (S. 139 f.); *Miller*, Regesten, Nr. 93—94.

146 *UUB* I, Nr. 116 (S. 141 f.); *Miller*, Regesten, Nr. 95—96.

147 *WUB* IX, Nr. 3631 (S. 134); *Miller*, Regesten, Nr. 120.

148 *WUB* IX, Nr. 3650 (S. 145); *Miller*, Regesten, Nr. 121; *UUB* I, Nr. 161 (S. 191 f.); *Miller*, Regesten, Nr. 122.

gen die Kompliziertheit mittelalterlicher Besitzverhältnisse. Das weitverbreitete Lehnswesen schuf immer wieder eine Reihe von Eignern, Verwaltern und Nutznießern mit verschiedenen Rechten und abgestuften Ansprüchen. Daran muß erinnert werden, wenn in einer Urkunde vom 23. Mai 1282 Abt Dietrich von Neresheim und sein Konvent dem Kloster Söflingen Harthausen mit dem Zehnten und dem Kirchensatz überläßt[149]. Wie oben gezeigt wurde, hatte aber schon zehn Jahre früher die Abtei Reichenau den Zehnten in Harthausen an Söflingen abgetreten. Damals war nur von einem geringen Zehntanteil der Ulmer Pfarrkirche die Rede, der auch rechtmäßig abgegolten wurde. Ein Neresheimer Anteil blieb unerwähnt. Wahrscheinlich war man in Neresheim um die wirklichen Besitzverhältnisse in Harthausen im Unklaren; die Schenkung an Söflingen — ohne jede Gegenleistung ausgesprochen — konnte also nur Anerkennung der bestehenden Rechtsverhältnisse sein[150].

Ähnliche Überlegungen müssen zum Verständnis einer anderen Güterübertragung eingebracht werden. Im September 1281 verkaufte Graf Eberhard von Württemberg an das Kloster Söflingen Burg und Herrschaft Ehrenstein mit dem Patronatsrecht der dortigen Kapelle, der Vogtei in Harthausen und dem Maierhof in Mähringen unter Vorbehalt der Mannlehen und anderer Rechte in Ulm. Söflingen hatte für diese Überlassung 240 Mark Silber zu bezahlen[151]. Die gleiche Übertragung von Ehrensteiner Besitz und Recht beurkundet unter gleichem Datum (um den 9. September in Schwäbisch Gmünd) Graf Ulrich von Helfenstein und sein Sohn Ulrich[152]. Das gleiche Objekt wurde hier zweimal dem Kloster Söflingen übertragen. Die Helfensteiner forderten keine Entschädigung; vielleicht waren sie ihrer Besitzrechte nicht ganz sicher. Matzke vermutet, daß auch Ehrenstein ursprünglich Reichenauer Besitz war, der später an die Dillinger gekommen sei. Die Württemberger und Helfensteiner waren jetzt die Erben des Dillinger Besitzes. So mag eine Doppelübertragung zustande gekommen sein[153]. Im späteren Streit (1302) um das Ehrensteiner Patronatsrecht zwischen Söflingen und Württemberg erhob nur noch der Graf von Württemberg Ansprüche gegenüber Söflingen[154].

149 *UUB* I, Nr. 143 (S. 171 f.); *Miller*, Regesten, Nr. 110 (mit Nr. 1 aus den Jahren 1160—1181 bestätigt das Kloster Neresheim den Besitz der Kirche in Harthausen mit zwei Dritteln des Zehnten und allen übrigen Zugehörungen).

150 *Matzke*, Die ehemaligen Besitzungen, S. 81 f.

151 *UUB* I, Nr. 139 (S. 165 f.); *Miller*, Regesten, Nr. 108.

152 *UUB* I, Nr. 140 (S. 168 f.); *Miller*, Regesten, Nr. 109: »unter Verzicht auf seine wirklichen oder vermeintlichen Rechte!«.

153 *Matzke*, S. 81.

154 Vgl. unten, Anm. 207—209.

Neben den genannten Stiftern und Verkäufern stehen andere Namen aus dem schwäbischen Adel, treten Ulmer Patrizier, Bürger und auch Bauern, die zur Besitzerweiterung des Klosters beitrugen[155]. Die reichbelegten Geschäftsabschlüsse zeigen das eine: Die Abtei Söflingen war durch ihre wirtschaftliche Lage zum finanzkräftigen Käufer geworden. Ihr Ansehen ließ sie zum Adressaten bedeutender Schenkungen werden. Motiv solcher Übergabe war »das Heil der Seele«, »die göttliche Vergeltung«. Dieser Beweggrund, die Söflinger Klarissen mit Gut und Geld zu beschenken, zeigt sich besonders bei der Stiftung von Jahrgedächtnissen für Verstorbene. Sie begegnet zum ersten Mal in den Schenkungen der Dillinger Grafen: Am 10. Oktober 1263 verband Bischof Hartmann die großzügigen Dillinger Schenkungen an Söflingen mit der Auflage eines Jahrtages für seinen Vater und für sich selbst[156]. Weitere Güterübertragungen an Söflingen mit einer derartigen Gottesdienstverpflichtung tauchen erst wieder im 14. Jahrhundert auf. Im Jahre 1337 kam Söflingen in den Teilgenuß einer dem Ulmer Spital gestifteten ewigen Jahrzeit[157]. Aus einem anderen Besitzanteil versprach die Äbtissin Anna am 12. März 1338 einen Jahrtag für die Gräfin von Wildenberg, den Vischer vom Kelleramt und aus Besitz in Harthausen für Guta von Westerstetten[158]. Die gleiche Äbtissin bestätigte, daß sie aus verschiedenen Gütern zu zwei Jahrtagen verpflichtet ist: Am 6. Januar für Herrn Krafft und am 15. Juli für seine Gemahlin[159]. Die Jahrtagsstiftungen ergaben sich damit auch als Weg zur Besitzerweiterung. In den Söflinger Urkunden zeigen sie allerdings bald eine auffallende Besonderheit. Sie werden nicht einfach an Besitzübertragung gebunden. Vielmehr wird die materielle Grundlage einer solchen Stiftung — Besitz oder feste Einkünfte aus Landbesitz — zum Vermächtnis für eine Schwester in Söflingen bestimmt. Diese Art von Stiftungen gehört zum nächsten Kapitel der Söflinger Geschichte, zu jener Entwicklung, die auf die Klosterreform von 1484 hinführt. Zugleich läßt diese Form von Güterzuschreibung ein weiteres Motiv für materielle Zuwendungen an das Kloster erkennen: Der Stifter erwarb sich Ansehen im Kloster, kam zu guten Beziehungen zur Gemeinschaft der Schwestern und konnte damit den Zugang für eine oder mehrere seiner Töchter ins Kloster eröffnen. Nicht von ungefähr sind Stifterfamilien mit einem oder mehreren Mitgliedern in der Söflinger Kommunität anzutreffen.

155 Aus Ulmer Patrizierfamilien z. B. Besserer, Ehinger, Krafft, Roth, Ungelter, Wespach etc.

156 *UUB* I, Nr. 92 (S. 115 f.); *Miller*, Regesten, Nr. 70.

157 *UUB* II, Nr. 160 (S. 189); *Miller*, Regesten, Nr. 259.

158 *UUB* II, Nr. 165 (S. 194); *Miller*, Regesten, Nr. 261.

159 *UUB* II, Nr. 169 (S. 198); *Miller*, Regesten, Nr. 263.

Überblickt man die weitere Besitzgeschichte Söflingens, so kann bis ins 15. Jahrhundert von stetem Anwachsen gesprochen werden. Der Kreis der Verkäufer und Stifter weitete sich geringfügig aus, blieb aber im bisher belegten ständischen Rahmen[160]. Auch die territoriale Verteilung des Besitzes blieb in den Grenzen jener geographischen Schwerpunkte, die sich schon im Jahre 1258 gezeigt hatten. Das wichtigste Ergebnis dieser Entwicklung war, daß das Dorf Söflingen selber ganz in den Besitz des Klosters überging und mit Besitzungen in der nächsten Umgebung ein verhältnismäßig geschlossenes Territorium bildete. Dazu kam ein zweiter, nahe beisammenliegender Besitz jenseits der Donau, im Stadtgebiet des heutigen Neu-Ulm, dann Besitz und Besitzanteil in der Reichsstadt Ulm selbst, Streubesitz in benachbarten Dörfern und der Fernbesitz der Weinberge an Neckar und Rems[161]. Anläßlich der Reform des Klosters im Jahre 1484 wurde das Eigentum des Klosters mit 100 000 fl. angegeben[162].

Die Verwaltung des Besitzes

Für die Verwaltung des Klosterbesitzes sah die Ordensregel den *Prokurator* (Schaffner) vor, »damit Geld und Gut des Klosters in rechter Ordnung verwaltet werden«[163]. Ursprünglich wohl den Konversenbrüdern des Klosters zugezählt, erreichte er bald eine angesehene Stellung, die ihn — wie oben gezeigt — von der untergeordneten Gruppe der Konversen löste. Seine Ein- und Absetzung stand der Äbtissin mit dem Konvent zu; bei Unregelmäßigkeit in der Wirtschaftsführung konnte auch der Provinzobere seine Entfernung aus dem Amt verfügen[164]. Im 15. Jahrhundert war der *Hofmeister* als Verwalter der Klostergüter sicher ein vom Kloster eingesetzter weltlicher Beamter. Mit dem weiteren Ausbau der Güterverwaltung und der damit verbundenen Herrschaft rückte der Hofmeister an die Spitze der Beamtenhierarchie, dem die übrige Beamtenschaft des Klosters unmittelbar unterstellt war. Erstmals begegnet in den Söflinger Urkunden ein weltlicher Hofmeister 1427: Heinrich Schmid vertrat in einem Streitfall

160 Zu ermitteln aus dem Söflinger Lagerbuch (Urbar von 1494/96): *HStA Stgt.*, H 233, Lagerbuch Nr. 561.

161 Vgl. Karte zum Söflinger Besitz, Anhang Karte 4.

162 *Miller* (Söflinger Briefe, S. 7) vergleicht im Jahre 1940 die Summe mit der Kaufkraft von 8—10 Millionen Reichsmark.

163 Urbanregel 21 (*BF* II, S. 517 f.).

164 *Ebd.*, Schluß. Ein solcher Eingriff von »außen« war z. B. nötig, wenn Äbtissin und Prokurator gemeinsam für die Mißwirtschaft oder andere Mißstände verantwortlich waren; für St. Clara in Kleinbasel vgl. *Gerz-von Büren*, S. 102—104.

die Rechte des Klosters als dessen »Hofmeister und Anwalt«[165]. In den Jahren 1439—1448 wird in dieser Eigenschaft mehrmals Lienhart Schwarz genannt[166], nach Miller »ein zweifellos sehr tüchtiger und um das Kloster verdienter Mann«[167]. Ab 1464 läßt sich als Hofmeister des Klosters der Ulmer Bürger Michael Zoller belegen, der zur Zeit der Reform noch in diesem Amt war[168].

Vom Hofmeister ist der *»Pfleger«* des Klosters zu unterscheiden. Wie eben dargestellt, war die Bestellung des Hofmeisters ausschließlich Sache des Klosters, und die von der Stadt Ulm, der unmittelbaren Schirmherrin des Söflinger Klosters, wiederholt unternommenen Versuche, Einfluß auf dieses Amt zu gewinnen, blieben vergeblich. Erfolgreicher war die Stadt dagegen mit einer anderen Institution: An die Seite des Hofmeisters traten städtische »Klosteraufseher«, die sogen. »Pfleger«, die von Bürgermeister und Rat der Stadt benannt wurden und Inhaber eines städtischen Amtes waren. Schutz und Schirm über das Kloster waren ja der Stadt Ulm zugesprochen, und aus dieser Beauftragung konnte sich das städtische Amt wohl begründen lassen. Das Kloster selbst hat diese städtische Einrichtung anerkannt[169]. Von 1439 an treten fast immer Ulmer Pfleger — gewöhnlich waren es zwei Ulmer Patrizier oder Bürger — neben dem Söflinger Hofmeister in den das Kloster betreffenden Angelegenheiten auf.

Die Verteidigung des Besitzes

Die häufig verworrenen Besitzverhältnisse im Mittelalter mit ihrer Vielzahl an Eignern und abgestuften Rechtsansprüchen am gleichen Grund und Boden konnten zu Streitigkeiten um den Besitz führen, die auf dem Prozeßweg geklärt werden mußten. Auch aus der Söflinger Besitzgeschichte lassen sich eine Reihe solcher Prozesse erheben, in denen Äbtissin und Konvent ihren Besitz verteidigen und die Rechtsverhältnisse klären ließen.

165 *Miller*, Regesten, Nr. 524.
166 *Ebd.*, Nr. 549, 551, 552, 554, 561, 562, 568, 569.
167 *Miller*, Söflinger Briefe, S. 15.
168 *Ebd.*
169 *Miller*, Söflinger Briefe, S. 17 f.; *Geiger*, Reichsstadt, S. 82 f.; *Kist* (Das Klarissenkloster in Nürnberg, S. 19) gibt auch für Nürnberg den Pfleger als »vom Rat bestellten Schutzherrn des Klosters« an.

Ein erster Streitfall, der auf dem Prozeßwege gelöst wurde, wird in den Urkunden aus den Jahren 1303—1304 greifbar[170]. Streitgegenstand war der »Zehnte« in Einsingen. Im Jahre 1303 erhob Graf Egino von Schelklingen, Stiftsherr in Augsburg und Pfarrer von Erbach, Anspruch auf den Einsinger Zehnten, weil Einsingen im Bereich der Pfarrei Erbach liege. Das Söflinger Kloster widersprach und vertrat den Standpunkt, Einsingen gehöre zu Harthausen; der »Zehnte« von Harthausen war dem Kloster am 17. August 1272 von der Abtei Reichenau übertragen worden. Nach Auskunft der Söflinger sei inzwischen zwanzig Jahre lang der »Zehnte« in Einsingen an das Kloster — genauer: zwei Drittel an das Kloster, ein Drittel an den Pfarrer in Harthausen — abgeführt worden; seit dieser Zeit wisse sich das Kloster »in unangefochtenem und friedlichem Besitz«[171]. Ein weiteres Argument für die Zugehörigkeit Einsingens zum Sprengel Harthausen ließ der Pfarrer Eberhard von Harthausen im Prozeß vorbringen: Die Leute aus Einsingen kämen zum Empfang der Sakramente nach Harthausen. Neben anderen Beweisen, die die Erbacher Besitzansprüche zurückwiesen, trug Frater Gottfried, Konverse des Klosters und dessen Prokurator in Harthausen, als Argument die Herkunft des Söflinger Besitzes und der Rechte vor und verwies dabei auf die Übertragung Harthausens an das Kloster Söflingen durch den Grafen von Württemberg und den Grafen von Helfenstein im Jahre 1281. Frater C., Konverse und »Baumeister« des Klosters Söflingen, argumentierte mit dem Hinweis, daß er von Amts wegen jährlich die Wagen nach Einsingen schicke, um dort die Zehntfrüchte einzusammeln[172].

Die Gegenpartei versuchte ihre Ansprüche zu rechtfertigen: Die Sakramente würden die Einsinger nur deshalb in Harthausen empfangen, weil in Erbach kein Vizepleban sei[173]. Uzelo, ein Knecht aus dem Kloster Urspring, der als Zeuge für die Erbacher Sache auftrat, brachte folgende Aussage vor: Der Einsinger Zehnte habe früher nach Erbach gehört. Aber aus besonderer Freundschaft eines früheren Rektors der Erbacher Kirche mit einem Vikar in Harthausen, habe dieser den Zehnten von Einsingen für ein Jahr nach Harthausen gehen lassen, und auf Bitten des Vikars dies dann auch weiterhin zugestanden. Nach dem Tode des Rektors sei es eben dabei geblieben: Der Zehnte der Kirche von Einsingen sei also nur aus Nachlässigkeit der folgenden Erbacher Kirchenrektoren bei der Kirche

170 *Miller*, Regesten, Nr. 163—169; die Zeugenaussagen der beiden Parteien als Protokollauszug: *UUB* I, Nr. 235 (S. 282—287).

171 *UUB* I, Nr. 235 (S. 282): »in plena et pacifica possessione«.

172 *Ebd.*, S. 283: »ex officio singulis annis transmisit carrucas pro apportandis frugibus decimarum« in Einsingen.

173 Hinweis des Dekans H. von Falheim (als Prokurator des Grafen): *Ebd.*, S. 282.

in Harthausen verblieben[174]. Schließlich ließ Graf Egino durch seinen Prokurator vortragen, daß Einsingen zu Erbach gehöre, er also den Zehnten dem Kloster Söflingen zu Recht entzogen habe; außerdem lebten zwei seiner Schwestern im Kloster und für deren Lebensunterhalt habe er die Zehntfrüchte genommen[175]. Der Prozeß lief vor dem bischöflichen Gericht in Konstanz, das schon am 1. August 1303 den Grafen Egino zur Wiedergutmachung aufforderte und diese am 3. November desselben Jahres anmahnte[176]. Der Prozeß ging aber erst im Sommer 1304 zu Ende. Das abschließende Urteil ist in den Söflinger Urkunden nicht enthalten. Nach Lage der Dinge muß es zugunsten Söflingens ausgegangen sein. Freilich sollte wenige Jahre später dem Kloster ein neuer Prozeß ins Haus stehen.

Der neue Streit brach im Herbst 1310 aus: Die Abtei Reichenau unter Abt Diethelm[177] focht die Rechte Söflingens auf die »Zehnten in Söflingen, Butzental und Harthausen« an, die 1272 von der Bodenseeabtei an die Söflinger Klarissen übertragen worden waren. Die Übertragungsurkunde ist in ihrer Aussage eindeutig und unanfechtbar; sie enthält auch die Absageklausel an jede Aktivität gegen die besiegelte Überschreibung[178]. Trotzdem trugen die Reichenauer ihr Anliegen Papst Clemens V. (1305—1314) vor, der am 7. Oktober 1310 dem Propst, dem Thesaurar und dem Kantor der Kirche von Zürich den Auftrag und die Vollmacht gab, die Streitsache der beiden Parteien zu verhandeln[179]. Zürich war damit Gerichtsort und die drei Züricher Kanoniker die päpstlich bestellten Richter[180]. Die streitenden Klöster bestimmten ihre Prokuratoren, die ihre Sache in Zürich vertreten sollten[181]. Der Prozeß in Zürich zog sich bis zum Frühjahr 1312 hin. Versuche gütlichen Vergleichs schlugen fehl[182]. Hinweise auf Verfahrens-

174 *Ebd.*, S. 285: »... et sic perceptio decimarum ecclesiae in Einsingen permanserat apud ecclesiam in Harthausen propter negligentiam sequentium rectorum in Elribach.«

175 *Ebd.*, S. 282: »... sed quia habuit et habet in ipso monasterio duas sorores, pro subventione ipsarum sororum ipsum monasterium recepit fructus decimarum nomine comitis« (Aussage des Prokurators).

176 *Miller*, Regesten, Nr. 193—194.

177 Diethelm von Kastel, 1306—1343 Abt von Reichenau.

178 *UUB* I, Nr. 115 (bes. S. 140); *Miller*, Regesten, Nr. 202 a; Ursache der Übertragung: schwere Verschuldung der Abtei.

179 *Miller*, Regesten, Nr. 175.

180 Der Propst ließ sich von der Teilnahme am Prozeß entschuldigen (*Miller*, Regesten, Nr. 178), so wirkten die beiden anderen Kanoniker allein als päpstliche Richter.

181 *Miller*, Regesten, Nr. 177: Für Söflingen: Werner von Rineg, Rektor der Kirche von Dornbirn, und Ulrich von Esslingen, Notar der Kirche von Konstanz; im weiteren Prozeßverlauf benannte Söflingen noch Rechtsbeistände: *Miller*, Regesten, Nr. 185, 194.

182 *Miller*, Regesten, Nr. 179.

mängel und formale Fehler verzögerten mehrfach eine zügige Prozeßführung[183]. Als Söflingen seine päpstlichen Privilegien vorlegte, nach denen das Kloster ohne deren ausdrückliche Erwähnung nicht einmal vor ein päpstliches Gericht gezogen werden durfte, wiesen die beiden Richter den Einwand zurück: Die Privilegien seien den Schwestern vom St. Damiansorden gewährt worden, Söflingen aber gehöre zum St. Klaraorden[184]. Dem Kloster wurden dafür sogar die Kosten wegen unberechtigter Verschleppung des Prozesses aufgebürdet. Am 22. Februar 1312 legte schließlich der Söflinger Prokurator Berufung beim Apostolischen Stuhl ein, die die Richter als »frivol« bezeichneten, aber nicht verhinderten[185]. Am 1. Mai desselben Jahres konnte ein erster Schlußstrich in diesem Verfahren gezogen werden: Clemens V. erteilte für das Kloster Söflingen eine päpstliche Kommission gegen den Abt von der Reichenau[186].

Der Streifall war allerdings damit noch nicht aus der Welt geschafft. Erst ein Jahr später einigten sich die Parteien: Die Abtei Reichenau anerkannte den Söflinger Zehntbesitz als rechtmäßig, verzichtete auf jeden weiteren Prozeß und gestand sogar zu, Söflingen in seinem Rechtsstreit zu unterstützen; bei Zuwiderhandlung drohte eine Strafe von 200 Mark Silber. Auch über die Prozeßkosten einigte man sich[187]. Demgegenüber erklärte sich Söflingen im Hinblick auf die desolate Wirtschaftslage der Bodenseeabtei aus freien Stücken bereit, 100 Mark Silber zu bezahlen. Auch die Kosten für die päpstliche Konfirmation, die allerdings die Abtei einholen sollte, wollten die Klarissen übernehmen[188]. Darauf beauftragte Clemens V. am 12. Februar 1314 den Bischof von Chur, die Einhaltung des gütlichen Vergleichs zwischen den beiden Klöstern zu überwachen[189]. Dessen Untersuchungen und Erhebungen führten dann erst drei Jahre später zum endgültigen Abschluß des langwierigen Verfahrens. Am 16. September 1317 bestätigte der Churer Bischof den endgültigen Vergleich zwischen der Abtei Reichenau und dem Kloster Söflingen über den Zehnten in Söflingen, Butzental und Harthausen und befahl der Abtei Rei-

183 Besonders vom Söflinger Prokurator Ulrich von Esslingen eingebracht: *Miller*, Regesten, Nr. 180, 181, 183.

184 *Miller*, Regesten, Nr. 195; der Hinweis war bloße juristische Raffinesse: Der frühere St. Damianorden war jetzt der Klarissenorden, vgl. oben, S. 26.

185 *Miller*, Regesten, Nr. 196—197.

186 *Ebd.*, Nr. 199.

187 *Ebd.*, Nr. 200—202; auch *UUB* I, Nr. 261 (S. 322—324).

188 *Miller*, Regesten, Nr. 202 a, 203 a.

189 *Ebd.*, Nr. 204.

chenau, diesen Vergleich »ewig« einzuhalten[190]. Das Bodenseekloster erhob fernerhin keine Ansprüche mehr auf diese dem Kloster Söflingen zustehenden Rechte.

Andere Güter und Besitzungen hatten dagegen die Söflinger Schwestern immer wieder zu verteidigen. So kam es im Jahre 1329 in Esslingen zu einer Verhandlung über den Söflinger Weinbergbesitz in Heimbach, der von einigen Esslinger Bürgern beansprucht wurde[191]. Die Söflinger Rechte vertrat dabei Bruder Enselin von Heimbach, »der Äbtissin und des Konvents Schaffner«. Der Vergleich ging zugunsten Söflingens aus, was Bürgermeister und Rat der Stadt Esslingen nun verbrieften und versiegelten: »daz si [die Söflinger Schwestern] diu gueter anhoerent und daz si ledig sind von den vorbenemten ansprechern, ir erben und ir nouchkomen und louz iemmer eweclichen. Über dis alles so ist dirre briefe geschriben und besigelt mit der stet ze Esselingen insigel ze ainem urkunde und sicherhait der vorgeschriben dinge«[192].

Am 4. Mai wurde ein Streit um den Hof in Böttingen beigelegt, den die Truchsessin Agnes von Geislingen 1296 unter bestimmten Auflagen dem Söflinger Kloster übergeben hatte[193]. Mit den Weiderechten auf dem Hochsträß bei Grimmelfingen, die dem Söflinger Kloster streitig gemacht worden waren, beschäftigte sich ein Ulmer Gericht am 23. Juni 1357 und entschied für die Söflinger Ansprüche[194]. Derartige Streitfälle und Prozesse, wie sie auch in der Folgezeit immer wieder auftraten, dienten der Söflinger Besitzsicherung und zeigen das Kloster als durchaus selbstbewußten und geschickten Verteidiger seiner Rechte und seines einmal erworbenen Besitzes.

4. Die Herrschaft des Klosters

Ausgangspunkt der Söflinger Herrschaft ist die Schenkungsurkunde des Grafen Hartmann von Dillingen aus dem Jahr 1258. Damals wurde dem Kloster Söflingen übertragen: alle Herrschaft, aller Besitz und alles Eigentum in Söflingen, das Patronatsrecht der Kapelle, die Leibeigenen,

190 *UUB* II, Nr. 11 (S. 9—15); *Miller*, Regesten, Nr. 212—212 a.
191 *UUB* II, Nr. 69 (S. 83 f.); *Miller*, Regesten, Nr. 236.
192 *UUB* II, Nr. 69 (S. 84).
193 *UUB* II, Nr. 215 (S. 231 f.); *Miller*, Regesten, Nr. 271.
194 *UUB* II, Nr. 500 (S. 465—468); *Miller*, Regesten, Nr. 311.

die sich freiwillig den Schwestern übergeben wollen, usw.[195] Die Schenkung löste Grund und Boden, damit verbundene Rechte und auch die Bewohner aus ihrem bisherigen Herrschaftsbereich heraus und faßte sie zu einer neuen Einheit unter der Herrschaft des Klosters zusammen. Freilich blieb die Rechtsform der Unterstellung unter die neue Herrschaft auf den einzelnen Besitzungen recht unterschiedlich. Der unmittelbare Ausdruck der Herrschaft war die Abgabepflicht an das Kloster: Zehntleistung, Zinspflicht, Naturalienabgabe, die Abhängigkeit in der Bewirtschaftung des Klostereigentums von der Verwaltung des Klosters und bestimmte Dienstleistungen für das Kloster. Die »Verwaltungsbeamten« wurden zu sichtbaren Organen der Söflinger Herrschaft.

Die Söflinger Dorfordnung

Eine besonders deutliche Ausprägung dieser Herrschaft zeigt sich im geschlossenen Besitzgebiet Söflingens: der Grundherr wird hier auch zum »Landesherren«. Auf die Söflinger Verhältnisse angewandt: Das Kloster der Klarissen, das »Gotteshaus« als Eigentümer von Grund und Boden rückt in landesherrliche Funktionen ein; die Äbtissin und die von ihr abhängigen Beamten werden zu Repräsentanten dieser Herrschaft. Daß in Söflingen die Grundherrschaft zur Landesherrschaft werden konnte, hatte in der von Papst und Kaiser gewährten und garantierten »Freiheit« des Klosters einen weiteren Grund. Die unklare Bestimmung der »Schirm- und Schutzfunktion« der Stadt Ulm ließ das wirkliche Ausmaß der Söflinger Landesherrschaft freilich lange umstritten.

Für das mittelalterliche Klostergebiet haben wir in der »Söflinger Dorfordnung« immerhin einen deutlichen Ausdruck des herrschaftlichen Selbstverständnisses der Äbtissin und ihres Konventes. Eine solche Ordnung wurde zum ersten Mal im Jahre 1392 aufgestellt[196]. In dieser Ordnung werden Rechte und Pflichten der Dorfbewohner zusammengestellt. Als Verhandlungspartner des Klosters erscheint die »Gemeinde zu Söflingen mit ihrem guten Willen«. Als Wahrnehmer der Rechte des Klosters treten dessen »Baumeister und Brüder« auf. Die Ordnung macht die landwirtschaftliche Struktur des Dorfes deutlich, es geht um Landanbau, die

195 Aus der Schenkungsurkunde: »omne dominium, et omnes possessiones et proprietates ville, ..., et ius patronatus capelle in eadem villa, item homines nostros proprios ibidem, qui voluntarie subscriptis dominabus adhaerere iuro proprietario acceptabunt, ...«; siehe oben, S. 34 f.

196 Erste Söflinger Dorfordnung nach der beglaubigten Abschrift aus dem 18. Jh., veröffentlicht von *F. Wintterlin* (Württembergische ländliche Rechtsquellen, Bd. 2), Stuttgart 1922, S. 859—863.

Viehhaltung, Wald- und Wegordnung. Sie zeigt das »Kloster« als Grundbesitzer, »dem kein Schaden an seinem Gut getan werden soll«[197]. Alle Dorfbewohner müssen ihr Korn in der Mühle des Klosters mahlen lassen[198]. Zucht und Ordnung unter den Dorfbewohnern werden durch Bestimmungen über das Spielen, den Tanz, das Verbot von Schlägereien und Unzucht festgelegt[199]. Gerichtsstand für alle Streitfälle ist Söflingen selbst[200]. Für die meisten Vergehen wurden in der Dorfordnung Geldstrafen festgesetzt; für Totschlag der Verlust von Leben (»lib«) und Gut[201]. Die »Dorfordnung« wurde in späterer Zeit mehrfach erneuert[202]. Rechte und Pflichten der Klosteruntertanen blieben dabei in derselben Weise umschrieben, wogegen das Gerichtswesen klarer formuliert[203] und die Herrschaft des Klosters auf solche Weise eindeutig zum Ausdruck gebracht wurde.

Patronatsrechte und Inkorporationen

Die Dillinger Schenkungsurkunde von 1258 sprach dem Kloster auch das »ius patronatus capelle in eadem villa« zu, also das Patronatsrecht über die Kapelle in Söflingen; gemeint war die St. Jakobus- und Lorenz-Kapelle. Außer dem Patronat der Söflinger Kapelle erhielt das Kloster im Laufe der Zeit durch Schenkung und Kauf noch weitere Patronate.

Aus den Söflinger Urkunden lassen sich einige Angaben über Inhalt und Umfang, Erwerb und Verteidigung dieser Rechte zusammentragen. Die Übertragung des Patronates der *St. Lorenzkapelle* wurde im Jahre 1265 durch Papst Clemens IV. genauer geregelt: Auf Bitten der Äbtissin von Söflingen beauftragte der Papst den Konstanzer Bischof, die »auf Grund und Boden des Klosters liegende St. Lorenzkapelle dem Kloster einzuverleiben«[204]. Damit wurde das Patronat durch die Inkorporation

197 *Ebd.*, Nr. 1 (S. 860).

198 *Ebd.*, Nr. 19 (S. 862); der sog. »Mühlzwang«.

199 *Ebd.*, Nr. 12; 14; 15; 16 (S. 861—862).

200 *Ebd.*, Nr. 22 (S. 862).

201 *Ebd.*, Nr. 12 (S. 861). — Die »hohe Gerichtsbarkeit« wurde jedoch von Ulm für Söflingen wahrgenommen, wie aus dem Prozeß um den freien Reichsstand im späten 18. Jh. deutlich wird.

202 So 1484 (*Wintterlin*, Statuten, S. 863—868), 1560 (*ebd.*, Ordnung, S. 868—875).

203 Die Ordnung von 1484 bestimmte den St. Gallenstag (16. Okt.) als Söflinger Gerichtstag. Richter sind der Söflinger Amtmann und 12 Richter, von denen die Äbtissin die ersten beiden ernannte, die nun die übrigen Richter zuwählten.

204 *WUB* VI, Nr. 1789 (S. 180 f.); *Miller*, Regesten, Nr. 72, 73.

erweitert: Das Kloster selbst war nun Seelsorger der St. Lorenzkapelle und konnte zur Erfüllung der seelsorgerlichen Tätigkeit einen Vikar anstellen. Die Inkorporation bedeutete die Übertragung des vollen Nutzungsrechtes der Kapelleneinkünfte an das Kloster und die Beauftragung zum Gottesdienst in der St. Lorenzkapelle durch das Kloster.

Ein zweites Patronat erhielt das Kloster im Jahre 1267 durch Heinrich von Klingenstein, einen Ministerialen König Konrads II. Er übertrug sein bisheriges Patronatsrecht an der Kirche in *Gremheim* den Klarissen von Söflingen[205]. Im Jahre 1281 verkaufte Graf Eberhard von Württemberg mit Burg und Herrschaft *Ehrenstein* auch das Patronatsrecht der dortigen Kapelle an das Kloster[206]; die Übertragung bestätigte Bischof Heinrich von Konstanz am 5. Februar 1302[207]. Anlaß dieser späten bischöflichen Bestätigung war der Streit um die Besetzung der Kaplanstelle an der Ehrensteiner Kapelle. Graf Eberhard von Württemberg hatte damals einen anderen Kandidaten als das Kloster Söflingen für die Ehrensteiner Kapelle vorgeschlagen. Streitgrund war dabei nicht die Frage des Präsentationsrechtes, sondern die grundsätzliche Anfechtung des Verkaufs von 1281 durch den Grafen: Er habe nur unter dem Druck König Rudolfs von Habsburg seinen Ehrensteiner Besitz an Söflingen verkauft[208]. Im Jahre 1331 gilt die Ehrensteiner Kapelle als dem Kloster inkorporiert[209]. Söflingen war ferner im Besitz der Patronatsrechte der Pfarrkirche von *Harthausen* und der Kapelle in *Burlafingen.* Gefährdungen der Söflinger Rechte an diesen Kirchen wurden im Jahre 1331 durch Bischof Rudolf von Konstanz ausgeräumt[210]; danach ist auch von Harthausen und Burlafingen als dem Kloster inkorporierten Kirchen die Rede[211]. Harthausen blieb die einzige Klosterpfarrei von Söflingen; Ehrenstein zählte als Filiale kirchlich zu diesem Sprengel wie auch *Einsingen, Eggingen, Ermingen* und *Schaffelkingen.*

205 *UUB* I, Nr. 99 (S. 122); *Miller*, Regesten, Nr. 78 (Gremheim bei Dillingen?).

206 *UUB* I, Nr. 139 (S. 165 f.); *Miller*, Regesten, Nr. 108.

207 *Miller*, Regesten, Nr. 156.

208 *UUB* I, S. 166—168 (im Anschluß an Nr. 139); *Miller*, Regesten, Nr. 155.

209 *Miller*, Regesten, Nr. 244.

210 Am 13. Juni 1339 beauftragte Papst Johannes XXII. den Bischof von Konstanz für die Söflinger Rechte an diesen Kirchen einzutreten: *UUB* II, Nr. 99 (S. 112—114); *Miller*, Regesten, Nr. 241.

211 *Miller*, Regesten, Nr. 242, 244, 246.

3. TEIL

Die Klosterreform im Jahre 1484

1. Das Kloster im 15. Jahrhundert

Im Laufe des 15. Jahrhunderts sah das Klarissenkloster Söflingen sein gesichertes Bestehen zum ersten Mal ernstlich gefährdet. Diese Gefährdung teilte es mit anderen Klöstern und Orden. Ursache dafür war die innerkirchliche Reform, die auch die Orden erfaßte. In französischen Klarissenklöstern breitete sich eine radikale Erneuerung aus, deren Initiatorin die hl. Coleta († 1447) war[1]. Ihr Erneuerungswerk drang zwar nicht bis Söflingen vor, doch sollte das Söflinger Klarissenkloster bald von der großen franziskanischen Reformbewegung, der sogenannten Observanz, erfaßt werden. Dabei war es die weitere Entwicklung des Klosters und seiner Gemeinschaft selbst, die den aufkommenden Reformansprüchen Zugriffsmöglichkeiten bot.

Eine entscheidende Rolle spielte in den weiteren Vorgängen die wirtschaftliche Entwicklung des Klosters. Die Besitzgeschichte ist von kontinuierlichem Anwachsen des Klostergutes getragen. Die Weichen zum Erwerb stattlichen Besitzes waren mit der Klostergründung gestellt. Ein ernster Einbruch in dieser Entwicklung läßt sich nicht feststellen. Im Jahre 1431 konnte das Kloster zum Beispiel Güter und Rechte in Eggingen um 1038 fl. erwerben[2]. Wohl treten um diese Zeit auch Streitigkeiten um alten Besitz des Klosters auf[3], und aus dem Jahre 1436 ist die Bitte des Klosters um Hilfe bei »der Wiedergewinnung seiner zeitlichen Güter« bekannt[4].

1 Coletas (Nicolette Boillet) Reform führte zu einem neuen Zweig der Klarissen, den sog. Coletanerinnen; vgl. *Moorman*, History, S. 414—416.

2 *Miller*, Regesten, Nr. 535.

3 Im Jahr 1439 liefen längere Verhandlungen über die Viehdriften in Eggingen und Bollingen, über einen Acker zwischen Mähringen und Bollingen: *Miller*, Regesten, Nr. 549—551; im Jahre 1442 ging es um die Abgaben aus dem »Münchhof«, dem alten Kloster auf dem Gries: *Miller*, Regesten, Nr. 552. — Dazu für die ersten Jahrzehnte des 15. Jh.: *Miller*, Regesten, Nr. 434 (1400); Nr. 466 a (1412); Nr. 524 (1427); Nr. 532 (um 1430); Nr. 547 (1427).

4 *Miller*, Regesten, Nr. 544.

Allerdings zeigen sich in Besitzerwerb und -verwaltung einige bedeutsame Veränderungen. Von der zweiten Hälfte des 14. Jahrhunderts an mehren sich die frommen Stiftungen — Grund und Boden oder Zinsverschreibungen — an das Kloster mit der Verpflichtung zu besonderer Gebetsleistung der Schwestern. Meist handelt es sich um Stiftungen von Jahrtagen für Verstorbene aus dem Kreis der Wohltäter des Klosters[5]. Das Anniversarium (der Jahrtag oder die Jahrzeit) wurde gewöhnlich mit der Meßfeier und der Verrichtung bestimmter oder auch zusätzlicher Teile des täglichen Chorgebetes begangen[6]. Die Mehrleistung der Schwestern konnte durch den Stifter mit besonderen Zuwendungen aufgewogen werden. So sollte durch eine Jahrtagsstiftung aus dem Jahr 1359 der Konventstisch der Schwestern mit 2½ Pfund Hellern aufgebessert werden[7]. Die »Spende über Tisch« wurde auch von anderen Stiftern von Jahrgedächtnissen nicht vergessen[8]. Mehrfach wurde die Durchführung des Jahrtages auch in der Weise abgesichert, daß bei seiner Unterlassung der für die Stiftung eingesetzte Zins oder die dafür festgelegte Naturalienabgabe an ein anderes Ulmer Kloster gewiesen werden sollte. Agatha von Westerstetten setzte zum Beispiel im Jahre 1382 im Fall des Versäumnisses der Klarissen die Ulmer Dominikaner und bei deren Versagen das Ulmer Spital als Empfänger der vorgesehenen Jahresgabe ein[9]. Eine Stiftung aus dem folgenden Jahr galt zunächst als Gabe und Auflage den Benediktinern von Blaubeuren; sollten diese den Jahrtag nicht stiftungsgemäß halten, dann sollte der dafür eingesetzte Zins und die Durchführung des Jahrtages an das Kloster Söflingen gehen[10]. Über die Anniversarien hatte eine eigene Amtsschwester, die »Jahrzeitmeisterin«, zu wachen[11].

Fromme Stiftungen konnten auch auf andere Titel erfolgen: Auf das ewige Licht[12], auf eine Kerze vor dem Engel[13], auf eine Kerze vor unserem

5 Z. B. im Jahre 1354 (*Miller*, Regesten, Nr. 303); 1357 (Nr. 312); 1358 (Nr. 319); 1359 (Nr. 322); 1362 (Nr. 335); 1368 (Nr. 357); 1369 (Nr. 361); 1372 (Nr. 366 bis 367); 1382 (Nr. 385; 390); 1383 (Nr. 396); 1384 (Nr. 399); u. a.

6 In *Miller*, Regesten Nr. 366 und 385, heißen die Verpflichtungen für den Konvent z. B.: Messe und Vigil.

7 *UUB* II, Nr. 556 (S. 510); *Miller*, Regesten, Nr. 322.

8 In einer Stiftung aus dem Jahr 1349 (*UUB* II, Nr. 343, S. 344 f.; *Miller*, Regesten, Nr. 289) heißt es, an Klosterfrauen soll »Wein und Fleisch und was sonst fügsam ist über Tisch zukommen«. In *Miller*, Regesten, Nr. 382 (aus dem Jahr 1382) heißt es allgemein, durch die Stiftung sollen die Klosterfrauen »ihren Konventstisch an den Quatemberfasten mehren und bessern« können.

9 *Miller*, Regesten, Nr. 385.

10 *Ebd.*, Nr. 394—395.

11 In einer Urkunde vom Jahr 1412 (*Miller*, Regesten, Nr. 463) ist vom »Jahrzeitamt« und der »Jahrzeitmeisterin« die Rede. — Die »Jahrzeitmeisterin« führte wohl das »Jahrzeitenbuch« oder »Anniversarienbuch«.

12 Z. B. *Miller*, Regesten, Nr. 461, 464—466 (alle aus dem Jahre 1412).

13 *Ebd.*, Nr. 474 (1415): eine Stiftung von 5 Pfund Hellern.

Herrn am Palmtag[14] oder für das Licht vor dem hl. Antonius[15]. Solche Zuwendungen standen unter der Kontrolle des »Küsteramtes« im Kloster[16]. Derlei Vermächtnisse, die zwar mit Gegenleistungen verbunden waren, brachten dem Kloster feste Einkünfte ein, die den Besitzstand mehrten und die Kasse des Hauses aufbesserten.

Die gewichtigste Veränderung im Besitzerwerb war die Zuwendung von Besitz und Einkommen an die einzelne Schwester. Zu Beginn des 14. Jahrhunderts war den Schwestern ein kleines privates »depositum« zugestanden[17]. Die tatsächliche selbständige Verfügung über Besitz ging über dieses Zugeständnis jedoch weit hinaus und bedeutete eine ernste Gefährdung der klösterlichen Gemeinschaft. Freilich ist Söflingen dabei keine Einzelerscheinung. Zuwendung von Privatbesitz und freie Verfügung darüber ist die Normalerscheinung im spätmittelalterlichen Kloster[18]. Die persönliche Zuwendung von Leibrenten (das »Leibgeding«) setzte in Söflingen im frühen 14. Jahrhundert ein. Schwestern erhielten danach von ihrer Familie, von Verwandten oder anderen Wohltätern bestimmte Güter und deren Erträgnisse zugewiesen, die erst nach dem Tode der Schwestern in den Besitz des Klosters kamen oder — was in Söflingen ebenfalls vorkam — dann an verwandte Schwestern im Kloster weitergegeben werden mußten. Der früheste Beleg solcher Zuwendung findet sich in einer Söflinger Urkunde aus dem Jahr 1310. Damals stiftete die Gemahlin Albrechts von Rechberg dem Kloster Söflingen 20 Pfund Heller. Zwei Pfund davon waren als Leibgeding für die im Kloster lebende leibliche Schwester der Stifterin Mechthild bestimmt[19]. Im gleichen Jahr bestimmte die Nichte der Schwester Mechthild 20 Pfund Heller »für deren Unterhalt und persönlichen Bedarf«[20].

Von den zahlreichen Stiftungen dieser Art, die sich von Jahr zu Jahr mehrten, seien im folgenden einige besonders erwähnt: Im Jahre 1349 erhielten die beiden Schwestern Elsbeth und Agnes, die aus Schwäbisch Gmünd stammten, zwei Pfund Heller Zins aus einem Ulmer Haus. Für drei weitere Verwandte der Stifterin, die ebenfalls zum Söflinger Konvent gehörten, wurde ein geringerer Zinsanteil bestimmt; weitere Anteile wurden für später ins Kloster eintretende Töchter der Gmünder Familie

14 *Ebd.*, Nr. 479 (1418): 3 Pfund Heller.

15 *Ebd.*, Nr. 511 (1423).

16 Vgl. *Miller*, Regesten, Nr. 334, 474 u. a.; das Küsteramt (Custorei) war der Kustorin anvertraut.

17 Vgl. oben, S. 50.

18 Die Tatsache läßt sich aus jeder Klostergeschichte belegen; für die oberdeutsche Franziskanerprovinz vgl. *C. Schmitz*, Die Zustände der süddeutschen Konventualen am Ausgang des Mittelalters, Düsseldorf 1914.

19 *UUB* I, Nr. 249 (S. 305 f.); *Miller*, Regesten, Nr. 172.

20 *UUB* I, Nr. 250 (S. 306 f.); *Miller*, Regesten, Nr. 173.

festgelegt[21]. Der Gmünder Bürger Peter von Rinderbach vermachte seinen beiden Tanten, Trutten und Margarethen in Söflingen, jährlich 15 Schilling und zwei Weihnachtshühner aus einem Ulmer Haus[22]. In Verbindung mit einer Jahrtagsstiftung vermachte der Ulmer Bürger Johannes der Rote im Jahre 1358 seiner Schwester Katharina im Kloster Söflingen zehn Schillinge auf Lebenszeit[23]. Seine Güter in Scharenstetten übergab Graf Ulrich von Helfenstein seiner Tochter Anna, Klosterfrau in Söflingen, im Jahre 1360 mit der Verfügung, daß sie nach ihrem Tode in den Besitz des Klosters übergehen sollten[24]. Für die Schwestern aus der Familie von Truhendingen wurden im Jahr 1362 Gülten aus verschiedenen Gütern der Familie festgelegt: Nach deren Tode sollten die Einkünfte einer Schwester aus der Familie vom Stain oder Nächstverwandten zukommen[25].

Gerade an solchen Vermächtnissen zeigt sich, wie Familienbesitz ins Kloster mitgegeben wird, dort aber in der Verfügung eines Familienmitgliedes bleibt und sogar auf spätere Familienangehörige im Kloster vererbt werden kann. Das Kloster wird deutlich zur Versorgungsstätte für die Töchter der schwäbischen Ministerialenfamilien und reichsstädtischer Patrizier. Es entwickelt sich zu jenem Institut, das am Ende des 15. Jahrhunderts als des »gemeinen Adels Spital« bezeichnet wurde[26]. Von daher ist es auch zu verstehen, daß manche Aufnahme ins Kloster von einflußreichen und mächtigen Familien erzwungen wurde[27].

Diese Entwicklung brachte es dahin, daß neben dem gemeinsamen Besitz des Klosters stattlicher Privatbesitz in den Händen einzelner Schwestern lag. Die Verfügung und der Umgang mit solchem Privatbesitz lassen sich wiederum aus einigen Urkunden erhellen: Am 11. November 1362 beurkundete Schwester Adelheid aus Esslingen, daß sie mit Erlaubnis von Äbtissin und Konvent aus ihren Einkünften jährlich zwei Pfund Heller für den Tisch des Konventes am Jahrtag ihres Onkels ausgeben wolle, dazu

21 *UUB* II, Nr. 343 (S. 344 f.); *Miller*, Regesten, Nr. 289.

22 *UUB* II, Nr. 525 (S. 488); *Miller*, Regesten, Nr. 318.

23 *UUB* II, Nr. 532 (S. 492); *Miller*, Regesten, Nr. 319; dazu *UUB* II, Nr. 556 (S. 510) und *Miller*, Regesten, Nr. 322.

24 *Miller*, Regesten, Nr. 323.

25 Ebd., Nr. 334. — Urkunden gleichen Inhalts aus den Jahren 1362 (*ebd.*, Nr. 325); 1366 (Nr. 347); 1367 (Nr. 351); 1368 (Nr. 357); 1369 (Nr. 361); 1370 (Nr. 363); 1372 (Nr. 367); 1373 (Nr. 368); 1383 (Nr. 396); 1388 (Nr. 404); 1389 (Nr. 406); 1391 (410); 1392 (412); 1393 (Nr. 421); 1399 (Nr. 430—431).

26 In einem Schreiben an Bürgermeister und Rat zu Ulm vom 1. Sept. 1485: *Miller*, Söflinger Briefe, S. 54.

27 Am 29. Oktober 1356 (*UUB* II, Nr. 482, S. 452 f.; *Miller*, Regesten, Nr. 309) wehrt sich das Kloster gegen einen solchen Vorgang: »es sei in Söflingen noch nie eine Frau von des Reichs wegen aufgenommen worden.«

zwei Schillinge und ein Pfund für »ein Licht auf dem Lebhaus«[28]. Zwischen dem Kloster und der einzelnen Schwester werden also Rechtsgeschäfte abgeschlossen. Um Schaden, »der wegen des Landesunfriedens über das Kloster gekommen war«, wieder gut zu machen, verkauften Äbtissin und Konvent im Jahre 1380 an die beiden Schwestern Margaretha und Afra aus der Ulmer Familie der Besserer Güter im Wert von 64 Pfund Heller. An sechs weitere Schwestern des Klosters ging Besitz im Wert von mehr als 40 Pfund Heller[29]. Im Jahre 1414 kaufte das Kloster Güter in Dellmensingen, die es Jahre zuvor veräußert hatte, zurück. Am Aufbringen der Kaufsumme beteiligten sich 29 Klosterfrauen mit ihren Einkünften; das Kloster hatte von da an diesen Schwestern und zwei als Erben eingesetzten Schwestern jährlich 32 Pfund Heller Zinsen zu zahlen[30]. Als im Jahre 1449 die Württemberger den Söflinger Besitz in Heimbach bei Esslingen zerstört und verwüstet hatten, konnte das Kloster seine Güter wiederum nur mit Hilfe einer Anleihe bei seinen eigenen Schwestern neu aufbauen: 586 Pfund Heller stellten 21 Schwestern im Jahre 1452 dafür zur Verfügung und erhielten danach aus dem Striebelhof 27 Pfund und zehn Schilling Heller als Zins[31]. — Dieses freie Verfügen über Besitz und Einkommen zeigt eine weitreichende Verselbständigung der Schwestern, die eher zu Art und Stil des freien Stiftes als zu einem Kloster passen. Andererseits verraten aber die eben angeführten Abmachungen doch noch Verantwortung der Schwestern für ihr Kloster, ein Bewußtsein und ein gemeinsames Wollen der Schwestern, das sich in den kommenden Jahrzehnten der Reform als besonders hartnäckig erweisen sollte. In der Reformbegründung spielte gerade diese Art des Privatbesitzes der Schwestern eine wichtige Rolle.

Eine Verselbständigung des Klosters und bewußte Eigenmächtigkeit darf möglicherweise auch aus einigen anderen überlieferten Nachrichten herausgelesen werden. Schon für die frühere Zeit des Klosters konnte die Stellung seines Kaplans nicht ganz sicher ausgemacht werden. Der Normalfall sieht als Seelsorger Priester aus der oberdeutschen Minoritenprovinz vor. Als deren Gehilfen und Vertreter konnten auch Weltpriester angenommen werden, die dann den Konversen zugerechnet wurden. Daß das Konverseninstitut im Laufe des späten 14. Jahrhunderts aus der Geschichte Söflingens verschwunden ist, wurde schon gesagt. Dieser Wandel hat vielleicht zu einer neuen Art von Kaplänen geführt. Schon im Jahre 1327 verliehen Äbtissin Kunigunde und der Konvent die Kirche zu Harthausen

28 *Miller*, Regesten, Nr. 335. 29 *Ebd.*, Nr. 380.

30 *Ebd.*, Nr. 470; es waren drei Höfe, die das Kloster zuvor an den Ungelter in Ulm verpfändet hatte.

31 *Miller*, Regesten, Nr. 575.

»ihrem Kaplan Ulrich«[32]. Im Jahre 1354 versprachen die Schwestern eine jährliche Jahrzeit für ihren Kaplan Heinrich, der ihnen jährlich drei Pfund Heller »auf den Tisch« gestiftet hatte[33]. Heinrich muß ein Klosterkaplan mit Besitz und festen Einkünften gewesen sein. Gegen Ende des 14. Jahrhunderts erscheint in den Söflinger Urkunden ein Klosterkaplan Heinrich von Westerstetten[34]. Kam er aus der Familie der Herren von Westerstetten, die auch ihre Töchter im Söflinger Kloster untergebracht hatte? Wenige Jahre später bezeugen die Urkunden einen Kaplan Heinrich Muntscheller[35]. Möglicherweise hat sich der Konvent also »standesgemäße« Kapläne gewählt, die neben den Franziskanern für die Schwestern sorgten. Ob diese eigenen Seelsorger nicht das Dekret des Ordensprotektors Franziskus Carbonari aus dem Jahr 1401 veranlaßt haben, das den Schwestern bei Strafe des Bannes auferlegte, den Visitatoren aus dem Orden zu gehorchen?[36]

Ebenso selbstbewußt trat das Kloster auch in seiner Stellung gegenüber der Stadt Ulm und ihren Forderungen im 15. Jahrhundert auf[37]. Im Jahre 1400 kam es zum Vergleich über die Ulmer Pfarrechte in Söflingen, bei dem der Augsburger Generalvikar als Schiedsrichter wirkte[38]. In acht Punkten wurden dabei die Söflinger Angelegenheiten geregelt. Einer dieser Punkte gestand dem Kaplan von Söflingen die Spendung der Sakramente im Notfall in der Söflinger St. Jakobs- und Lorenzkapelle zu[39]. Im Jahre 1422 zitierte der Offizial von Konstanz Äbtissin und Konvent in päpstlichem Auftrag vor das geistliche Gericht wegen Streitigkeiten mit dem Ulmer Pfarrer Ulrich Geßler[40].

Zu besonderer Dienstleistung zog die Stadt Ulm die Söflinger im Jahre 1444 heran. Bürgermeister und Rat der Stadt Ulm forderten durch Wilhelm Rot und Hans Wirtemberg, die Pfleger des Klosters, vom Kloster Söflingen täglich zwei Karrenfuhrfronen, »die aus guter Freundschaft und Entgegenkommen der Stadt gegenüber zu leisten seien«. Die Söflinger

32 *Ebd.*, Nr. 235; als Zeuge ist genannt ein »Bruder Heinrich von Burlafingen, unser Bruder«, also ein zu Söflingen gehörender Konverse.

33 *UUB* II, Nr. 437 (S. 412); *Miller*, Regesten, Nr. 303. Die Stiftung kam aus einer Wiese, die der Kaplan um 93 Pfund gekauft hatte.

34 *Miller*, Regesten, Nr. 414; er tritt in einem Rechtsstreit als Anwalt des Klosters auf.

35 *Miller*, Regesten, Nr. 439 (von 1401); Nr. 442 (von 1402); beidemale geht es um Landbesitz des Kaplans.

36 *Miller*, Regesten, Nr. 435. Carbonari war Ordensprotektor von 1390—1405.

37 Schon im Jahre 1397 mußte die Stadt Ulm die Söflinger Bürger an ihre Steuerpflicht erinnern: *Miller*, Regesten, Nr. 377.

38 *Ebd.*, Nr. 434 (*StA Ulm*, Rep. II von 1692, fol. 807 b).

39 *Miller*, Regesten, Nr. 445: Bestätigung durch Bischof Marquart von Konstanz.

40 *Ebd.*, Nr. 5049, *(StA Ulm*, Rep. II von 1692, fol. 809 b); Pfarrer Geßler erwähnt bei *Geiger*, Reichsstadt Ulm, S. 124, 129.

Untertanen wehrten sich zunächst, »da sie zu solchem Frondienst bisher vom Kloster und seinen Amtsleuten nicht herangezogen worden seien«. Das Kloster selbst drang jedoch auf die Erfüllung der städtischen Forderung, und dank der Überredungskunst des Söflinger Hofmeisters Lienhart Schwarz und des Amtmannes Jerg Sürlin waren die Söflinger schließlich zur Fronleistung bereit[41].

2. Die franziskanische Reformbewegung

Streit um das eigentliche Wollen des Franz von Assisi kennzeichnet die franziskanische Ordensgeschichte von Anfang an. Eigentliches Streitobjekt war dabei die Armut und ihre Verwirklichung im Orden. Die von der Regel geforderte Armut auch in der Gemeinschaft, das Leben »sine possessione, sine redditibus«, wurde früh durch geschickte päpstliche Regelerklärungen umgangen, die eine vertretbare Verwirklichung der franziskanischen Armut ermöglichten. Die Erschütterungen des Ordens, die die Auseinandersetzungen um das Armutsideal heraufbeschworen hatten, wirkten sich in Deutschland weniger aus. Hier hatten sich die Klöster auf der gemäßigten Mitte angesiedelt und waren dann auf diesem Gefälle weitergegangen. Gemeinsamer Besitz und feste Einkünfte wurden hier als mit der Armutsforderung vereinbar angesehen. Das Ulmer Franziskanerkloster bietet selbst ein anschauliches Beispiel dieser Entwicklung und kann dabei stellvertretend für die Klöster der oberdeutschen Minoritenprovinz genannt werden[42]. Dazu zeigte sich auch in den Franziskanerklöstern die weitere Konsequenz: persönlicher Besitz wurde als allgemeine Zeiterscheinung geduldet.

Eine ernste Anfechtung dieser Interpretation des franziskanischen Lebens kam nicht aus den Reihen der Ordensprovinz. Sie drang nach Deutschland von außen her. In Italien hatten sich gegen Ende des 14. Jahrhunderts reformerische Kräfte in der sogenannten Observanzbewegung gesammelt. Ihr Anliegen war die Rückkehr zur ursprünglichen franziskanischen Strenge. Die konkrete Forderung dabei lautete: Verzicht auf jedes Privateigentum und auf gemeinsamen Besitz mit festen Einkünften. Von Italien aus breiteten sich die Observanten zunächst nach Spanien und Frankreich aus. Einer ihrer einflußreichen und eifernden Vertreter, Johan-

41 *Miller*, Regesten, Nr. 558. Die Erneuerung der Fronpflicht geschah im Jahre 1491.
42 *I. W. Frank*, Franziskaner und Dominikaner im vorreformatorischen Ulm, S. 103 bis 147.

nes von Capestrano (1386—1456), hatte 1454 auch in Ulm gepredigt[43]. Auf einer Predigtreise durch Süddeutschland warb er für die Ordensreform durch seinen Aufruf zum Anschluß an die neue Observanz[44].

Die Reform des Franziskanerordens wurde zusätzlich auch von äußeren Faktoren vorangetrieben. Dazu gehörten die Auswirkungen des »Schwarzen Todes« der Jahre 1348—1349 in ganz Europa. Die jähe Katastrophe führte zur Orientierungslosigkeit. Stark dezimierte Klöster und Ordensverbände standen hilflos und sich selbst überlassen da. Das nach 1378 ausgebrochene Papstschisma teilte dann Klöster, Provinzen und den Orden in zwei Papstgefolgschaften, die Anhänger Urbans VI. oder Clemens VII. All das wirkte innerhalb des Ordens zum Erstarken des Reformwillens, der die Observanten zusammenschloß. So entstand unter den Franziskanern praktisch ein Orden im Orden[45]. Das Konzil von Konstanz folgte im Jahr 1415 dieser Entwicklung: Die Observanten sollten sich innerhalb der vorhandenen Ordensorganisation zusammenschließen dürfen und auf Provinzebene von einem eigenen Provinzvikar, auf Ordensebene von einem Generalvikar geleitet werden. Diese Oberen mußten vom zuständigen Konventualenprovinzial und dem Generalminister des ganzen Ordens bestätigt werden; im übrigen sollten die Observanten selbständig sein. Darüber hinaus verlangte das Konzil, daß in jeder Ordensprovinz wenigstens zwei Klöster den Observanten überlassen werden müßten[46]. Praktisch war damit die Trennung der Franziskaner in zwei selbständige Ordensfamilien festgeschrieben. Im Jahre 1517 zog Papst Leo X. die kirchenrechtliche Konsequenz und gab jedem Teil — den *Konventualen* und den *Observanten* — seine Selbständigkeit[47].

Als das Konzil von Konstanz seine für den Franziskanerorden folgenreiche Entscheidung getroffen hatte, war die Observanz noch nicht bis in die oberdeutsche Ordensprovinz vorgedrungen. Erst gute zehn Jahre später tat sich ihr hier eine Tür auf. Wegbereiter war kein Kloster oder Ordensreformer, sondern Kurfürst Ludwig von der Pfalz, genauer dessen zweite Gemahlin, die savoyische Prinzessin Mechthild[48]. In ihrer Heimat

43 *J. Hofer*, Johannes Kapistran. Ein Leben im Kampf um die Reform der Kirche, 2. Aufl. bearbeitet von O. Bonmann, Heidelberg 1964/65.

44 Nach *Eubel* (Geschichte, S. 62) soll das Kloster Amberg unter seinem Einfluß zur Observanz gekommen sein.

45 Zu den Parallelen in den übrigen Orden vgl. *K. S. Frank*, Grundzüge der Geschichte des christlichen Mönchtums, Darmstadt 1975, S. 109—123.

46 *Holzapfel*, Handbuch, S. 103—106.

47 Am 29. Mai 1517 mit der Bulle »Ite vos in vineam meam«. Die päpstliche Bulle vereinigte die verschiedenen Reformgruppen als Franziskanerobservanten; die Konventualen bildeten von da an die Minderheit.

48 Nach *Glaßberger* (Chronica, S. 283) traten zwei ihrer leiblichen Schwestern in ein Reformkloster der hl. Coleta ein.

hatte sie die Observanten kennengelernt. Unter ihrem Einfluß übergab der Kurfürst im Jahre 1426 das Kloster in Heidelberg den Observanten, die aus der französischen Ordensprovinz Touraine gerufen wurden[49]. Nikolaus Caroli war der Obere der Observantengruppe, der zum ersten Mann der Reform in der oberdeutschen Franziskanerprovinz werden sollte[50]. Da auch das Konzil von Basel sich der franziskanischen Reform annahm, konnten in den nächsten Jahren weitere Konvente von den Observanten übernommen werden: 1435 Ruffach/Elsaß, Pforzheim und Basel (1443). Die vier reformierten Konvente wurden 1445 unter Nikolaus Caroli zu einer Einheit zusammengefaßt. Nachdem die Observanten in den folgenden Jahren auch die Klöster Tübingen und Nürnberg gewonnen hatten, wurde eine Observantenvikarie im Bereich der Oberdeutschen Ordensprovinz errichtet und Nikolaus Caroli zum Vikar ernannt. Von dieser sicheren Basis aus konnten sich die Observanten weiter ausbreiten: Amberg (1452), Weißenburg/Elsaß (1459), Bamberg (1460), Kaisersberg/Elsaß (1462), Heilbronn (1465), Ingolstadt und Landshut (1466) usw. Am Ende des 15. Jahrhunderts — 1484 war Ulm übernommen worden — hatten die Observanten neunzehn alte Konvente besetzt, neun neue Klöster kamen hinzu. Diese wurden nach der Trennung der beiden Ordensfamilien (1517) in der oberdeutschen Observantenprovinz zusammengefaßt, die nun im süddeutschen Raum neben der oberdeutschen Konventualenprovinz bestand[51].

Nikolaus Caroli und die Seinen konnten für die Observanz außerordentliche Erfolge verbuchen. Das darf jedoch nicht einfach dem großen religiösen Eifer und der Anziehungskraft eines erbaulichen Ordenslebens zugeschrieben werden. Bei der Übernahme der alten Konvente, der sich die bisherigen Bewohner immer heftig widersetzten, spielten andere Kräfte die entscheidende Rolle: Die geistlichen und weltlichen Landesherren erhoben sich zu Schützern und Förderern der Observanz. Der Erzbischof von Mainz, der Bischof von Bamberg, die Pfälzer Kurfürsten, der bayerische und württembergische Herzog, der Markgraf von Baden und nicht zuletzt »Bürgermeister und Rat« der Städte stellten sich auf die Seite der Observanten und machten die Reform der Klöster in ihren Ländern zur eigenen Sache, was durchaus als Zeugnis ihres kirchlich-religiösen Einsatzes gewertet werden darf. Daneben gab es freilich auch andere Gründe: Persönliche Beziehungen zu den Reformern oder etwa handfeste wirtschaftliche Überlegungen. Da die Observanz zur Besitzlosigkeit zurückkehren wollte, konn-

49 *Eubel*, Geschichte, S. 61.

50 *Glaßberger*, Chronica, S. 284 f.; *DA Rottenburg*, Söflinger Seelbuch, 3. Woche, S. 7: Bruder Nicolaus Caroli.

51 *Eubel*, Geschichte, S. 61 f.

ten die Landesherren und Städte über den Besitz der Klöster verfügen. In Heidelberg wurde der Besitz der Franziskaner der Hl. Geistkirche, der Pfarrkirche St. Peter und den Augustinern zugewiesen; in Pforzheim und Ulm fiel der Klosterbesitz größtenteils an das Heiliggeist-Spital. Der bayerische Herzog benutzte das freigewordene Klostergut zur Errichtung seiner neuen Universität in Ingolstadt. In Freiburg/Br., das erst 1515 unter eindeutiger Gewaltanwendung reformiert wurde, fielen die Güter an die Stadt[52]. Die reformierenden Landesherren übernahmen danach die Unterhaltspflicht der Observantenklöster, was diese in neue Abhängigkeit zwang und die Oberen zu ständigen Bettlern an den Rathaus- und Schloßtüren machte.

Im Kampf um die Klöster waren die Konventualen eindeutig unterlegen. Sie konnten sich nur in wenigen Konventen halten, dort allerdings auch nicht jeder Reform verschließen. Sie gingen dabei zwar nicht bis zur völligen Besitzentäußerung, sondern hielten sich in der Besitzfrage an päpstliche Regelerklärungen, die ihnen Einkünfte und deren Nutzung gestattete. Besonders Papst Martins V. (1417—1431) Erklärung »Ad statum Ordinis Minorum« aus dem Jahr 1430 war ihnen hilfreich; das päpstliche Schreiben wurde zur »Magna charta« der Konventualen[53], nachdem es in der Besitzfrage in genanntem Sinn entschieden hatte[54]. Die Konventualen in Süddeutschland stellten sich auf diese Seite und versuchten mit verschiedenen Disziplinarmaßnahmen den allgemeinen Reformanforderungen nachzukommen. Dafür traten die Provinziale der oberdeutschen Provinz ein, die sich eindeutig zur Partei der Konventualen bekannten und offiziell auch die Oberen der Observanten waren. Es waren Jodok Langenberg (1415—1438), Konrad Bömlin (1438—1449), Johannes Gnybe (1449—1464), Heinrich Karrer (1464—1483) und Georg Summer (1483—1498), die damals die geteilte Provinz zu regieren hatten[55].

Von der Expansion der Observanten im oberdeutschen Provinzgebiet her ist die Klarissenreform zu verstehen. Allerdings stand die Reform der Observanten dabei vor anderen Gegebenheiten. An die Übernahme der radikalen Reform nach dem Programm Coletas dachte hier niemand, so wenig wie an eine eindeutige Hinwendung zur Armutsforderung der

52 *Ebd.*; *H. Hansjakob*, St. Martin zu Freiburg als Kloster und Pfarrei, Freiburg 1880.
53 *Holzapfel*, Handbuch, S. 114.
54 *BF* VII, S. 739: »Usus reddituum et possessionum seu bonorum immobilium« liegen beim einzelnen Kloster, das eigentliche Eigentumsrecht beim Apostolischen Stuhl. Erst das Konzil von Trient verzichtete auf die darin enthaltene Fiktion und gab den Konventualen das volle Besitzrecht.
55 Liste der Provinzialoberen bei *Eubel*, Geschichte, S. 165—167.

Ordensgründerin Klara. Die völlige Besitzlosigkeit der Klarissenklöster wurde nicht gefordert. Die angestrebte Reform der Schwestern stellte sich von Anfang an auf die Regel Urbans IV. ein und konnte nur die beiden Forderungen aufstellen: Rückkehr zu dieser Regel und Abstellung offensichtlicher Mißstände in den Frauenklöstern. Ein solches Programm hätte auch von den Konventualen unterschrieben und durchgeführt werden können. Aber nun waren die Observanten die stärkeren. Sie drängten nach der »cura monialium« in ihrem Bereich. Letztlich ging es bei der Reform der süddeutschen Klarissenklöster um die Frage ihrer rechtlichen Zugehörigkeit und Abhängigkeit. Die Mitwirkung kirchlicher und weltlicher Kräfte an der Reform der Frauenklöster geschah auf Drängen der Observanten.

Die Reform der Klarissenklöster im Provinzgebiet begann im Jahre 1441 im elsässischen Alspach, das 1445 der Observanz unterstellt wurde; Nikolaus Caroli übernahm die »visitatio und procuratio« des Klosters[56]. Zwei Jahre später unterstellten sich die Klarissen vom Kloster Gnadental in Basel Nikolaus Caroli[57]. Alspach galt dabei als Musterkloster, wie auch für das 1456 reformierte Kloster in Trier[58]. Im Jahre 1456 schickte Nikolaus Caroli Alspacher Schwestern zur Reform des Heilbronner Klarissenklosters, das mit Hilfe der Stadt gewaltsam der Observanz zugeführt wurde[59]. Ohne unmittelbaren Zusammenhang mit dem elsässischen Reformkloster wurde im Jahre 1452 das Klarissenkloster in Nürnberg den Observanten unterstellt[60]. Kardinal Nikolaus von Kues — als Bischof von Brixen — rief 1455 reformierte Klarissen aus Nürnberg nach Brixen, die dort das Reformwerk durchführen sollten[61]. Das Brixener Klarissenkloster wurde dabei aus dem Verband der österreichischen Minoritenprovinz gelöst und der oberdeutschen Provinz unterstellt. Allerdings gefährdete der bald danach ausbrechende Streit zwischen dem Kardinal und Herzog Sigismund — unmittelbarer Anlaß der Auseinandersetzung war die Reform des Benediktinerinnenklosters Sonnenburg im Pustertal — den Bestand des Klosters. Da die Klarissen sich eindeutig auf die Seite des Kardinals

56 Alem. Fr. 5 (1959), S. 84—107.

57 *Degler-Spengler*, Gnadental, S. 72—79. — Im Gegensatz zum Kloster Gnadental gelang die Reform des zweiten Klarissenklosters in Basel, St. Clara in Kleinbasel, nicht; vgl. *Gerz-von Büren*, Kleinbasel, S. 96 f.

58 *Degler-Spengler*, Gnadental, S. 75.

59 Die Geschichte des Klarissenklosters Heilbronn ist noch nicht bearbeitet; Hinweise zur Reform bei *Miller*, Söflinger Briefe, S. 28 f.

60 *J. Kist*, Das Klarissenkloster in Nürnberg zu Beginn des 16. Jahrhunderts, S. 52 bis 63. — Die letzte Äbtissin des reformierten Klosters war die bekannte Charitas Pirckheimer (gest. 1532).

61 *L. Spätling*, Das Klarissenkloster in Brixen, in: Frz. St. 37 (1955), S. 365—388.

stellten, wurden sie 1461 aus Brixen vertrieben. Die ausgewiesenen Schwestern wurden von den Observanten schließlich nach Pfullingen gebracht. Zu Hilfe kam ihnen dabei die Erzherzogin Mechthild, eine Tochter Ludwigs von der Pfalz, der die Observanten nach Heidelberg gebracht hatte. In Pfullingen fanden die Brixener Klarissen eine neue Heimat; gleichzeitig führten sie im dortigen Kloster die Reform durch[62]. Die Reform Pfullingens geht somit auf Nürnberg zurück. Da Pfullinger Schwestern an der Reform Söflingens beteiligt waren, rückt auch der Söflinger Konvent in diese Reformfiliation. Damit ist der ordensgeschichtliche Rahmen für die Söflinger Reform abgesteckt. Auch sie muß vom Ausbreitungs- und Eroberungswillen der Observanten her gesehen werden, zu deren Erfolg kirchliche und weltliche Herrschaft entscheidend mitwirkten[63].

3. Die Reform Söflingens

Söflingen und das Konzil von Basel

Das Wohlwollen des Reformkonzils von Basel (1431—1449) für die franziskanische Observanz wurde schon erwähnt. Die Observanten hatten ihren Einfluß geltend machen können. Dabei wurde auch das Söflinger Kloster in das Blickfeld der Reformer gerückt. Dem Konzil lagen Beschwerden und Klagen über die Klarissen von Söflingen vor. Sie enthielten im wesentlichen den Vorwurf der Klausurverletzung: Franziskaner kämen unter dem Vorwand der Visitation und Seelsorge zu häufig ins Kloster, sie kämen mit jungen Leuten aus der Stadt, die sogar im Kloster übernachteten und durch Unterhaltungen mit den Schwestern, Scherze und Ausgelassenheit die Schwestern an der Beobachtung der Ordensvorschriften hinderten[64].

Es geht um einen einigermaßen konkreten Vorwurf. Klausurverletzungen wurden in jener Zeit auch vom Provinzial Jodok Langenberg gerügt, der mehrfach auf strenge Beobachtung der geltenden Vorschriften drängte[65]. Maßnahmen des eigenen Oberen unterstützen also die Vor-

62 Alem. Fr. 17 (1972), S. 181—184. — Mechthild (1419—1482) war in erster Ehe mit dem Grafen Ludwig von Württemberg verheiratet und Mutter des Grafen Eberhard (im Bart), der bei der Reform des Pfullinger Klosters mitwirkte (wie auch später in Ulm). In 2. Ehe war sie vermählt mit Erzherzog Albrecht von Österreich, lebte aber meist getrennt von ihm in der Hohenberger Residenz Rottenburg/Neckar.

63 Für die Reform war das wichtigste Ergebnis die 1445 verfügte Errichtung einer eigenen Observantenkustodie innerhalb der oberdeutschen Franziskanerprovinz.

64 *Regesta episcoporum Constantiensium* III (1926), Nr. 6909.

65 *Miller*, Söflinger Briefe, S. 23.

würfe des Konzils. Die Feststellung wird allerdings relativiert, wenn man daran denkt, daß auch bei anderen Klöstern solche Vorwürfe erhoben wurden. Sie gehörten offensichtlich zum Argumentationsmaterial der Reformer[66]. Das Basler Konzil beauftragte am 13. Oktober 1434 den Propst Ulrich des Ulmer Augustinerchorherrenstifts St. Michael zu den Wengen, die gemeldeten Mißstände in Söflingen abzustellen[67]. In der uns vorliegenden Fassung gingen die Vorwürfe eigentlich an die Ulmer Franziskaner und junge Leute aus der Stadt — »sie hinderten die Schwestern an ihrem Ordensleben«. Zielte der Angriff des Konzils zunächst auf das Ulmer Franziskanerkloster? Immerhin begab sich der Propst erst zwei Jahre später in das Söflinger Kloster. Am 23. Juli 1436 wollte er dem Konvent den Auftrag des Konzils bekanntgeben. Auch der Provinzial Langenberg weilte damals gerade in Söflingen. Als der Propst diesem, den anwesenden Franziskanern und den Schwestern die Bulle vorlesen wollte, ließen sie ihn gar nicht zu Wort kommen. Sie lärmten und schlossen die Klausur[68]. Drei Tage später wandte sich der Propst schriftlich an die Betroffenen: an den Provinzial, an alle Franziskaner, die Äbtissin und den Konvent von Söflingen und berichtete über den Vorfall vom 23. Juli. Er habe die Vorwürfe des Konzils im Kloster bestätigt gefunden, drang nun auf Einhaltung der Konzilsauflagen und forderte gleichzeitig Bürgermeister und Rat der Stadt Ulm auf — in Erinnerung an ihre besondere Ergebenheit dem Kloster gegenüber —, Söflingen bei der Wiedergewinnung früherer Güter behilflich zu sein[69].

Die Reaktion des Wengenpropstes enthält einige Ungereimtheiten. Warum wartete er zwei Jahre lang mit der Ausführung des Konzilsauftrages? Miller vermutet, er habe die Anwesenheit des Provinzials abwarten wollen[70]. Die Vermutung ist nicht ganz von der Hand zu weisen; sie bestärkt außerdem die Annahme, daß auch Propst Ulrich den eigentlichen Adressaten der Konzilsrüge in den Franziskanern sah. Der Propst will in Söflingen die Vorwürfe des Konzils bestätigt gesehen haben. Aber er hat nur die Anwesenheit des Provinzials und einiger Franziskaner erlebt. Die vom Konzil erhobene Anklage ging weit darüber hinaus. Von einer genauen Untersuchung der dort gerügten Mißstände ist nicht die Rede. Vollends uneinsichtig wird die Ermahnung an die Stadt Ulm. Zwar belegt der Urkundenbestand der folgenden Jahre einige Streitfälle um Söflinger

66 *Schmitz*, Zustände der Franziskanerkonventualen am Ausgang des Mittelalters.
67 Wie Anm. 64.
68 *Miller*, Söflinger Briefe, S. 24.
69 *Miller*, Regesten, Nr. 544.
70 *Miller*, Söflinger Briefe, S. 24.

Güter[71], aber im Jahre 1431 war das Kloster in der Lage, seinen reichen Besitz in Eggingen zu erwerben[72]. Wollte sich der Propst unter diesem Vorwand seines Auftrages entledigen und die Stadt zum Vollstrecker des Konzilsentscheides machen? Die Sorge um den Klosterbesitz wäre dann nur als Wegbereiter für einen weitergehenden Auftrag zu verstehen. Tatsächlich haben am 8. August 1436 Vertreter der Stadt versucht, die Konzilsbulle mit dem Bericht des Wengenpropstes vom 26. Juli dem Söflinger Konvent bekanntzugeben. Auch diesmal wurde durch Lärm und Geschrei — im Chor der Kirche — die Bekanntgabe verhindert. Der im Kloster anwesende Ulmer Guardian und die Franziskaner weigerten sich gleicherweise, die Texte anzuhören — sie beträfen übrigens nur ihre höheren Oberen[73].

Damit war der erste Reformeinbruch in Söflingen gescheitert. Immerhin läßt er die Parteien im Streit um das Kloster deutlich erkennen. Hinter dem Auftrag des Konzils müssen die stark vorandrängenden Observanten gesehen werden. Sie werden weiterhin die treibenden Kräfte der Reform sein. Die Schwestern von Söflingen und mit ihnen die Ulmer Franziskaner und die Oberen der Provinz wehren sich entschieden gegen den Angriff der Observanten. Sie sind freilich in die Lage der Verteidigung gedrängt, aber werden die Verteidigung ihres status quo aufs äußerste betreiben. Die Stadt Ulm übernimmt die Sache der Reform und wird damit zum starken Arm der Franziskanerobservanten. Mit dieser Formierung der Parteien beginnt ein spannendes Ringen um das Söflinger Kloster, ein konfliktreiches Streiten, das gut fünf Jahrzehnte währen wird. Das Klarissenkloster Söflingen wird dabei zum Paradebeispiel der Auseinandersetzungen zwischen Konventualen und Observanten, auf die letztlich die Klosterreformen im ganzen süddeutschen Bereich zurückgeführt werden müssen.

Für beide Parteien mußte es wichtig sein, ihren Einfluß auszubreiten. Die Observanten suchten Hilfe bei der Stadt Ulm. Dem Söflinger Konvent war noch im Vorfeld eine erneute Bestätigung seiner Freiheit gelungen: Kaiser Sigismund hatte am 23. April 1434 von Basel aus die alten Freiheiten des Klosters erneut zugestanden und mit seiner Autorität unterstützt[74].

71 *Miller*, Regesten, Nr. 549—551 (aus dem Jahr 1439).

72 *Ebd.*, Nr. 535.

73 *Ebd.*, Nr. 545; die Bulle sollte der Notar der Diözese Konstanz, Johann Mynner de Litzenbach, verlesen.

74 *Ebd.*, Nr. 542. Besonderes Gewicht erhält dabei die Auflage an die Schirmherren (»die den Landfrieden in Schwaben haltenden Fürsten, Grafen, Herren, Ritter und Knechte, auch die Städte, sonderlich die Stadt Ulm«), das Kloster in seinen Freiheiten und Rechten nicht zu hindern, sondern zu schirmen.

Der zweite Reformversuch

Der erste Reformversuch in Söflingen war zwar gescheitert, aber die Reformer gaben keineswegs auf. Auch innerhalb des Konventes scheinen Unruhe und Zwiespalt aufgekommen zu sein. Bald nach dem vom Basler Konzil gedeckten Eingriff scheint die Äbtissin Barbara von Freyberg abgesetzt worden zu sein. Im Widerstand gegen die Äbtissin zeigte sich möglicherweise die Spannung zwischen Schwestern aus dem Ulmer Patriziat und Schwestern vom Landadel. Die neu eingesetzte Äbtissin Barbara von Rechberg gehörte zwar auch dem Adel an, betonte aber in einem Brief an den Ulmer Stadtschreiber Ambrosius Nithart, »daß ihr Sinn auf das stehe, was von der Stadt sei«[75]. Obwohl sich das Kloster gegen die Reformpläne der Stadt wehrte, war es andererseits doch auf ein gutes Verhältnis zur Stadt bedacht; einer Klärung dieser schwierigen Beziehungen zwischen Kloster und Stadt kam sicher auch die Wahl der Ulmerin Agatha Rüßlin (urkundlich erwähnt 1444—1460) zur Äbtissin in Söflingen entgegen[76]. So mag es ihrem und auch ihrer Nachfolgerin Elisabeth von Züllenhard (urkundlich erwähnt 1461—1466) Geschick und gutem Einvernehmen mit Bürgermeister und Rat von Ulm zu verdanken sein, daß die »Untaten« verschiedener Schwestern aus dem Kloster keine weiteren Kreise zogen und vor allem nicht zum unmittelbaren Anlaß erneuter Reformversuche wurden[77].

Inzwischen hatte jedoch die Sache der Klosterreform in Ulm eine neue Stütze erhalten. Im Jahr 1465 hatten die Ulmer Dominikaner die Reform angenommen und sich auf die Seite der Observanz ihres Ordens begeben[78]. Im neuen Prior, Ludwig Fuchs, fanden die Reformer den führenden Kopf, der die Reformwünsche der Stadt kräftig unterstützte und gezielt auf

[75] *Miller*, Söflinger Briefe, S. 25 f.

[76] *Ebd.*, S. 26 f.

[77] *Miller*, Regesten, Nr. 565. Genannt wird die Schwester Anna Stainerin, »die wegen unsinnlicher Worte und sonderlich wohlverschuldeter Sache willen« in das Ulmer Gefängnis gekommen war. Der in den Streit eingreifende Provinzial Konrad Bömlin nennt das Kloster Söflingen als bis »auf diese Zeit geschätzt und das allerehrlichste und würdigste Kloster der Provinz« (*Miller*, Söflinger Briefe, S. 26). Zu einem ähnlichen Fall im Jahr 1463 (Schwester Margaretha Baderin) *ebd.*, S. 27. Im Jahr 1473 erhob die Stadt (durch Bürgermeister und Stadtschreiber) beim Ordensgeneral Klage gegen die beiden Söflinger Schwestern Margarethe und Agatha Rüßlin (vielleicht Nichten der früheren Äbtissin Agatha Rüßlin); dabei ging es wohl um Proteste gegen die Ulmer Reformbemühungen; *ebd.*, S. 34.

[78] *H. Tüchle*, Beiträge zur Geschichte des Ulmer Dominikanerklosters, in: Aus Archiv und Bibliothek, S. 194—207; *I. W. Frank*, Franziskaner und Dominikaner im vorreformatorischen Ulm, bes. S. 125 ff.

die übrigen Ulmer Klöster lenkte[79]. Auch die Klöster rund um Ulm hatten sich den Reformbewegungen ihrer Orden angeschlossen[80]. In der Stadt selbst wurde zunächst die Reform der Augustinerchorherren im Wengenstift betrieben[81]. Um die Ulmer Franziskaner und die Söflinger Klarissen zu reformieren, sollten der Dominikaner Fuchs und sein Provinzvikar Ringelhamer im Jahre 1467 Kaiser Friedrich III. und den Papst für die Ulmer Interessen gewinnen[82]. Schon vorher hatten sich die Ulmer in Heilbronn erkundigt, wie das dortige Franziskaner- und Klarissenkloster reformiert worden waren, wieviel die Reformbulle gekostet hätte, auf welchem Weg sie erreicht worden wäre und mit welchen Mittelsmännern man sicher rechnen könne[83]. Schon diese Anfrage läßt erkennen, daß die Reformer mit allen denkbaren Mitteln zu Wege gehen wollten. Auch in Speyer holten sich die Ulmer in dieser Angelegenheit Rat, mußten freilich erfahren, daß die Stadt Speyer bei den Reformbestrebungen für ihre Klöster in Rom nicht mehr erreichen konnte als die Verpflichtung auf die »Martiniana«, also die Reform innerhalb des Verbandes der Konventualen[84]. — Die Söflinger Klarissen und ihre Helfer waren jedoch den Ulmer Bemühungen zuvorgekommen. Sie erreichten von Kaiser Friedrich III. einen neuen Schutzbrief, der vor allem die Stadt Ulm mit ihren Ansprüchen auf das Kloster zurückwies: Die Stadt dürfe das Kloster in seiner Freiheit nicht hindern noch hindern lassen, vielmehr solle sie das Kloster schützen[85]. Zur Freiheit des Klosters gehörte aber sicher die Entscheidung über dessen innere Lebensform, also über die Zugehörigkeit zu den Konventualen oder Observanten.

Der Kaiser trug dem Abt von Ochsenhausen die Rolle eines Schiedsrichters zwischen der Stadt Ulm, den Franziskanern und den Klarissen auf. Im Auftrag des Kaisers sollte der Benediktinerprälat darüber wachen, daß die Freiheiten der Söflinger Klarissen von allen geachtet würden[86]. In dieser Situation begann jedoch das Söflinger Kloster, sich gefährlich zu

79 *G. Metzger*, Der Dominikanerorden in Württemberg am Ausgang des Mittelalters, in: BllWKG N. F. 46 (1942), S. 4—60; 47 (1943), S. 1—20.

80 In Wiblingen, das zu einem einflußreichen Zentrum der Melker Reform wurde, konnte die Reform vor allem unter Abt Ulrich Hablüzel (1432—1473) gefestigt werden; von Wiblingen wurde in der Mitte des 15. Jahrhunderts die Reform nach Blaubeuren gebracht. Auch Oberelchingen nahm um diese Zeit die Melker Reform an.

81 *Geiger*, Die Reichsstadt Ulm, S. 96—98; *Specker*, Augustinerchorherrenstift, S. 65—73.

82 *Miller*, Söflinger Briefe, S. 29.

83 *Ebd.*, S. 28; durch päpstlichen Entscheid vom 5. Okt. 1465 waren die beiden Klöster durch die Stadt Heilbronn reformiert worden.

84 *StA Ulm*, U 5284. — Zur »Martiniana« vgl. oben, S. 83 Anm. 53 und 54; zum Klarissenkloster Speyer: Alem. Fr. 5 (1959), S. 5—47.

85 *Miller*, Regesten, Nr. 611—613 vom 14. Februar 1467 (aus Wiener Neustadt) und bes. Nr. 614 vom 20. April 1467.

86 *Ebd.*, Nr. 611 (mit 612).

isolieren: Der Provinzial Heinrich Karrer hatte auf dem Provinzialkapitel zu Oppenheim 1468 den allgemeinen Reformansprüchen entgegenkommen wollen und seine ganze Provinz auf die »martinianische Konstitution« verpflichtet[87]. Karrer wollte damit sicherlich das religiöse Leben in seinen Klöstern erneuern, ließ sich bei seinem Vorgehen aber auch von taktischen Erwägungen leiten: Mit der Annahme der päpstlichen Regeldeutung konnten seine Klöster als reformiert gelten, dem weiteren Reformdrängen der Observanten wäre damit der Wind aus den Segeln genommen gewesen. Doch diesem Anspruch widersetzten sich die Söflinger Schwestern, darin von Ulmer Franziskanern unterstützt, die den Schwestern mit strategischen Anweisungen zu Hilfe kamen: Die Entscheidung Papst Martins beziehe sich nur auf die Franziskusregel, nicht aber auf die der Klarissen; der Provinzial könne gegen den Willen der Konventsmehrheit die Äbtissin nicht absetzen; gerade der Provinzial Karrer habe sich häufig mit Weltleuten im Kloster zu dessen Lasten aufgehalten; die Klarissen sollten sich auf die kaiserlichen und päpstlichen Freiheiten berufen und sich auf ihre Pfleger und einen eigenen Notar im Streitfall verlassen[88]. Mit diesem Vorgehen war die Einheitsfront der Reformgegner aufgebrochen. Die Ulmer Franziskaner gehörten in dieser Zeit zu den radikalen Gegnern der gemäßigten Reformanstrengungen ihrer eigenen Mitbrüder. Sie zogen auch das Söflinger Kloster in diese Konfrontation hinein und steuerten mit diesem nun auf gefährlichen Kollisionskurs. Damit war auch der zweite Reformvorstoß nicht zum Ziele gekommen.

Der Sieg der Observanten

Die Söflinger Klarissen glaubten sich danach wohl in Sicherheit. Von etwa 1469 bis zur Durchführung der Reform im Jahre 1484 regierte in Söflingen Christina Strölerin als Äbtissin, die aus einem alten Ulmer Geschlecht stammte[89]. Was aus den Jahren ihrer Regierungszeit bekannt ist, läßt darauf schließen, daß die Söflinger Schwestern weiterlebten wie bisher. Die Praxis des Privatbesitzes der Schwestern blieb erhalten. So verkaufte die Äbtissin mit Zustimmung des Konventes an die beiden

87 Soweit die Konventualen die Reform annahmen, nannte man sie »Martinianer«.

88 Die Aktivitäten der Söflinger und ihrer Helfer zeigen sich in drei Briefen an die Äbtissin aus den Jahren 1467—1468: *Miller*, Söflinger Briefe, S. 122—126; auch das umfangreiche Schriftstück (*ebd.*, Nr. 54, S. 237—240) gehört wohl in diese Zeit und Situation: Ratschläge (eines Barfüßers), die Einführung der martinianischen Reform zu verhindern.

89 *Miller*, Söflinger Briefe, S. 130; aus der gleichen Ulmer Familie waren wenigstens 12 Schwestern in Söflingen (nach dem Seelbuch).

Schwestern Magdalene und Helene von Suntheim im Jahre 1469 den Hof des Klosters in Balmertshofen um 200 Gulden — »um den Ausfall an Wein im Kloster zu decken«[90]. Um die gleiche Zeit erhielten zwei Schwestern von Bernstadt von ihren drei Brüdern je zehn Gulden[91]. Schwester Marta Ehingerin die Ältere bekam fünf Gulden aus zwei Klostergütern[92]. Die gleiche Art großzügiger Zugeständnisse an einzelne Schwestern zeigte schließlich auch der Ordensgeneral Zanetto da Undine, der sich im Frühjahr 1470 in Ulm und Söflingen aufhielt[93]. Der Schwester Magdalene von Suntheim und ihrer Tante, Schwester Anna von Wespach, gewährte er an persönlichen Privilegien: Lossprechung von Übertretungen der Regel und der Statuten durch ihren Beichtvater bis zu sechsmal im Jahr, soweit des Generals Absolutionsvollmacht reiche; selbständige Annahme von Almosen und jährlichen Einkünften, freies Verfügen über Bücher, Stoffe und andere Dinge innerhalb des Franziskaner- und Klarissenordens — also Kauf, Verkauf, Annehmen und Verschenken —, wobei Anna von Wespach ihren Besitz ihrer Nichte vererben kann; sie erhalten eigenen Wohnraum, »den Winkel« in der großen Krankenstube, und können ihn weiter vergeben[94]. Der Ordensgeneral bestätigte in solcher Zusage die Haltung des Söflinger Konventes. Es war keineswegs die Linie der martinianischen Konstitutionen, die sein Verhalten leitete und die die offizielle Praxis der oberdeutschen Konventualen seit 1468 war. Schon eher gleicht sie der von Papst Sixtus IV. (1471—1484) praktizierten Großzügigkeit. In einem 1474 veröffentlichten Privilegienpaket, dem sogenannten »Mare magnum«, gestand dieser den Konventualen weitestgehende Vergünstigungen und Regeldispensen zu[95]. Dem Anspruch auf eigenen Wohnraum mußte sich 1473 auch Heinrich Karrer beugen, als er den beiden Schwestern Agatha und Else vom Stain »den Winkel in der großen Siechenstube« überließ[96]. Die Haltung des Provinzials kann man als Kapitulation vor den Söflinger Verhältnissen bezeichnen, die des Generals als bewußte Unterstützung der Söflinger Praxis.

Nur in einem Punkt scheint der Ordensgeneral ernsthafte Forderungen gestellt zu haben: Die Klausurvorschriften der Regel sind streng zu beachten. Am 24. Februar 1470 richtete er ein Schreiben an Äbtissin und Konvent über die Einhaltung der Klausurgesetze und regelte darin auch

90 *Miller*, Regesten, Nr. 627.
91 *Ebd.*, Nr. 628.
92 *Ebd.*, Nr. 636.
93 Ordensgeneral 1469—1475; zur Visitation in Söflingen: *Miller*, Söflinger Briefe, S. 31—33.
94 *Miller*, Regesten, Nr. 631 a.
95 *Holzapfel*, Handbuch, S. 134.
96 *Miller*, Regesten, Nr. 639.

die Konfliktfälle: Einkleidungsfeierlichkeiten mit ihrem Mehr an Gästen und deren notwendiger Bewirtung, Arztbesuche bei kranken Schwestern, Rechenschaftslegung des Pflegers und des Hofmeisters, die am äußeren Sprechfenster des Klosters erfolgen und nur im Winter in der »großen Stube« stattfinden sollen, wobei aber nichts zum Essen gereicht werden dürfe; Arbeitsanweisung und Besprechung mit den Klosterknechten und schließlich die Verwandtenbesuche[97]. Die Einschärfung der strengen Klausurvorschriften weist darauf hin, daß diese als besondere Eigenart der Klarissen galten — sie sind von ihrer Entstehungszeit an ja die »eingeschlossenen Frauen« — und daß die Söflinger Verhältnisse gerade in diesem Punkt einer Erinnerung bedurften. Der Ordensgeneral verfügte für den Übertretungsfall strengste Sanktionen: Amtsentsetzung, Kerker und Bann für die Äbtissin und die des Deliktes überführten Schwestern[98].

Das Eingreifen des Ordensgenerals in das Leben des Söflinger Klosters konnte die Reformer in keiner Weise zufriedenstellen. Trotz seiner strengen Mahnung zur Klausur hatte er durch seine Zugeständnisse an das Privateigentum der Schwestern und den Freiraum für individuelles Leben innerhalb der Klausur die Söflinger Verhältnisse mit seiner Autorität weithin abgesegnet[99]. Deshalb bot das Kloster für die Reformer Angriffspunkte genug. Die Observanz war keineswegs willens, vor den bislang festen Mauern des Ulmer Franziskanerklosters und des Söflinger Klarissenklosters stehen zu bleiben. Beide Parteien suchten ihre Positionen zu wahren und zu verbessern. Dafür wurde in eifriger Geschäftigkeit der jeweilige Einfluß ausgeweitet, die jeweiligen Beziehungen zu Kaiser und Papst gegeneinander ausgespielt. So ist es zu verstehen, daß die Söflinger Schwestern am 30. Juni 1470 ihre alten kaiserlichen Freiheitsbriefe mit dem Vidimus des Grafen Wilhelm von Kirchberg und des Abtes Ulrich von Wiblingen versehen ließen[100]. Auf der anderen Seite versuchten die Observanten über Graf Eberhard von Württemberg in Rom, ihre Position zu stärken[101]. Seine Verhandlungen in Rom im Jahr 1482 — Miller

97 *Ebd.*, Nr. 632.

98 *Miller*, Söflinger Briefe, S. 33 f.

99 Am 13. Jan. 1470 (*Miller*, Regesten, Nr. 631) bat der Ordensgeneral Bürgermeister und Rat der Stadt Ulm, zum Schutz der zeitlichen Güter des Klosters Söflingen, Pfleger und Schaffner aus den Vornehmsten der Bürgerschaft zu bestellen. Am 31. März 1470 (*ebd.*, Nr. 632 a): Besondere Auszeichnung für den Ulmer Pfarrer Dr. Jodoc Klamer, den er mit seinem Haus in die Gnadengemeinschaft des Ordens aufnahm und ihm gestattete, zwei Franziskaner als seine persönlichen »Kapläne« anzunehmen.

100 *Miller*, Regesten, Nr. 633.

101 Der Sohn der oben erwähnten Erzherzogin Mechthild (Anm. 62).

spricht von »einem von moralischen Bedenken wenig beschwerten Vorgehen« — erbrachten allerdings nicht den gewünschten Erfolg[102]. Sie schlugen eher zu Gunsten der Konventualen aus. Der Papst drängte danach auf die Durchführung der martinianischen Reform in deren Klöstern. Der Provinzial Jörg Summer führte ein Jahr später schließlich seine Klöster in Ulm und Söflingen dieser Reform zu. Damit war Söflingen aus seiner Protesthaltung innerhalb des eigenen Ordensverbandes herausgeholt. Im gleichen Jahr 1483 erreichten die Konventualen mit Hilfe des Kardinals Julian della Rovere eine päpstliche Bulle, die ihre beiden Klöster vor den Observanten schützen sollte. Die Bischöfe von Ostia, Konstanz und Straßburg wurden mit der Wahrung dieses Schutzes beauftragt[103].

Nach dieser päpstlichen Entscheidung zugunsten der Konventualen überrascht es, daß bereits am 14. September 1483 Papst Sixtus IV. eine Bulle gegenteiligen Inhaltes erließ. Der Wandel der päpstlichen Stellungnahme läßt das Treiben der beiden Parteien in Rom erahnen. Die Observanten und die Reformer der Stadt Ulm hatten in Kardinal Gonzaga offensichtlich den einflußreicheren und geschickteren Fürsprecher gefunden[104]. Der Papst beauftragte in der Bulle die beiden Benediktineräbte Heinrich von Blaubeuren und Georg von Hirsau, das Ulmer Franziskanerkloster und das Söflinger Klarissenkloster zu visitieren und auch zu reformieren. Die päpstliche Entscheidung — auf Bitten des Grafen Eberhard von Württemberg und der Stadt Ulm sei sie verfügt worden! — gab den Visitatoren weitgehende Vollmacht: Der Reform widerstrebende Ordensleute sollten aus den Klöstern entfernt, Observanten sollten in die Klöster gebracht und das der Regel nicht entsprechende Vermögen sollte der Kirchenfabrik und auch guten Zwecken zugeführt werden[105].

Von höchster kirchlicher Stelle war damit das Schicksal der Söflinger Klarissen besiegelt: Sie sollten unter die Obedienz der Observanten kommen. Die Unterstützung der weltlichen Gewalt war den Observanten nun sicher. Ihr bisher erfolgloses Bemühen um die beiden Klöster drängte sie zu gründlicher Vorbereitung der Reform. Am 9. Januar 1484 führten die beiden Äbte den päpstlichen Auftrag durch, nachdem ihnen am

102 *Miller*, Söflinger Briefe, S. 37.

103 *Miller*, Regesten, Nr. 656; Julian della Rovere war ein Neffe Sixtus' IV. und der spätere Papst Julius II. (1503—1513).

104 Graf Eberhard von Württemberg, vermählt mit Barbara von Mantua, war der Schwager des Kardinals Gonzaga!

105 *Miller*, Regesten, Nr. 657.

3. Januar in Stuttgart der Inhalt der Bulle vorgetragen worden war[106]. Mit militärisch-polizeilicher Hilfe der Stadt Ulm und unter Gewaltanwendung erfüllten sie ihre Aufgabe. Da die Äbtissin Christina Strölerin mit dem größten Teil ihres Konventes sich nicht den Observanten anschließen wollte, mußten sie das Kloster verlassen. Reformierte Klarissen mit einer Äbtissin waren zuvor aus Pfullingen geholt worden und wurden nun in das Kloster eingeführt, das hinfort zur Observantenvikarie im Bereich der oberdeutschen Minoritenprovinz gehören sollte[107].

In gelungenem Handstreich war damit die Reform des Klosters grundsätzlich vollzogen. Die ausgewiesenen Schwestern zogen in die Sammlung der Franziskanertertiarinnen an der Frauenstraße, wo ihnen eine zweiwöchige Bedenkzeit eingeräumt wurde. Acht Schwestern und fünf Novizinnen kehrten während dieser Frist nach Söflingen zurück und unterstellten sich den Observanten. Die übrigen Schwestern zogen mit der Äbtissin nach Günzburg. Von dort aus strengten sie die Rückkehr in ihr altes Kloster und dessen Rückgabe an die Konventualen an. Es kam zum mehr als zweijährigen Prozessieren und Streiten um die Reform Söflingens. Dabei zeigten sich die Observanten von Anfang an in besserer Position. Schon am 26. Januar 1484 übertrug Kaiser Friedrich III. den Schutz des reformierten Klosters der Stadt Ulm und zwar »kraft ihrer seit alters ausgeübten obrigkeitlichen Rechte«[108]. Am 18. Februar folgte die Bestätigung der Reform durch Papst Sixtus IV.[109]. Die in Rom und Straßburg laufenden Prozesse, dazu die Verhandlungstage (»Tagsatzungen«) in Pfullendorf, St. Gallen und Lindau[110], bewegten fast den ganzen süddeutschen Raum, konnten das »fait accompli« vom 9. Januar 1484 jedoch nicht mehr ändern. Auch ein Versuch der ausgewiesenen Schwe-

106 *Ebd.*, Nr. 661; einer der Zeugen bei der Niederschrift über die vollzogene Reform (23. Januar 1484) war der Tübinger Gabriel Biel, als Propst der Kollegiatkirche in Urach. Mit Hilfe Biels hatte Graf Eberhard die »Brüder vom gemeinsamen Leben« in Württemberg eingeführt. — Anweisungen des Rates zur Durchführung der Reform und das Notariatsinstrument über die vollzogene Reform sind abgedruckt bei *Miller*, Der Streit um die Reform, S. 185—190.

107 Im Anniversarienbuch gedenkt die reformierte Schwesterngemeinschaft dankbar der aus Pfullingen nach Söflingen gekommenen Schwestern (»Reformerinnen«): Anna Heimissin, Katharina von Baden (»Priorissa«), Caecilia von Urach, Elisabeth Wirtschaftin; mehr Namen sind dem unvollständigen Gedenkbuch nicht zu entnehmen. — Die Durchführung der Reform hier nach *Miller*, Söflinger Briefe, S. 38 und *ders.*, Der Streit um die Reform.

108 *Miller*, Regesten, Nr. 662. Der Schutzauftrag wird dabei präzisiert: Die Stadt soll bei der Aufrechterhaltung der Reform nicht behindert, sondern von allen unterstützt werden.

109 *Ebd.*, Nr. 664; wegen bestimmter Formmängel wurde die Bestätigung der Reform durch Papst Innozenz VIII. am 10. Januar 1485 wiederholt.

110 *Miller*, Söflinger Briefe, S. 38; dazu *ders.*, Regesten, Nr. 661—687. *Fabri*, Tractatus, S. 205: »Man kann die Streitereien kaum wiedergeben!«

stern, am 16. November 1485 mit Hilfe ihrer Gönner und Freunde wieder in das alte Kloster zu gelangen, führte nicht zum Ziel; da die Ulmer in Begleitung zahlreicher Bewaffneter erschienen, mußten die Schwestern unverrichteter Dinge wieder abziehen[111].

Erst am 27. Oktober 1486 gelang schließlich der Vergleich. Die streitenden Parteien — die Konventualen, die ausgewiesenen Schwestern, ihre Verwandten und Gönner auf der einen Seite, die Observanten, die Äbtissin Elisabeth Reichnerin und ihre Schwestern auf der anderen Seite — einigten sich und bestätigten Söflingens Verbleib in der Observantenvikarie. Schiedsrichter waren dabei Heinrich von Züllenhard, Vogt zu Göppingen, und der Ulmer Bürgermeister Hans Ehinger von Pfaffenhofen. Die Observanten verpflichteten sich zu einer Schadensersatzleistung an die Konventualen von 5300 Gulden. Von den ausgewiesenen Schwestern sollte jede nach Söflingen zurückkehren können, die sich der Observanz anschließen wollte. Sie würde dann auch wieder ihren Sitz im Kapitel erhalten, und jegliche Diskriminierung dieser Schwestern sollte unterbleiben. Schwestern, die in ein anderes Kloster übertreten wollten, sollten die päpstliche Erlaubnis dafür auf eigene Kosten einholen, vom Kloster Söflingen aber finanzielle Ausstattung und ihr persönliches Eigentum erhalten. Der abgesetzten Äbtissin und zwei anderen Schwestern aus der Gruppe der Reformgegnerinnen wurden sogar Sonderrechte zugestanden: Sie sollten ihre eigene Stube und eine Laienschwester zur Bedienung erhalten[112]. Den so ausgehandelten Vergleich, der vor allem für die Reformgegnerinnen eine Art Ehrenerklärung darstellte, bestätigte Papst Innozenz VIII. am 14. Januar 1487[113].

Das bleibende Ergebnis des Reformvorgangs in Söflingen ist die Zugehörigkeit des Klarissenkonvents zum Verband der oberdeutschen Observanten. Das ganze Reformunternehmen stand von Anfang an unter diesem Ziel. Nur so wird die Geschichte der Söflinger Reform verständlich. Die verschiedenen Anklagen, die gegen das Kloster und seine Schwestern vor und während der Reform erhoben wurden, erscheinen nun in anderem Licht. Der Eindruck, daß sie weithin bloße Vorwände gewesen sind, ist danach nicht mehr von der Hand zu weisen. Die Observanten begründeten ihre Übernahme Söflingens mit verschiedenen Argumenten; sie hatten alle das eine Ziel, die Führung und Betreuung der Schwestern durch die Konventualen als unerträglich darzustellen:

111 *Miller,* Regesten, Nr. 676.

112 Abgedruckt bei *Miller,* Der Streit um die Reform, S. 190—193; siehe auch unten, Anm. 115.

113 *Miller,* Regesten, Nr. 690. — Die Überwachung des päpstlichen Entscheides wird den Bischöfen von Konstanz und Basel und dem Abt des Benediktinerklosters St. Ägidius in Nürnberg übertragen.

a) Verstöße gegen die franziskanische Armut

Söflingen stand als Klarissenkloster der »päpstlichen Regeln« von Anfang an auf dem Boden des Konventualismus. Die Söflinger Schwestern hatten dabei die von der päpstlichen Kurie und von der Ordensleitung geduldete und geförderte Entwicklung bereitwillig mitgemacht. Die Besitzansammlung des Konventes kann ihnen von diesem Standpunkt aus nicht zum Vorwurf gemacht werden. Das haben die Observanten auch nicht unternommen. Selbst unter ihnen blieb Söflingen ein »reiches« Kloster.

Dagegen war der in Söflingen öffentlich praktizierte Brauch des »Privateigentums« ein eindeutiger Verstoß gegen die Ordensgesetzgebung. Söflingen fügte sich dabei zwar in das allgemeine Bild des spätmittelalterlichen Klosterwesens ein, und die Schwestern konnten sich auf allgemein verbreitete Praxis und Zugeständnisse ihrer Oberen berufen, aber dieser Mißstand begründete zweifellos einen Eingriff der Reformer. Mit dem Zugeständnis des Privatbesitzes war eine teilweise Auflösung der »vita communis« ins Söflinger Kloster eingezogen. Auch dabei stellt Söflingen keinen Sonderfall dar; die Ordensoberen duldeten diese Entwicklung[114], und selbst die Observanten gestanden unmittelbar nach der Reform noch derartige Sonderrechte zu[115]. All dies bedeutete einen größeren Freiheitsraum in der Lebensgestaltung der einzelnen Schwester. Er zeigte sich in modischer Kleidung, wie sie der Ulmer Stadtammann Konrad Locher unter seinen Vorwürfen gegen die Söflinger Schwestern aufzählte: »Kleider mit modischen Schwänzen« hätten die Schwestern getragen[116]. Vergleicht man diese Auskunft mit anderen Nachrichten aus Konventualenklöstern, so darf man ihr wohl trauen[117]. Anläßlich der Reform von 1484 wurden in Söflingen tatsächlich bei einigen Schwestern Kleidungsstücke gefunden, die nicht zur »Normalausstattung« einer damaligen Klarisse gehörten: Hemden, spitze Schuhe, ein Mieder, »da man die Brist fein ynschicken und ynkrysen tut«, verzierte Gürtel und Schmucksachen[118]; auch der

114 Vgl. oben (Anm. 94 und 96).

115 So in der Übereinkunft vom 27. Okt. 1486: für die Altäbtissin Christina Strölerin, die Schwestern Els von Züllenhart und Magdalen von Westerstetten werden das »gemach« oder die »stub genannt der Strölerin stub« reserviert (*Miller*, Der Streit um die Reform, S. 191); siehe oben, S. 91.

116 *Miller*, Söflinger Briefe, S. 44.

117 Vgl. *Schmitz*, Zustände, S. 44—47.

118 Aufgeführt bei *Miller*, Söflinger Briefe, S. 118 f. (gefunden in der Stube der Schwester Martha Ehingerin aus der Ulmer Familie der Ehinger; ihr Neffe, der Ulmer Bürgermeister Hans Ehinger, sagte von ihr, »das er irs wesen kain gefallen hette«; *ebd.*, S. 131).

»Himmel« über dem Bett der Schwester Helena von Suntheim war gegen allen Ordensbrauch[119]. Lochers Mitteilung, die Schwestern hätten in den Fastnachtstagen sich Kleider — doch wohl Fastnachtskostüme — entlehnt und getragen, braucht nicht als böswillige Erfindung abgetan zu werden[120]. Auch diese Nachricht fügt sich gut ins Bild eines spätmittelalterlichen Klosters.

Als Verstöße gegen die franziskanische Armut boten diese Fälle reiche Angriffsmöglichkeiten für die Reformer. Da die Beanstandungen im Urkundenmaterial des Klosters und in anderen Zeugnissen aus dem Konvent bestätigt werden, brauchen sie nicht als Verleumdungen zurückgewiesen zu werden. In diesem Bereich waren die Söflinger Schwestern ganz bereitwillig mit der Zeit gegangen. Den Observanten jedoch, denen die neue Zeit gehörte, kamen diese Mißstände gelegen, boten sie doch das nachweisbare Argument für ihr Eingreifen in das Leben des Söflinger Klosters.

b) Klausurverletzung

Felix Fabri, der Zeitgenosse und Befürworter der Söflinger Reform, spricht in seinen recht summarischen Angaben über die Zustände im Söflinger Kloster auch vom »häufigen Eindringen der Weltlichen« in die Klausur[121]. Tatsächlich hatten die Ordensoberen wiederholt die Beobachtung der Klausur eingeschärft und Mißstände gerügt. Die lakonische Nachricht Fabris wird durch Konrad Lochers Mitteilung präzisiert. Nach ihm hatten Geistliche und Laien mit den Frauen im Kloster gegessen, ja sie wären auch bei Nacht und zu anderen Unzeiten ins Kloster »gestiegen«. Was die erste Behauptung angeht, so ist wieder an die Maßnahmen des Ordensgenerals Zanetto da Undine zu erinnern. Er hatte sich im Jahre 1470 veranlaßt gesehen, gemeinsame Mahlzeiten mit Gästen oder Bediensteten des Klosters zu verbieten — doch wohl, weil das im Kloster üblich gewesen war.

Schwerer wiegt der zweite Vorwurf. Freilich ist er nicht so leicht auf seinen Wahrheitsgehalt nachzuprüfen. In der aus Söflingen erhaltenen Korrespondenz stehen aber einige Hinweise, die den Vorwurf unterstützen.

119 *Ebd.*, S. 119 (gefunden bei Schwester Helena von Suntheim, in deren Zimmer man auch »etliche liedlin, in die welt gehörig«, fand).

120 *Miller*, Söflinger Briefe, S. 44, nach Lochers römischem Tagebuch. Lochers Aufzeichnungen, der in Rom die Sache Ulms mitvertrat, sind für das skrupellose und von moralischen Bedenken wenig belastete Vorgehen der Reformpartei aufschlußreich.

121 *Fabri*, Tractatus, S. 137.

Der Geistliche Johannes Schnell schrieb am 23. Januar 1467 oder 1468 an die Söflinger Äbtissin, daß ein Arzt und ein Apothekerknecht bei Nacht versucht hätten, in das Kloster zu »steigen«; Schwestern hätten aber das Eindringen verhindert[122]. Also kann das Unternehmen kaum mit dem Einverständnis der Schwestern geschehen sein, mindestens nicht mit dem aller Schwestern. Auch der Ulmer Franziskaner Jodok Wind mußte sich gegen den Vorwurf wehren, er »stiege stets in das Kloster« zu Schwester Magdalena von Suntheim[123]. Diese Nachrichten lassen erkennen, daß die »eingeschlossenen Schwestern« die überkommenen, strengen Klausurvorschriften zu mäßigen und zu mildern wußten. Bei »Einsteigen« ins Kloster braucht man nicht an heimliches Eindringen zu denken, obwohl die vorher erwähnte Briefmitteilung solches nicht ausschließt. Miller hat aus den Klausurvorschriften, die ein »unteres« und »oberes Tor« vorsahen, den Begriff erklärt: Das »obere Tor«, das ins Gäste- und Sprechzimmer führte, lag hoch und konnte nur mit einer Leiter erreicht werden[124]. Der Besucher mußte also wirklich in das Kloster »steigen«. Der Vorwurf kann sich deshalb nicht gegen die Art gerichtet haben, wie Besucher in das Kloster kamen, sondern nur gegen die Häufigkeit und gegen das Nichtbeachten der vorgesehenen Besuchszeiten. An der Anklage bleibt das eine bestehen: Die Söflinger Schwestern empfingen gerne und häufig Besuche von geistlichen und weltlichen Bekannten[125].

Das führt zu einem weiteren Punkt der »Söflinger Reformgeschichte«: dem Verhältnis einiger Schwestern zu Franziskanern ihrer Ordensprovinz. In einer ausgedehnten Korrespondenz hat es sich niedergeschlagen. Beachtliche Stücke dieser Korrespondenz wurden bei der Reform im Kloster gefunden und beschlagnahmt. Während der unruhigen Jahre nach der Reform bis 1486 wurde jedoch bei den Verhandlungen nie — wenigstens so weit wir es feststellen können — über diese Korrespondenz gesprochen. Sie wurde also nicht als Anklagematerial verwendet. Offensichtlich hatten

122 Brief 4 (*Miller*, Söflinger Briefe, S. 127—129).

123 Brief 26 (*ebd.*, S. 168—170); 27 (S. 170—172). Die hier genannten Personen gehörten zu den führenden Köpfen der Reformgegner. Jodok Wind wurde nach Studium und Lehrtätigkeit im Orden im Jahre 1477 Guardian in Ulm, von 1480—1482 war er dazu Kustos von Schwaben, ab 1482 Lektor und Klarissenbeichtvater in Würzburg, 1487 als Guardian in Schwäbisch Gmünd bezeugt. Danach fehlen weitere Nachrichten (*ebd.*, S. 157—159). — Magdalena von Suntheim (Sontheim) stammte aus adeliger Familie, aus der mehrere Schwestern in Söflingen waren. Mit ihrer Verwandten Helena von Suntheim verließ sie 1484 Söflingen und trat später in das Dominikanerinnenkloster Zofingen bei Konstanz ein (*ebd.*, S. 140).

124 *Miller*, Söflinger Briefe, S. 52 f.

125 *Ebd.*, S. 45. — Man scheint auch in das Kloster gegangen zu sein, um dort Heilbäder zu nehmen. Locher macht das besonders den Franziskanern zum Vorwurf. In der Stube der Schwester Magdalena von Suntheim wurden drei »mansbadhembd« gefunden (*Miller*, Söflinger Briefe, S. 120).

selbst die strengen Observanten darin nichts Belastendes gegen die Schwestern gefunden. Um so mehr überrascht, daß die Briefe in der bisherigen Ulmer Geschichte und weit darüberhinaus recht große Aufmerksamkeit gefunden haben. Als »Amores Soeflingenses« (»Söflinger Liebesbriefe«) sind sie seit der ersten Teilveröffentlichung im Jahre 1875 bekannt geworden und haben in dieser Bekanntheit die Söflinger Schwestern in argen Verruf gebracht[126]. Erst 1940 veröffentlichte Miller alle erhaltenen Briefe und gab ihnen in sorgfältiger Untersuchung die rechte Deutung und Würdigung.

Danach sind die Briefe — es handelt sich um 53 Stücke (Nr. 37 in acht Teilen) — zuerst eine wichtige Quelle für die Zeit der Reform. Sie bieten aufschlußreichen Einblick in das Kloster und seinen Konvent im ausgehenden 15. Jahrhundert — Dokumente also, die zunächst für die Geschichte des Klosters auszuwerten sind. Darüber hinaus mögen sie auch für die Sprachgeschichte interessant sein — »dickschwäbischen Dialekt« schrieb ihnen schon der erste Herausgeber zu. Die wichtigsten Stücke bilden die Korrespondenz zwischen Söflinger Schwestern und Franziskanern der oberdeutschen Ordensprovinz. Sie lassen eine Art geistlicher Freundschaft zwischen den Schwestern Barbara Leutkirchin und dem Provinzial Heinrich Karrer[127], Agatha vom Stain und dem Provinzvikar und nachmaligen Provinzial Jörg Summer[128], Klara von Rietheim und Konrad von Bondorf[129], Genoveva Vetter und dem Custos Johannes Spieß[130] und vor allem der Magdalena von Suntheim und dem zeitweiligen Ulmer Guardian Jodok Wind[131] erkennen. So, wie die Briefe vor uns liegen, ist es zu hoch gegriffen, wenn man sie mit dem anregenden Lehrer-Schülerverhältnis und den geistlichen Freundschaften der deutschen Mystik in Beziehung

126 Durch *A. Birlinger*, in: Alemannia III, S. 86—88, 140—148.

127 Davon sind keine Briefe erhalten; auf die Beziehungen wird in den Briefen 33, 36 a/b, 37, 38, 40 und 41 angespielt (*Miller*, Söflinger Briefe).

128 Auch das ist nur aus den Briefen anderer zu ermitteln; möglicherweise ist Brief 21 von Schwester Agatha an den Provinzvikar gerichtet; die Schwester schreibt darin von einem Hemd, das sie für den Adressaten angefertigt hat, ihm aber nicht schicken will, damit er es selbst abhole.

129 Briefe 38—41 (*Miller*, Söflinger Briefe, S. 199—209).

130 Brief 37 a—h (*ebd.*, S. 193—197).

131 Briefe 23—32 (*ebd.*, S. 157—178); 42—52 (S. 210—234). Alle Briefe sind von Jodok Wind an Magdalena von Suntheim. Sie stehen allerdings weniger für eine geistliche Freundschaft, sondern für eine Verschwörung gegen jede Art von Klosterreform ein; Briefe 33—36 sind von Magdalena an verschiedene Adressaten gerichtet.

setzt[132]. Vielleicht sind sie als blasser Nachklang, als verspielte Erinnerung an diese Verhältnisse aufzufassen. Zu wirklichem Austausch und gegenseitiger Förderung mystischer Erfahrungen hatte es in Söflingen nicht gereicht — im Gegensatz zu anderen Frauenklöstern der Zeit[133]. Die Freundschaften wurden in den Klöstern keineswegs geheimgehalten. Mancher Franziskaner warb auch vergebens um eine geistliche Freundin in Söflingen[134]. Bei anderen Freundespaaren kam es zu einer Art »geistlichen Ehebündnisses«: Die Schwester hatte ein gemaltes Bild ihres geistlichen Freundes[135], man vertauschte die Namensinitialen[136], in den Briefen ließ man den Partner an Freud und Leid des eigenen Lebens teilnehmen bis hin zum unterhaltsamen Plaudern über den Hund Plato, den Jodok Wind von Ulm nach Würzburg mitgenommen hatte[137]. Die Briefe waren gern von kleinen Geschenken begleitet[138]. Die Briefpartner halfen sich gegenseitig auch mit finanziellen Unterstützungen aus[139]. Die gegenseitige Zuneigung wird unverhohlen ausgedrückt: Jodok Wind nennt Magdalena von Suntheim sein »viel minnigliches Lieb«, sein »liebes Fräulein«, sein »herzliebes Weiblein«, sein »treues, liebes Suzelin«. Und Magdalena fürchtet um die Freundschaft mit Wind und erinnert ihn daran, daß sie doch noch »eine ganz saubere Alte« sei[140].

Es erübrigt sich, weiter auf diese Korrespondenz einzugehen. Die Briefe geben das sicher nicht her, was in ihnen so lange vermutet und auch immer wieder behauptet wurde: »Buhlbriefe«, »Briefe voll schmutzigen

132 Vielleicht läßt sich das Verhältnis Heinrich Karrers zu Barbara Leutkirchin noch am ehesten in die mystischen Freundschaftsbündnisse einbeziehen. Allerdings wissen wir von Schwester Barbara fast nichts. Heinrich Karrer reformierte das Klarissenkloster in Villingen und brachte Schwester Ursula Haider (1413—1498), »die letzte schwäbische Mystikerin«, aus dem Kloster Valduna/Vorarlberg dorthin; *Miller*, Söflinger Briefe, S. 85—87; Alem. Fr. 3 (1957), S. 45—76: Klarissen in Villingen.

133 Die geringen Belege mystischer Frömmigkeit und Erfahrung in den Klarissenklöstern sind auffallend. Ursula Haider in Villingen und Magdalena Beuter (1407 bis 1458) in Freiburg/Breisgau sind Ausnahmen. — Auch *Degler-Spengler* und *Gerz-von Büren* stellen für die beiden Klarissenklöster in Basel das Fehlen mystischer Erfahrung fest.

134 Brief 22 (*Miller*, Söflinger Briefe, S. 155—157), vielleicht von Schwester Klara von Rietheim, die mit Konrad von Bondorf in enger Beziehung stand; sie trat nach der Söflinger Reform in das Klarissenkloster Paradies/Schaffhausen ein (*ebd.*, S. 91).

135 In Schwester Helena von Suntheims Zelle fand man »Jakobs Plancken [eines Franziskaners?] antlüt gut abconterfiert« (*Miller*, Söflinger Briefe, S. 119); in Magdalena von Suntheims Zelle »ain tafel, darinn ain münch, Jodokus Wind, conterfiert stat« (*ebd.*, S. 120).

136 *Ebd.*, S. 89 f.

137 Brief 42 (*ebd.*, S. 211).

138 Z. B. Brief 19 (*ebd.*, S. 151 f.): eine Lade; (S. 162—164): Rosen; 28 (S. 172—174): Nüsse; 53 (S. 234—236): Wein und Fische (aus Schaffhausen!).

139 Z. B. Brief 25 (*ebd.*, S. 165—167); 30 (S. 175).

140 Brief 24 (*ebd.*, S. 164).

Inhalts« usw.[141]. Jedoch haben die Briefe und die darin zum Ausdruck kommenden Freundschaftsverhältnisse den Partnern damals wohl wenig geistlichen Gewinn gebracht; eher waren sie geeignet, Rivalitäten und Eifersucht im Konvent zu fördern und die Beteiligten peinlichen Verdächtigungen auszusetzen[142].

c) Vorwurf der Zucht- und Sittenlosigkeit

Felix Fabri spricht davon, das ganze Verhalten des Konvents sei als »große Zuchtlosigkeit« und »ärgerniserregend« zu bezeichnen gewesen[143]. Nun ist das zunächst wieder ein ganz allgemein gehaltener Vorwurf. Außerdem wollten die damaligen Klosterreformer in allen Klöstern »Abscheulichkeiten und Schändlichkeiten« entdeckt haben, die »man gar nicht nennen darf«[144]. Dabei hat der Reformeifer weithin zu Übertreibungen und Verallgemeinerungen gedrängt, »Reformrhetorik« führte die Feder. Für Söflingen wird nun der Vorwurf genauer formuliert: Mehrere Schwestern hätten Kinder gehabt, so Konrad Locher[145], oder in einem lateinischen Schreiben »fere pregnantes omnes (sorores)«[146]. Da »praegnans« tatsächlich »schwanger« heißt, laufen beide Aussagen auf die gleiche Anklage hinaus. In diesem Sinne wurden die Nachrichten bisher mit ziemlicher Eintönigkeit ausgewertet. Johann Christoph Schmid schrieb: »Mehr als die Hälfte [der Klosterfrauen] wurde [bei der Reform] hinausgejagt, von denen die meisten schwanger waren.«[147] Auch hier war es Miller, der den alten Texten den richtigen Sinn zu geben vermochte. Daß »fast alle Schwestern« im Jahre 1484 schwanger gewesen wären, ist einfach eine biologische Unmöglichkeit! Miller wies vor allem überzeugend auf die zeitgenössische deutsche Übersetzung des erwähnten lateinischen Textes hin: Dort wurde aber das »praegnantes« nicht mit »schwanger«

141 Diese Deutung der Freundschaftsverhältnisse legte schon Eberlin in seiner »zweiten Vermahnung an den Rat der Stadt Ulm« (von 1523) fest.

142 Das zeigt sich besonders deutlich in der Korrespondenz zwischen Jodok Wind und Magdalena von Suntheim.

143 *Fabri*, Tractatus, S. 137 f.

144 *Schmitz*, Zustände, S. 9—11.

145 *Miller*, Söflinger Briefe, S. 46.

146 Vom päpstlichen Legaten am kaiserlichen Hof, Bischof von Castelli: *Miller*, Söflinger Briefe, S. 39.

147 *J. Chr. Schmid* (Ulmer Prälat) in der 1817 erschienenen Einleitung zu seiner Ulmer Reformationsgeschichte, S. 12. — Noch *R. Friedenthal* (Luther. Sein Leben und seine Zeit, München 1967, S. 63) über Söflingen und die Reform: »Man jagt die Hälfte der Nonnen, die schwanger sind, hinaus ... Ein Teil der Nonnen geht nach Ulm, wo sie ganz offenbar als Huren leben« (Zit. nach *Geiger*, Die Reichsstadt Ulm, S. 98).

wiedergegeben, sondern mit der Formulierung »schier all widerwärtig«[148]. Damit ist das »praegnantes« in übertragenem Sinne zu verstehen: geschwollen, hochmütig, widerspenstig. Da der Bericht ursprünglich nicht nur von den Klarissen, sondern auch von den Ulmer Franziskanern handelte, bleibt eine andere Deutung schließlich gar nicht übrig.

Nicht viel anders steht es mit dem Vorwurf des Konrad Locher: »von den Schwestern haben mer dann ein kind gehapt«[149]. Wenn Miller dabei an Kinder denkt, die den Schwestern zur Erziehung übergeben wurden, so ist das nicht ganz einsichtig. Dieses Institut stand nie und nirgends zur Anklage. So ist man versucht, einfach an eine beliebte Verleumdung der Eiferer für die Reform zu denken; auch in Straßburg wurde schon 1399 gegen die Klarissen auf dem Roßmarkt dieser Vorwurf erhoben, und im Prozeß konnten die Schwestern beweisen, daß bei ihnen noch keine »mit kindern gegangen sei«[150]. Wo Schwestern wirklich Kindern das Leben geschenkt haben, wurde das als peinliches und strafwürdiges Delikt behandelt[151]. Auch jenen Schwestern, um die es in Ulm zu Prozeß und Anklage gekommen war, darf kaum eine derartige Verfehlung angelastet werden[152]. Im Hin und Her des Streites um die Söflinger Reform wird der Vorwurf nie als gerichtsverwertbare Anklage verwandt. Das ist zweifellos ein ernstzunehmendes Argument.

Von den Vorwürfen grober Unsittlichkeit bleibt aufs Ganze gesehen recht wenig übrig. Söflingen war keineswegs eine verdorbene Klostergemeinschaft; die Klarissen verstanden ihr Ordensleben zweifellos in recht großzügiger Weise und haben ihren eigenen Lebensstil entwickelt, in dem adelige und bürgerlich-vornehme Damen weithin ihr eigenes Leben zu leben wußten; das Ordensleben war der kirchliche Rahmen dafür und mit der Klostergemeinschaft waren sie der spätmittelalterlichen Gesellschaft an günstigem Platz eingefügt. Die Reform — zu der sich ja schließlich

148 *Miller*, Söflinger Briefe, S. 40 f.

149 Zit. *ebd.*, S. 46.

150 *Schmitz*, Zustände, S. 27.

151 Die Generalkapitel der Zisterzienser beschäftigten sich z. B. häufig mit diesem Vergehen (dem puerperium); vgl. *G. Krenig*, Mittelalterliche Frauenklöster nach den Constitutionen von Citeaux unter besonderer Berücksichtigung fränkischer Nonnenkonvente, in: Analecta SO Cist 10 (1954), S. 1—105.

152 Vgl. oben, S. 88, Anm. 77. Dazu fügt sich auch die in Anm. 113 genannte Ehrenerklärung für die Schwestern nach der Reform.

die meisten Schwestern bekehrten[153] — wollte hier die Werte anders geordnet wissen.

4. Das reformierte Kloster

Das entscheidende Ergebnis der Klosterreform von 1484 war die Herauslösung des Söflinger Klarissenklosters aus seinem bisherigen Ordensverband und seine Aufnahme in den neu entstandenen Ordensverband der Observantenvikarie, die nach der Trennung der beiden Ordensfamilien im Jahre 1517 zur oberdeutschen Observantenprovinz wurde. Während der Reform war Johannes von Lindenfels Provinzvikar, der nun zum »ordentlichen Prälaten und Visitator« des Klosters Söflingen wurde[154]. In Schwester Elisabeth Reichnerin aus Pfullingen hatten die Reformer dem Kloster eine neue Äbtissin gegeben[155].

Die Einführung der Observanz zwang das Klarissenkloster Söflingen nun keineswegs dazu, ein armes Kloster zu werden, das auf seinen *Besitz* und seine *Einkünfte* hätte verzichten müssen. Das Urkundenmaterial aus der Zeit nach der Reform weist in wirtschaftlicher und besitzrechtlicher Hinsicht keinen Unterschied zur Zeit vor der Reform auf, freilich unterblieben nun die Zuwendungen an einzelne Schwestern. Auch die reformierte Äbtissin unterschrieb Kaufbriefe und stellte andere Urkunden zur Sicherung des materiellen Besitzes aus. In gleicher Weise blieben ihr die angestammten Herrschaftsrechte. 1490 vergab sie zum Beispiel die Kaplaneipfründe in Ehrenstein an Johannes Aygermann und umschrieb dabei die Rechte und Pflichten des Kaplans[156]. Im gleichen Jahr ließ sie sich die Dienst- und Fronpflicht der Söflinger Untertanen neu bestätigen[157].

153 Nach *Miller* (Söflinger Briefe, S. 58) traten nach der Reform Helena und Magdalena von Suntheim in das Dominikanerinnenkloster Zofingen/Konstanz ein; Klara von Rietheim in das Klarissenkloster Paradies/Schaffhausen; Elsa vom Stain in das Klarissenkloster Klein-Basel und Elisabeth von Züllenhard in das Klarissenkloster Esslingen. Alle drei Klarissenklöster haben sich nicht der Observantenreform angeschlossen.

154 *Miller*, Regesten, Nr. 707 (vom 22. Februar 1492) über Güter- und Besitzverwaltung des Klosters.

155 Sie regierte in Söflingen bis zum Jahre 1508; dann erhielt sie in Cordula von Reischach eine Koadjutorin; sie starb 1513. Das Wohltäterbuch (18. Woche, Mai: *DA Rottenburg)* gedenkt ihrer als »Äbtissin und Reformiererin des Klosters«.

156 *Miller*, Regesten, Nr. 701 (vom 14. Oktober 1490) mit der Unterschrift des Ulmer Pfarrers Dr. Heinrich Neithart. Danach hatte der Kaplan zweimal in der Woche in der Söflinger St. Jakobus- und Lorenzkapelle zu zelebrieren; an diesen Tagen erhielt er vom Kloster die Morgenmahlzeit und ein halbes Maß Wein.

157 *Ebd.*, Nr. 702.

Ein sichtbares, äußeres Zeichen der Erneuerung des Konventes war der *Klosterneubau* im Jahre 1492[158]. Die Kirche blieb in ihrer alten Form erhalten. Die Konventsgebäude aber nahmen damals jene Gestalt an, die das Gesicht des Klosters für die weiteren Jahrhunderte seines Bestehens bestimmen sollte. Was für die erste Klosteranlage vermutet wurde, kann für den Klosterneubau von 1492 sicher ausgesagt werden: An die im Norden liegende Klosterkirche schloß sich gegen Süden die Dreiflügelanlage des Klosters an. Im östlichen Flügel lag an die Kirche anschließend die Küsterei, in der die kirchlichen Geräte und Paramente aufbewahrt wurden. Ein zweiter Raum wird als »Speisgaden« bezeichnet. Nach den aus späterer Zeit erhaltenen Zeichnungen waren beide Räume gewölbt[159]. Die Gewölbe ruhten auf je zwei Stützen. In der Südostecke des Flügels lag das »Pfortenstüblein«. Der Südflügel nahm die Küche und das große, schmale Refektorium (Speisesaal) auf. Im Westflügel fanden der Kapitelsaal, die Kellerei und die Kunkelstube (Raum für gemeinsames Arbeiten) Platz. Diese wichtigen Räume für die Klostergemeinschaft führten an der Innenseite auf den Kreuzgang, der sich im Norden an die Südseite der Kirche lehnte. In dem vom Kreuzgang umfaßten Kreuzgarten standen zwei Brunnen, der Radbrunnen, der frei im Garten stand, und die Brunnenstube, die an den westlichen Kreuzgangflügel anschloß[160].

Im oberen Geschoß lagen in den drei ausgebauten Flügeln die Zellen der Schwestern. Der Plan zeigt 72 kleine Zellen, die zur Außen- und Innenseite lagen. Die Zellen waren wenig mehr als kastenförmige Einbauten. Eine große, spitzbogige Holztonne überdachte die drei Flügel und erinnerte an das ursprüngliche Dormitorium, den gemeinsamen Schlafraum[161]. Im Norden bildete der obere Stock des Kreuzganges die Verbindung zur Kirche.

Das geschlossene Klostergeviert wurde an drei Stellen durch Anbauten erweitert. Im Westen lag um ein zweites Binnengärtlein wieder eine kleine Dreiflügelanlage; die Krankenabteilung und das Noviziat waren in

158 Wieweit der Zustand der Klostergebäude einen Neubau erfordert hatte, läßt sich nicht ermitteln. Nach Locher habe die letzte Äbtissin vor der Reform, Christina Strölerin, das Haus verkommen lassen (*Miller*, Söflinger Briefe, S. 45); in den Verhandlungen nach der Reform wurde ihr jedoch »ein gutes Hauswesen« bestätigt (*ebd.*).

159 Grundrisse und Zeichnungen, die allerdings erst aus dem Anfang des 19. Jahrhunderts stammen: *Weser*, Bauanlage, S. 97.

160 Im klösterlichen »Normalplan« liegt das Brunnenhaus gegenüber dem Refektorium.

161 Nach *Wortmann*, Söflingen, in: Kunstdenkmäler, S. 602 ff. — Eine derartige Anlage ist noch gut zu erkennen in den ehemaligen Klöstern Blaubeuren, Bebenhausen, auch in den norddeutschen ehemaligen Nonnenklöstern Lüne/Lüneburg und Wienhausen bei Celle.

ihr untergebracht[162]. Im Westen stieß die Küche über die Front hinaus; in einem weiter hinausgezogenen Anbau lagen die Toiletten. Vor der Westfront stand das stattliche Äbtissinnenhaus (heutiges Pfarrhaus). Durch einen schmalen Verbindungsgang war es mit dem Westflügel des Klosters verbunden. In ihm waren die Pforte mit dem Sprechzimmer, die Schreibstube, das Archiv und das Amtszimmer der Äbtissin untergebracht. Das stattliche Gebäude war Repräsentationsbau und Raum für die Verbindung des Klosters zur Außenwelt in einem. Innerhalb des von der Klostermauer umschlossenen Gebietes lagen die weiteren Nutzgebäude, die für die klösterliche Gemeinschaft notwendig waren. Nördlich von der Kirche — zwischen dieser und der Klausurmauer — war der Friedhof für die Schwestern angelegt, an dessen Westseite eine kleine Kapelle stand[163].

Der äußere Bau, soweit er rekonstruierbar ist, hat sich kaum von einem Frauenkloster anderer franziskanischer Observanz, ja auch eines anderen Ordens, unterschieden[164]. Das *klösterliche Leben*, das innerhalb der Mauern und in den beschriebenen Räumen geführt wurde, war das einer beschaulichen Schwesterngemeinschaft. Die Söflinger Schwestern blieben auch nach der Reform an die Regel Papst Urbans IV. gebunden. Dazu kamen die Statuten der Observanten. Die von reformerischem Eifer erfüllten Franziskaner gaben den unter ihrer Leitung stehenden Schwestern geistliche Hilfe. Johannes Alphart, mehrmals Provinzvikar, war in den Jahren 1490—1492 Kommissar für die Klarissenklöster Brixen und Söflingen. Gleicherweise war er als Seelsorger für die Drittordensschwestern im Provinzbereich tätig. Mehrere asketisch-mystische Schriften sind von ihm bekannt, die er für die von ihm betreuten Schwestern verfaßt hat[165].

Konkrete Anweisungen für das Leben in den reformierten Klarissenklöstern sind von Johannes de Lare überliefert. Auch er war mehrere Male Provinzvikar[166]. Zur Festigung der Reform verfaßte er zunächst für die Klarissen von Brixen Statuten, die 1461/62 in Pfullingen eingeführt wurden. Schon die Pfullinger Fassung richtet sich »an die Äbtissinnen, Priorinnen und andere Mütter, Schwestern und Kinder der reformierten Klöster

162 Vielleicht war dieser Komplex ein erst später erfolgter Anbau.

163 Vielleicht die St. Annakapelle, erwähnt im Wohltäterbuch.

164 Ein anschauliches Beispiel dafür bietet die gut erhaltene Klosteranlage Paradies bei Schaffhausen.

165 J. Alphart (aus Basel), gest. 1492; AF 8 (1946), S. 784 f.; seine Statuten für die Franziskanertertiarinnen von Kaufbeuren, in: Bavaria Franciscana 5 (1961), S. 32—34.

166 J. de Lare (Lahr in Baden?; eher Lohr bei Lützelstein im Elsaß), gest. 1481; AF 8 (1946), S. 817.

des Klarissenordens in der oberdeutschen Provinz von der Observanz«[167]. Diese Statuten sollten eine Hilfe sein »für die Observanz der gutwilligen und einfältigen Schwestern, was sie zu halten haben zur Aufrechterhaltung geziemender Zucht und behutsamer Sitten, wozu sie sich innerlich Christus verpflichtet haben...«[168]. In fünf Kapiteln »vom Gehorsam, von der Armut, von der Reinheit, vom Gottesdienst, vom Stillschweigen« fassen die Statuten das Wesentliche des Klarissenlebens zusammen.

Das erste Kapitel schärft den von der Regel und vom Gelübde geforderten Gehorsam streng ein. Die Forderung ist unmittelbar zu erfüllen im Gehorsam gegen den Visitator (den Provinzialoberen), die Äbtissin und deren Vertreterin. Der so geforderte Gehorsam schließt jede Widerrede gegen die Oberin im Kapitel aus. Er verlangt die Übernahme bestimmter Dienste für die Gemeinschaft, zu denen einzelne Schwestern (als Amtsschwestern) berufen werden. Das Kapitel über den Gehorsam regelt auch das Aufnahmeverfahren. Streng wird dabei vor jeder Art von Simonie gewarnt; mit Besitz und Vermögen soll der Platz im Kloster nicht erkauft werden können. Die letzte Entscheidung über die Aufnahme ins Kloster wird dem Visitator zugesprochen. Nicht aufgenommen werden sollen Mädchen unter 15 Jahren und Frauen über 46 Jahren. Ganz allgemein soll für die Aufnahme gelten: »Man soll auch vorsehen, daß man den Konvent nicht mit einer großen Menge von Personen überlade und behindere mit unnützen, unbehilflichen Leuten.«[169] Das Noviziat dauert ein Jahr; anschließend bleibt die Schwester in der Gruppe der Jungprofessen. Für die Novizinnen und die Schwestern, die unter 24 Jahre alt sind, bestellt die Äbtissin eine eigene Amtsschwester, die »Kindsmeisterin«[170].

Die Armutsforderungen des zweiten Kapitels enthalten weithin Selbstverständliches. Sie müssen jedoch vor dem Hintergrund der vorangegangenen Entwicklungen in den Klarissenklöstern gesehen werden. Deshalb wird mit besonderer Sorgfalt der Brauch jeglichen Privateigentums unterbunden. Keine Schwester soll von Verwandten etwas für sich verlangen oder sich irgendeinen Besitz vorbehalten. Die Kleidervorschriften zielen auf ständig gleiche und einheitliche Kleidung für alle Schwestern; die Sitte der unterschiedlichen Sonn- und Festtagskleider wird damit ausgeräumt[171]. Die Äbtissin ist allein für die Zuteilung des Notwendigen — »einer jeden

167 Die Brixener Fassung (aus dem Jahr 1455/56) hrsg. von *M. Straganz*, in: FrzSt. 6 (1919), S. 151—170; die Pfullinger Fassung (Original in der Landesbibliothek Stuttgart) hrsg. von *J. Gatz*, in: Alem. Fr. 17 (1972), S. 193—211.

168 *Gatz* (wie Anm. 167), S. 194; *Straganz* (ebd.), S. 151.

169 *Ebd.*, S. 197; *Straganz*, S. 153.

170 *Ebd.*, S. 198; *Straganz*, S. 154.

171 *Ebd.*, S. 201; *Straganz*, S. 159.

Schwester, wie sie es braucht« — zuständig[172]. Über diese begreiflichen Forderungen hinaus wird ungestümer Baulust gewehrt: »Ferner sollen die Äbtissin und alle Schwestern sich befleißigen, daß sie sich nicht überlasten und beladen mit zuviel Bauen, noch sollen sie keinen alten Bau abwerfen oder immer zu bauen anheben, wenn die Kosten dreißig Gulden überschreiten ...«[173] Der Äbtissin wird auferlegt, die Klostergebäude stets sorgfältig zu überwachen und durch jährliche Ausbesserung in Stand zu halten.

Im dritten Kapitel (»von Reinigkeit und was dazu mag fördern«) geht es um den Verkehr der Schwestern mit der Außenwelt. Die Observanz hält fest am Konzept des streng nach außen abgeschlossenen Klosters; die Klarissen bleiben die »eingeschlossenen Schwestern«. Auch diese Bestimmungen sind weithin von der Praxis der Zeit vor der Reform her zu verstehen. Da wird der freie Briefverkehr streng untersagt, die Möglichkeit, am Sprechgitter Besuch zu empfangen, auf wenige Termine und kurze Zeit eingeschränkt, der Zugang fremder Personen ins Kloster genau geregelt, jede Ausgelassenheit in der Fastnachtszeit untersagt usw. Der Brauch, Lebkuchen, Pfefferkuchen, Krapfen, Hauben, Zuckerwerk und anderes Freunden und Wohltätern zu schenken, wird abgestellt[174].

Den klösterlichen Gottesdienst regelt das vierte Kapitel der Statuten. Es stellt sich unter das alte monastische Leitwort: »Der Gottesdienst muß allen Dingen vorangehen«[175]. Die Schwestern haben gemeinsam im Chor das Offizium zu verrichten; Gesang und Lesung sollen sorgfältig vorbereitet werden. Täglich sollen sie die hl. Messe mitfeiern. Die Beichte wird alle 14 Tage angesetzt und ebenso oft sollen sie die hl. Kommunion empfangen[176]. Die sorgfältige Feier des Gottesdienstes wird vor allem der Äbtissin ans Herz gelegt; sollte sie sich darin säumig erweisen, muß sie bei der Visitation mit Bestrafung rechnen. Den Schwestern wird deutlich gesagt, daß das gemeinsame Gebet als vorzüglicher Dienst und Aufgabe der Klostergemeinschaft in ein Leben der inneren Andacht und Betrachtung eingebunden sein muß. Ernste Mahnung geht schließlich dahin, daß die

172 *Ebd.*, S. 200; *Straganz*, S. 158; es ist ein alter monastischer Grundsatz, abgelesen aus Apg. 4,35.

173 *Ebd.*, S. 201; *Straganz*, S. 158.

174 *Ebd.*, S. 202—205; *Straganz*, S. 159—162.

175 *Ebd.*, S. 205; *Straganz*, S. 162; die Aufforderung erinnert an die Regel Benedikts, Kap. 43,3: »Ergo nihil operi Dei praeponatur.«

176 *Gatz* (wie Anm. 168), S. 205; *Straganz*, S. 163. — Die Beichte geschieht im Beichthaus, das nach dem alten Grundriß an der Westseite der Kirche neben dem Turm lag. — Die Statuten bringen dabei eine Mahnung an den Beichtvater: »Er soll bei der Beichte auch eine kurze, notdürftige Lehre geben, sich aber nicht in überflüssige, lange Historien einlassen, damit die Gemeinde nicht behindert werde.«

Schwestern nicht zu viele Verpflichtungen übernehmen durch die Annahme von Meß-, Vigil- und Jahrtagsstiftungen — auch das eine Folge der Verhältnisse vor der Reform[177].

Im letzten Kapitel wird der Brauch des klösterlichen Stillschweigens eingeschärft. Es ist das alte Mittel, das im Kloster ein kontemplatives Klima schaffen möchte und deshalb von Johannes von Lare mit allem Nachdruck eingeschärft wird. Völliges Stillschweigen soll nachts, frühmorgens nach der Terz und zur Zeit der mittäglichen Ruhe gehalten werden. Im Chor, Dormitorium und Speisesaal soll es zu jeder Zeit beachtet werden. Zum Gebot des Stillschweigens tritt das Verbot jedes unnötigen Redens, allen Streitens und Verleumdens, auch die strenge Mahnung, nichts von den innerklösterlichen Vorgängen Fremden zu berichten[178].

Die Statuten lassen sicher nicht viel vom Leben der Schwestern in ihrem Kloster erkennen. Sie sind als Hilfe und Anleitung gedacht für das beschauliche Leben innerhalb der Klausur. Damit sie nicht in Vergessenheit geraten, sollten sie wenigstens viermal im Jahr bei Tisch vorgelesen werden[179]. Auffallend ist die häufige Strafandrohung; abgestufte Strafen ordnen die Statuten in reichem Maß: Entzug des Weines bei Tisch, der Sonderzulagen beim Essen (Pietanz), Nahrungsbeschränkung auf Wasser und Brot, Ablegen des Schleiers, ausgedehntes Stillschweigen, das Kreuz tragen, die Füße küssen, besondere Gebetsleistungen. Zu diesen Bußleistungen kommt der Ausschluß aus der Gemeinschaft, der durch die Einweisung in die Zuchtzelle (»Zuchthauß«) geschehen konnte[180].

Der Aufrechterhaltung der Ordnung diente auch die Einrichtung des Kapitels. Dreimal in der Woche sollte es von der Äbtissin oder ihrer Stellvertreterin einberufen werden; hier trug die Äbtissin Tadel und Mahnung vor; die schuldig gewordenen Schwestern bekannten ihr die Gemeinschaft störendes Versagen und nahmen ihre Strafe an[181].

Schließlich geben die Statuten noch einige Auskunft über die *Verfassung der Klostergemeinschaft*. Sie weicht von der früheren Form nicht ab: Äbtissin, Stellvertreterin (Priorin), Ratsschwestern und die verschiedenen Amtsschwestern. Der Äbtissin geben die Statuten größte Vollmacht, laden ihr aber auch ernste Verantwortung auf: Sie soll in allem den strengen

177 *Ebd.*, S. 205—208; *Straganz*, S. 162—166.
178 *Ebd.*, S. 208—211; *Straganz*, S. 166—169.
179 *Ebd.*, S. 210; *Straganz*, S. 169.
180 Z. B. in Kap. 3; bei Verstößen gegen das Stillschweigen erfolgt nach dreimaliger Mahnung die Einweisung in die Zuchtzelle für einen Tag. Wer ohne Erlaubnis das Beichthaus betritt, soll den Schleier ablegen; wer ohne Erlaubnis eine Nacht außerhalb des Klosters weilt, soll von der Gemeinde der Schwestern geschieden werden.
181 *Gatz* (wie Anm. 168), S. 210; *Straganz*, S. 168.

Richter vor Augen haben, dem sie Rechenschaft geben muß, wie sie ihre Schäflein und Untertanen geweidet, behütet und geheilt hat[182]. Nach dem Beispiel Christi soll sie eine Frau und Meisterin sein im Büßen und Strafen, doch auch eine Mutter und Freundin in guter Vermahnung und Tröstung und schließlich die Magd und Dienerin aller[183].

Über die *Tätigkeit der Schwestern* läßt sich aus all diesen Zeugnissen nichts entnehmen. Das Verbot, Naschwerk und kleine Gebrauchsartikel zum Verschenken (und wohl auch zum Verkaufen) herzustellen, wurde bereits genannt. Handarbeit bleibt danach auf den Bereich des Klosters, seinen Haushalt und die Versorgung der Schwestern beschränkt. Von anderer Tätigkeit erfahren wir nur wenig. Das Provinzkapitel von 1495 verbot den Franziskanern, »außergewöhnliche Bildwerke« in ihren Kirchen aufzustellen oder solche gar herzustellen[184]. Das Kapitel von 1507 wiederholte das Verbot und läßt deutlich erkennen, daß es sich um »Bilddrucke« handelte[185]. Doch die Klarissen im Provinzbereich sollten von diesem Verbot nicht betroffen sein. Gerade Söflingen hatte in dieser Zeit eine Holzschnittproduktion entfaltet und führte sie auch im nächsten Jahrhundert weiter[186]. Auf ähnlichem Gebiet lag eine andere für diese Zeit verbürgte Tätigkeit von Söflinger Klarissen. Schwester Susanna Weglin schrieb in den Jahren 1492—1498 eine Sammlung von Heiligenleben, asketischen Abhandlungen und Predigten für die Klosterbibliothek[187]. In den Jahren 1493—1494 wurde eine Heiligenlegende mit verschiedenen asketisch-mystischen Abhandlungen für die Söflinger Klarissen geschrieben[188]. Die spätere Äbtissin Cordula von Reischach schrieb im Jahre 1493 zusammen mit Christina Keckin aus dem Nürnberger Klarissenkloster Schriften des hl. Augustinus, Hieronymus, Gregor, Bonaventura, Thomas von Aquin,

182 *Ebd.*, S. 209; *Straganz*, S. 167. — Die Formulierung erinnert wieder an die Regel Benedikts, Kap. 2: Die Eigenschaften des Abtes.

183 *Ebd.*, S. 211; *Straganz*, S. 169. In der letzten Forderung ist Franz von Assisi zu erkennen, der die Oberen nur Minister-Diener genannt wissen wollte.

184 »Imagines inconsuetas«; »inprimi facere«; AF 8 (1946), S. 864.

185 *Ebd.*: »impressiones et picturas«.

186 Das *Germanische Nationalmuseum* in Nürnberg besaß bis zum 2. Weltkrieg eine Reihe der zur Bildherstellung gebrauchten Holzstöcke aus dem Kloster Söflingen; gegenwärtig befinden sich dort nur noch zwei: Marientod und Hl. Dorothea (Mitteilung vom 14. Jan. 1975).

187 AF 8 (1946), S. 864, *Staatsbibliothek Berlin*: MS, germ. 8° 484, fol. 311 ff.

188 *Ebd.*, gleichfalls in Berlin: MS, germ. 2° 1259.

Gerson und anderer in deutscher Sprache nieder[189]. Sicher darf in Söflingen kein wissenschaftlich anspruchsvoller Konvent gesucht werden. Doch mit dem Nachweis solchen Schaffens wird die Sorge um ein von bewährter Erfahrung genährtes geistliches Leben sichtbar. Daß diese Tätigkeit für die Jahre unmittelbar nach der Reform ausgemacht werden kann, spricht für den ernsten Willen, der den erneuerten Konvent erfüllte[190].

189 *Ebd.*, in der *Münchner Staatsbibliothek*: Cgm 6940. Nach einem mir von München zugeschickten Katalog enthält der Band auch die »24 Unterredungen der Väter« des Johannes Kassian. — Nach *K. Ruh* (Bonaventura deutsch. Ein Beitrag zur deutschen Franziskanermystik und -scholastik, Bern 1956, S. 258) stammt nur ein Teil der Handschrift von den beiden Söflinger Schwestern (irrtümlich Reckin statt Keckin), die anderen kommen aus Oberelchingen.

190 *Degler-Spengler* und *Gerz-von Büren* lassen für die beiden Klarissenklöster in Basel ähnlich bescheidene Aktivität auf diesem Gebiet erkennen.

4. TEIL

Der Kampf um die Selbständigkeit

1. Söflingen bleibt katholisch

Unter den ersten Predigern, die in Ulm die neue Lehre Martin Luthers verkündeten, war Johann Eberlin von Günzburg, Prediger im Ulmer Franziskanerkloster [1]. Zwar mußte er 1521 das Kloster und die Stadt verlassen, doch sind sein und anderer Auftreten in Ulm die Vorboten grundsätzlicher Änderungen des kirchlich-religiösen Lebens in der Reichsstadt. Im Jahre seiner Ausweisung aus Ulm veröffentlichte Eberlin von Günzburg eine Reihe von Flugschriften. In ihnen griff er auch das traditionelle Ordensleben an und propagierte die dringend notwendige Auflösung der Klöster. Von den Klosterfrauen meinte er: »Sie halten sich für von Gott beraten, sind aber vom Teufel betrogen« [2]. Die Frauenklöster sollten deshalb in freie Stifte umgewandelt werden, in denen es keine Gelübde, keine Klausur, keine langen Gottesdienste mehr gäbe. Es sollten Stätten sein, in denen junge Mädchen erzogen, ausgebildet und für ein christliches Eheleben vorbereitet werden [3]. Bei dieser Darstellung allgemeiner reformatorischer Anliegen hatte Eberlin sicher die Ulmer Klöster im Auge. Er wandte sich auch direkt in einer Schrift an die Söflinger Klarissen und entwarf

1 Geb. um 1465 in Kleinkötz bei Günzburg, gest. 1533 als evangelischer Stadtpfarrer in Leutershausen bei Ansbach; über ihn zuletzt: *G. Geiger*, Die reformatorischen Initia Johann Eberlins von Günzburg nach seinen Flugschriften, in: Festgabe für Ernst Walter Zeeden, Münster 1976, S. 178—201. Zur Ulmer Reformationsgeschichte vgl. *Specker*, Ulm. Stadtgeschichte, S. 107—153.

2 Dritter Bundesgenosse (*L. Enders*, Johann Eberlin von Günzburg. Sämtliche Schriften, Bd. 1, S. 24).

3 *Ebd.*, S. 30—33.

darin ein Programm für ein »freies evangelisches Kloster« [4]. Die Kirchenväter Origenes und Justinus seien im Philosophenkleid aufgetreten und doch Christen gewesen [5]. Martin Luther und Johannes Lang trügen weiterhin ihre Mönchskutten [6] und hätten doch zum »reinen Evangelium« gefunden. Also könne man auch jetzt im Kloster wirklich nach dem Evangelium leben, wozu man sich freilich allein und ausschließlich an das Evangelium zu halten habe und auf alles später Hinzugekommene verzichten müsse [7].

Radikaler gab sich Eberlin in seiner 1523 veröffentlichten »Vermahnung an den Rat von Ulm« [8]. Hier belehrte er die Ulmer Ratsherren: »Die erste Regel der hl. Klara ist Menschentand. Die andere Regel, die sie noch in Söflingen haben, ist Geifer des Antichrists, womit er viele edlen Seelen besudelt« [9]. Der Ulmer Rat sollte derlei »unnützes Menschenwerk« aus der Welt schaffen, die Ordensleute aus ihren Klöstern weisen und das Klostergut nützlichen Zwecken zuführen [10].

Der ehemalige Franziskaner konnte die Ulmer Klöster nicht aufheben. In den frühen zwanziger Jahren des 16. Jahrhunderts war die Entscheidung über die kirchlich-religiöse Entwicklung Ulms noch keineswegs gefallen. Auf Erfolg konnten die Reformatoren wohl von 1524 an hoffen, nachdem der Rat auf Drängen der Ulmer Zünfte Konrad Sam aus Rottenacker als evangelischen Münsterprediger nach Ulm hatte berufen müssen [11]. Die Geschichte der Reformation in Ulm verlief von 1524 an zwar keineswegs geradlinig, aber sie führte doch dahin, daß die Stadt im Jahr 1530 offiziell das neue Bekenntnis annahm und Ulm zur evangelischen Reichsstadt wurde.

[4] »Wider den unvorsichtigen, unbescheidenen Ausgang vieler Klosterleute« (*Enders*, Bd. 2, S. 120—136). Die Schrift trägt die Widmung an die »Christlichen Jungfrauen Cordula von Reischach zu Söflingen bei Ulm in Schwaben und Anna Baierin zu Gnadental in Basel, beide Äbtissinnen des Klarissenordens«. Nach *Degler-Spengler*, S. 93, war Anna Baierin (Peyerin) die letzte Äbtissin von Gnadental (seit 1513); nach der Aufhebung Gnadentals zog sie ins Klarissenkloster Freiburg/Breisgau.

[5] *Ebd.*, S. 131. — Origenes (gest. 254) und Justinus (gest. um 165) waren bedeutende Lehrer der frühen Kirche. Die Reformatoren bemühten in ihrer Argumentation gegen die kath. Kirche gerne die Zustände der Alten Kirche.

[6] Johannes Lang, 1487—1548, war — wie Luther — Augustinereremit.

[7] Eberlin lehnte wie die übrigen Reformatoren die Ordensregeln, das traditionelle Ordensbrauchtum, die kirchliche Gesetzgebung u. a. als »Menschenwerk« ab, das im Widerspruch zum Evangelium stehe.

[8] *Enders*, Bd. 3, S. 2—40.

[9] *Ebd.*, S. 7. Gemeint ist die Regel Papst Urbans IV. mit den Statuten der Observanten. Gleichen Inhalts ist die Flugschrift »Wider die falschen Geistlichen, genannt die Barfüsser und Franziskaner« (*ebd.*, S. 41—88).

[10] In der »anderen getreuen Vermahnung an den Ulmer Rat« schlägt Eberlin vor, das Wengenstift aufzuheben und dort eine Schule für die Ulmer Kinder einzurichten (*ebd.*, S. 28 f.).

[11] *E. Naujoks*, Obrigkeitsgedanke, Zunftverfassung und Reformation, Stuttgart 1958, S. 57 f.; *Specker*, Stadtgeschichte, S. 108 f.

Die Klöster der Dominikaner und Franziskaner wurden aufgehoben; am 3. Oktober 1531 verließen die Franziskaner Ulm [12]. Die Franziskanerterziarinnen in der Sammlung an der Frauenstraße wandelten sich in ein »evangelisches Stift«, gingen unter dem Druck des Rates also den Weg, den Johann Eberlin von Günzburg empfohlen hatte [13]. Nur der Deutsche Orden und die Augustinerchorherren im Wengenstift konnten als katholische Institutionen fortbestehen [14].

Damit beginnt für die Geschichte des Söflinger Klarissenklosters und ihres Verhältnisses zur Stadt Ulm ein neuer Abschnitt. Zwischen beiden bestand ja nicht nur unmittelbare örtliche Nachbarschaft. Die Reichsstadt stand seit früher Zeit in besonderer Schutz- und Schirmfunktion über dem Kloster. Diese Rolle bot der evangelischen Stadt Eingriffsmöglichkeiten in die weitere Geschichte des Klosters. Außerdem gehörte Söflingen zum Ulmer Pfarrbezirk: St. Leonhard war Filialkirche im weitausgedehnten Ulmer Pfarrsprengel [15]. Diese Zugehörigkeit bot einer Ausbreitung der Reformation günstige Möglichkeit. Die Stadt Ulm hatte zwei ernstzunehmende Argumente für ihr Bemühen, das neue Bekenntnis auch in Söflingen einzuführen und das Klarissenkloster damit aufzulösen. Freilich hatten beide

12 Das Provinzkapitel vom 30. April 1531 in Freiburg rechnete noch mit dem Fortbestehen Ulms (AF 8, S. 735). — Nach der Ulmer Chronik von Sebastian Fischer (hrsg. von *K. G. Veesenmeyer*, in: UO 5—8, S. 14) zogen die Franziskaner wie in einer Prozession durch das Glöcklertor nach Söflingen, um von dort aus die für die Einzelnen bestimmten Konvente zu erreichen. — Von späteren Versuchen, das Kloster zurückzugewinnen, berichtet schon *Greiderer* (S. 159). Nach dem vorhandenen Aktenmaterial (*HHStA Wien*, RHR Ant. 1023/12) fand tatsächlich in den Jahren 1627 bis 1629 ein Prozeß um die Restitution des Klosters statt. Danach scheint der Ulmer Superintendent Dr. Konrad Dieterich den Anlaß zum Prozeß gegeben zu haben; in einer Predigt 1617 sprach er von der Vertreibung der Franziskaner aus Ulm im Jahr 1569. Danach aber wäre, so argumentierten nun die Franziskaner, die Stadt Ulm nach dem Passauer Vertrag (1552) restitutionspflichtig. Das Datum 1569 steht im Widerspruch mit dem tatsächlichen Abzug der Franziskaner, der bereits 1531 geschehen war, bot also für die Prozeßführung kaum günstige Basis. Der Prozeß konnte deshalb auch nicht zum gewünschten Ziel führen. Außerdem schlug der Konstanzer Bischof (Schreiben an den Kaiser vom 18. Aug. 1629) vor, für die Errichtung eines Kreis-Collegiums der Jesuiten das Ulmer Franziskanerkloster heranzuziehen. — Letztlich wird es den Franziskanern in ihrem Prozeßunternehmen um eine Entschädigungssumme gegangen sein. Die protestantische Reichsstadt bot ihnen ja keine Lebens- und Arbeitsmöglichkeit mehr. — Zu Restitutionsforderungen an Ulm vgl. *H. Tüchle*, Acta S. C. de Propaganda Fide Germaniam Spectantia, Paderborn 1962, S. 148 (Ablehnung des Jesuiten-Gesuchs um Niederlassung in Ulm); S. 166 (Restitutionspflicht Ulms); *P. Lang*, Ulmer Katholiken, S. 71 f.

13 *K. S. Frank*, Franziskanerterziarinnen, S. 160—162.

14 *Specker*, Augustinerchorherrenstift, S. 73—79; *P. Lang*, Die Ulmer Katholiken zwischen Reformation und Mediatisierung (1530—1803), in: H. E. Specker/H. Tüchle (Hrsg.), Kirchen und Klöster in Ulm, Ulm 1979, S. 244—252.

15 Die St. Jakobus- und Lorenzkapelle war zwar dem Kloster inkorporiert, aber auch hier standen dem Ulmer Pfarrer Aufsichtsrechte zu; vgl. oben S. 79, Anm. 39.

Argumente auch ihre Schwächen, und letztlich führte alles ulmische Operieren nicht zum gewünschten Ziel.

Ernste Versuche, das katholische Bekenntnis in Söflingen einzuschränken, begannen im Jahre 1531. Der Rat nahm mit Befremden zur Kenntnis, daß die katholischen Ulmer nach Söflingen zum Gottesdienst zogen. Wächter am Stadttor mußten die Hinausziehenden kontrollieren und dem Rat anzeigen, der sie zur Verhandlung vorlud [16]. Das Unternehmen der »christlichen Obrigkeit« zeigte wenig Erfolg [17]. Im Jahre 1535 wurden am Pfingstfest 60 Ulmer registriert, die nach Söflingen gezogen waren. Auch hier blieb es bei ernster Verwarnung und beim Androhen »peinlicher Belästigungen« [18]. Die Katholiken waren zwar in Ulm rasch zur Minderheit geworden, aber die Minderheit war nicht einfach zu übersehen.

Im Jahre 1532 wollte die Stadt unter den Söflinger Untertanen aktiv werden. Das Kloster sollte die Bevölkerung nicht zu katholischem Leben in der traditionellen Weise anhalten, also nicht weiter auf kirchliche Feiertage, Bittgänge, Beichte, Sakramentenempfang usw. drängen. Ein paar Jahre später wies der Rat das Kloster an, während seiner Gottesdienste die Kirche zu verschließen. Der katholische Kult sollte auf das Klosterinnere beschränkt, für die Söflinger und die Ulmer aber nicht mehr zugänglich sein. Auch diesem Gebot widersetzten sich die Schwestern: Sie hätten den Söflingern noch nie verwehrt, hinzugehen, wohin sie wollten [19]! Um diese Zeit schickte die Stadt evangelische Prädikanten nach Söflingen, die dort die neue Lehre verkünden sollten [20]. Für 1542 ist die Benennung eines eigenen Predigers für Söflingen überliefert. Dieser habe am 12. August 1542 in St. Leonhard seine erste und auch letzte Predigt gehalten [21]. Trotz des Mißerfolgs ging die Stadt auf diesem Wege weiter: 1543 predigte Martin Frecht in Söflingen, und der Rat benannte in Georg Biermann einen weiteren Prediger für Söflingen, der alle drei Wochen dort den Frühgottesdienst halten sollte [22]. Die Reformationsbemühungen der Stadt wurden damals von Söflinger Bewohnern unterstützt. Etwa zwanzig Söflinger baten den Rat um die Einführung des neuen Bekenntnisses in Söflingen [23]. Am 23.

16 *Fischer,* Kloster Söflingen, S. 37 f. — Das Verbot war unmittelbar an die Zünfte ergangen.
17 Zum Begriff der »Christlichen Obrigkeit«, ihrer Vollmacht und ihren Schwierigkeiten mit den evangelischen Prädikanten, vgl. *Naujoks,* Obrigkeitsgedanke, S. 80.
18 *Fischer,* Kloster Söflingen, S. 38.
19 *Ebd.,* S. 39 f.; *StA Ulm,* A [799].
20 *StA Ulm,* U 5275—5304: Extract zu Vorschlägen betr. die Reformation Söflingens.
21 *Fischer,* S. 35 f.; *Miller,* Regesten, Nr. 951: »Schriften der St. Leonhardscapellen ..., worunter Schriften über die von Ulm angemaßte Aufstellung der Predicanten und wie selbe wieder abgetrieben worden.«
22 Zu Martin Frecht vgl. *R. Stupperich,* in: NDB V, S. 384 f.
23 *Fischer,* Kloster Söflingen, S. 36 f.

August 1546 beschloß der Rat der Stadt Ulm daraufhin die Einführung der Reformation in Söflingen. Die Meßfeier, die päpstlichen Zeremonien und aller Mißbrauch sollten abgeschafft werden. Wenn es nicht mit Güte gehe, dann geschehe es eben mit Gewalt [24]. Tatsächlich kam es auch zur Gewaltanwendung; an der Klosterkirche wurde das Schloß aufgebrochen [25].

Die Äbtissin Cordula von Reischach (1508/13—1551) erhob ernsten Einspruch gegen alle Ulmer Ansprüche. Sie verwahrte sich gegen die Bitte der Söflinger um Einführung der Reformation, die der Rat überhaupt nicht hätte annehmen dürfen, denn nur das Kloster sei deren Obrigkeit [26]. Der Rat der Stadt Ulm, »als Liebhaber der Gerechtigkeit«, möge die Schwestern doch weiterhin bei ihrem alten Herkommen und Brauch lassen [27].

Die Ulmer kamen auf diesen Wegen nicht zu ihrem Ziel. Das Kloster versicherte sich mächtigeren Schutzes. Schon am 3. Juni 1544 verbot Kaiser Karl V. von Speyer aus der Stadt, unter Ausnützung ihrer Stellung als Schirmherr, in Söflingen und in den dem Kloster unterstellten Kapellen die neue Lehre zu predigen [28]. Das Mißlingen der Reformationsbemühungen hatte sicher einen Grund im entschiedenen Widerstand des Klosters. Als politisches Motiv kam hinzu, daß um diese Zeit die Stellung der Stadt im Reich geschwächt war. Ulm hatte sich dem Schmalkaldischen Bund angeschlossen, einem 1531 gegründeten Bündnis protestantischer Fürsten und Reichsstädte gegen alle Angriffe in Glaubenssachen [29]. Als katholische Gegenmacht rief Kaiser Karl V. im Jahre 1538 die Nürnberger Liga ins Leben. Zwischen beiden Bündnissen kam es zum Krieg, in dem die Schmalkaldener in der Schlacht bei Mühlberg 1547 dem Kaiser unterlagen, ihr Bündnis auflösen und sich in der gewaltsamen Ausbreitung der Reformation Mäßigung auferlegen mußten. Von daher läßt sich auch der Wandel in der Religionspolitik Ulms gegenüber den Prämonstratenserklöstern Roggenburg und Ursberg und der Benediktinerabtei Ochsenhausen, über die Ulm auch Schutz-

24 *StA Ulm*, A [799]: Verfügung des Ulmer Rates vom 23. Aug. 1546.

25 *Ebd.*, aus dem Protestschreiben der Äbtissin vom 2. Sept. 1546.

26 *Ebd.*, mit dem Hinweis, daß die Bittsteller (aus Söflingen) »sich, ihr Weib und Kind ohne das Kloster gar nicht ernähren könnten«.

27 *Ebd.*

28 *Miller*, Regesten, Nr. 951; Abt Heinrich Claus (1527—1550) von Wiblingen stellte am 21. Dezember 1544 ein Vidimus über das kaiserliche Mandat aus.
Karl V. hatte bereits am 4. April 1533 (*Miller*, Regesten, Nr. 885) Söflingen seines Schutzes gemäß den alten Rechten und Privilegien versichert. — Am 10. Dezember 1534 (*ebd.*, Nr. 897) befahl er der Stadt, die Söflinger Freiheiten anzuerkennen und sie zu schützen.

29 In nächster Nachbarschaft Ulms gehörten die Reichsstädte Straßburg, Konstanz, Isny, Memmingen, Reutlingen und Biberach zum Bündnis.

und Schirmfunktion ausübte, erklären [30]. Andere benachbarte Reichsstädte zeigten den gleichen, politisch bedingten Gesinnungswandel [31].

Innerhalb des Ulmer Stadtgebietes änderte sich die Lage freilich nicht. Selbst in der Mitte des Jahrhunderts konnte die katholische Minderheit immer noch mit vier Ratsmitgliedern an der Regierung der Stadt beteiligt sein [32]. Im Münster mußte der Rat der Stadt seit 1548 wieder katholischen Gottesdienst dulden, verlegte diesen allerdings 1554 in die ehemalige Franziskanerkirche und untersagte dort die Predigt. Da das Verbot nicht immer beachtet wurde, fanden die Prädikanten häufig neue Angriffsmöglichkeiten, bis es schließlich dem energischen Dr. Ludwig Rabus, seit 1556 »Superattendent« in Ulm, gelang, den Rat zum Verzicht auf seine tolerante Haltung zu bewegen. 1569 wurde der katholische Gottesdienst in der Barfüßerkirche verboten, was 1571 ein Gutachten der Tübinger Universität als dem Recht entsprechend bescheinigte [33].

Für Söflingen wirkte sich die Veränderung der politischen Lage jedoch günstig aus. Das katholische Bekenntnis blieb erhalten. Schon 1544 muß auch eine grundlegende Änderung in der Seelsorge der Gemeinde Söflingen eingetreten sein, die auf die Verselbständigung des Seelsorgebezirks hinauslief [34]. Zwar kam es damals nicht zur Errichtung einer selbständigen Pfarrei, doch nahmen sich nun die Franziskaner, die zur Betreuung der Klostergemeinde in Söflingen weilten, der katholischen Bevölkerung des Klosterdorfes an. Mindestens seit 1615 führten sie ein eigenes Taufregister [35] und brachen mit der Spendung der Taufe ein wichtiges Stück aus den alten Ulmer Pfarrechten heraus. Im Jahre 1626 wurde bei St. Leonhard ein eigener Friedhof angelegt [36] und damit auch die Beerdigung der Söflinger von den Franziskanern übernommen. Aus der Tatsache, daß das alte Söflinger Taufregister von der »Pfarrei St. Leonhard« in Söflingen spricht, ergibt sich, daß die einstige Filialkapelle als Pfarrkirche angesehen wurde. Das Bemühen

30 *Specker*, Stadtgeschichte, S. 97 f. und 131; *H. Ott*, Ochsenhausen, in: Germania Benedictina V (1975), S. 457. — Nach dem Schmalkaldischen Krieg änderte die Stadt Ulm auch ihre bis dahin feindliche Haltung gegenüber dem Ulmer Wengenstift, vgl. *Ernst*, Wengenkloster und Wengenkirche, S. 105.

31 Z. B. Isny in seinem reformatorischen Bemühen um die Benediktiner von St. Georg und Jakob: *R. Reinhardt*, Isny, in: Germania Benedictina V (1975), S. 321 f.; für Memmingen und seine Bemühungen um das Kartäuserkloster Buxheim vgl. *F. Stöhlker*, Die Kartause Buxheim 1, Buxheim 1974, S. 124—140.

32 *Naujoks*, Obrigkeitsgedanke, S. 162; *Lang*, Ulmer Katholiken im Zeitalter der Glaubenskämpfe, S. 71.

33 *Naujoks*, S. 164, 168—170; *Lang*, S. 109 f., 125—127.

34 Für die Ulmer Katholiken übertrug der Bischof von Konstanz die Pfarrechte 1578 dem Wengenpropst: *StA Ulm*, U 5088, S. 210 n—o.

35 Im *kath. Pfarramt Ulm-Söflingen.*

36 *Pfarrarchiv Ulm-Söflingen.*

um eine eigene Klosterpfarrei muß als Maßnahme gegen die Ulmer Reformationsversuche begriffen werden. Der Erfolg Söflingens darf als weiterer Beweis für seine Behauptung als katholisches Kloster und Dorf neben der protestantischen Reichsstadt gewertet werden. Deren spätere Versuche, Söflingen doch noch zum evangelischen Bekenntnis zu führen und das Kloster zu säkularisieren, bildeten keine ernste Gefahr mehr und blieben Episode. Zwar bestellte der Magistrat 1634 Jakob Hanold zum Prediger für Söflingen [37], doch konnte dieser sein Amt im Klosterdorf nicht ausüben. Der Protest der Äbtissin, unterstützt von kaiserlichem Spruch, ließ den Magistrat von seinem Reformationsversuch dann abstehen [38]. Ebenso erfolglos blieb der nächste Vorstoß Ulms im Jahre 1651 [39].

2. Söflingen bewahrt und sichert seine politische Selbständigkeit

Ein erträgliches Nebeneinander

Die Erfolglosigkeit der reichsstädtischen Reformationsbemühungen in Söflingen ist letztlich vom politischen Status des Klarissenklosters her zu sehen. Die Untertanen im Gebiet der Reichsstadt konnten dem neuen Glaubensbekenntnis zugeführt werden. Hier hatte die Stadt das Recht auf ihrer Seite. Aber Söflingen war eben nicht Untertan der Reichsstadt Ulm. Schon die Urkunde des Jahres 1239 hatte das Klarissenkloster dem königlichen Schutz unterstellt. Die kaiserlichen Urkunden der Folgezeit unterstrichen diese Schutzfunktion von Kaiser und Reich und schalteten jede herrschaftliche Zwischeninstanz aus. Wohl übertrugen die Kaiser der Reichsstadt Ulm die Wahrnehmung dieses kaiserlichen Schutzes, aber sie gaben dieser Aufsichts- und Sorgepflicht nicht das Ausmaß selbständiger Herrschaft über das Kloster. Solange Stadt und Kloster eines Glaubens waren, ergab sich aus diesem Verhältnis kein Grund zum Streit. Bei der gewaltsamen Durchfüh-

37 *StA Ulm*, Ratsprotokoll 1634. — Möglicherweise fühlte sich die Stadt Ulm gestärkt durch die schwedischen Siege von 1632; so *Friedrich Fritz*, Ulm und seine evangelische Kirche im Zeitalter des dreißigjährigen Krieges, in: BllWKG 45 (1941), S. 50—73.

38 Vielleicht mit Bezug auf die kaiserliche Schutzbestätigung durch Ferdinand II. vom 14. Mai 1620: *StA Ludwigsburg*, B 509, Nr. 1007.

39 *StA Ulm*, Ratsprotokoll 1651. — *Schrader*, Vertheidigung der ursprünglichen Freyheit ... des Gotteshaus Söflingen (S. 33), zusammenfassend zu den Reformationsbemühungen Ulms: »Die Stadt Ulm hat in ihrem Gebiethe reformiert, in dem Söfflingischen reformieren wöllen, aber nicht dürfen; also ist Söfflingen nicht unter Reichsstadt-Ulmischen Bothmäßigkeit gewesen.«

rung der Klosterreform im Jahre 1484 versicherte sich die Stadt der kaiserlichen und päpstlichen Zustimmung, wohl wissend, daß sie mit eigenmächtigem Handeln ihre Zuständigkeit überschritten hätte. Im Reformationsbemühen nach 1530, das zwangsläufig zur Säkularisation des Klosters geführt hätte, konnte sie auf solche Unterstützung durch die höchste weltliche und kirchliche Macht nicht bauen. Gerade das Gegenteil war der Fall: Wie schon erwähnt, verbot Kaiser Karl V. der Stadt jeglichen Mißbrauch ihrer Schirmherrschaft über Söflingen [40].

In der Verteidigung ihres katholischen Bekenntnisses und in der Bewahrung ihrer politischen Selbständigkeit stand das Recht auf seiten der Söflinger Schwestern. Ihr Bestreben ging deshalb vor allem darauf, den politischen Status des Klosters zu bewahren und zu verteidigen. Dabei kam es keineswegs zum totalen Bruch zwischen Stadt und Kloster. Beide Institutionen fanden zu erträglicher Koexistenz, wie sie zum Beispiel im Fortbestehen wirtschaftlicher Beziehungen deutlich wird. So verkaufte das Kloster am 30. September 1533 seinen alten Besitz »auf dem Gries« an die Stadt Ulm: »Haus, Hofraite, Stadel und Garten, alles auf dem Gries gelegen und mit einer Mauer umgeben« [41]. Auch der schon im Jahr 1524 eingeleitete Verkauf von Gütern und herrschaftlichen Rechten in Bermaringen an die Stadt wurde 1533 durch Vertrag endgültig geregelt [42]. Andererseits aber brachte gerade der wirtschaftliche Bereich auch Konfliktstoff in das Verhältnis von Stadt und Kloster. Im Jahr 1530 suchte das Kloster bei Herzog Wilhelm von Bayern um Hilfe für die Söflinger Marner gegenüber der Ulmer Konkurrenz nach [43]. Sicherlich mag der Druck der Stadt auf wirtschaftlichem Gebiet mit mancherlei Schikanen für Kloster und Untertanen besonders ärgerlich empfunden worden sein, und nicht von ungefähr sieht Fraidel in seiner Söflinger Chronik in wirtschaftlichen Streitigkeiten den Anlaß zum Eklat, der im 18. Jahrhundert zum Prozeß zwischen Stadt und Kloster führte [44].

Es wäre freilich falsch, daraus auf eine ständig unfreundliche, kriegerische Spannung zwischen der Reichsstadt Ulm und dem Klarissenkloster Söflingen zu schließen. Schließlich lebte man als Nachbarn nebeneinander, und im 17. Jahrhundert war die Stadt durchaus bereit, den Söflinger Schwestern

40 *Miller*, Regesten, Nr. 951; mehrfach erneuerte Karl V. sein Schutzversprechen Söflingen gegenüber: *ebd.*, Nr. 843 (1521); Nr. 858 (1533); Nr. 897 (1534).

41 Aus dem ehemaligen Kloster war inzwischen das Spital zur hl. Elisabeth geworden, das die Stadt nun in ein Waisenhaus umwandelte.

42 *Miller*, Regesten, Nr. 856—857; 886.

43 *Ebd.*, Nr. 875 (als Vermittler diente Dr. Johann Eck); *ebd.*, Nr. 914 (1. April 1538), eine neue Ordnung für die Söflinger Marner. — Vgl. *Eugen Nübling*, Ulms Baumwollweberei im Mittelalter, Leipzig 1890.

44 *Fraidel*, Söflinger Chronik, S. 22: Eintrag zum Markustag (25. April) 1768.

im Schutz der Stadtmauern Notunterkunft zu gewähren, wenn es der Ernstfall erforderte. Sie sollten dann jedoch nicht im Wengenstift, im Deutschen Haus oder in einem der Klosterhöfe Unterkunft suchen, sondern in einem Ulmer Gasthaus oder Privatquartier. Bürgermeister und Rat vergaßen bei dieser Gelegenheit dann auch nicht, von den Söflinger Schwestern die üblichen »Einleg- und Ausziehgelder« zu verlangen [45]. Als im Jahr 1652 die Ulmer »Gassenknechte« Wirtshäuser in Söflingen, Ehrenstein und Burlafingen kontrollierten, protestierte das Kloster gegen solchen Übergriff der Stadt. Bürgermeister und Rat gaben klein bei und entschuldigten sich damit, daß die Gassenknechte in diesem Fall ohne ihr Wissen und gegen ihren Willen gehandelt hätten [46]. Söflingen war auch bereit, an den der Reichsstadt auferlegten Lasten mitzutragen [47]. Mehrfach beteiligte sich die Abtei an Sonderauflagen — wie 1525 im Bauernkrieg oder 1532, 1553 und 1557 an der Türkensteuer —, wies aber jeweils daraufhin, daß damit kein neues Rechtsverhältnis zwischen Kloster und Stadt geschaffen werde [48]. Das Kloster blieb auch bei dem Brauch, daß seine »Pfleger« vom Rat der Stadt bestellt wurden [49] und der Hofmeister — wie es 1495 festgelegt worden war [50] — von der Äbtissin vorgeschlagen und vom Ulmer Rat ernannt wurde. Schließlich leistete das Kloster weiterhin die jährliche Rechenschaftsablage vor der Stadt [51] und beließ die Ausübung der hohen Gerichtsbarkeit für sein Territorium bei der Reichsstadt Ulm [52].

Wichtige Ereignisse aus dem Klosterleben wurden selbstverständlich Bürgermeister und Rat der Stadt mitgeteilt. So wurde ein Wechsel in der Leitung der Abtei der Stadt offiziell angezeigt, und das Kloster nahm in solchem Fall die Gratulation der Stadt an, vorgetragen mit dem »grunddemü-

[45] *Fischer,* Kloster Söflingen, S. 42 (für die Zeit 1643—1648); *Schrader,* Vertheidigung, Nr. 276, S. 37 f. (20. Oktober 1688).

[46] *Schrader,* Nr. 20—21, S. 32 f. (12. Mai und 25. Mai 1652). — Das Aquarell von J. J. Merckh aus dem Jahr 1741 zeigt die »Gassenknechtshütte«, an die westliche Mauer des Münsterplatzes angebaut.

[47] Beiträge für die Ulmer Schutzherrschaft: *StA Ulm,* A [799], für 1525 und 1633.

[48] In diesem Sinne hatte die Stadt diese Zahlungen gewertet wissen wollen. Zusammenfassend bei *Schrader,* Nr. 13, S. 19—24 (vom 4. Oktober 1565); Nr. 19, S. 32 (vom 24. April 1633: Fuhrleistungen für die Stadt). Einzelbelege für 1525: *Miller,* Regesten, Nr. 863 (die Stadt hatte 1000 fl. gefordert, das Kloster zahlte 600 fl.); für 1537: *ebd.,* Nr. 910 (Zahlung von 200 fl.).

[49] *Schrader,* Nr. 13, mit Bezug auf die Entscheidung des Ordensgenerals Zanetto da Udine aus dem Jahr 1470.

[50] *Miller,* Regesten, Nr. 721 (20. Mai 1495); Nr. 765 (13. Febr. 1504): Einsetzung des Hofmeisters Klaus Maier.

[51] *Schrader,* Nr. 13.

[52] *Ebd.,* Nr. 14, S. 25 f. (vom 13. April 1627).

tigen Wunsch«, daß der Höchste der neugewählten Äbtissin »eine glückliche und gesegnete Regierung schenken möge« [53].

Der Prozeß um die Reichsfreiheit

Das erträgliche Nebeneinander von Stadt und Kloster fand im späten 18. Jahrhundert sein Ende. Nach allem, was wir wissen, hatte sich die Stadt zur Einsicht in die Selbständigkeit Söflingens bequemt. Das Kloster andererseits war mit der üblichen Wahrnehmung des Schutz- und Schirmamtes durch die Stadt zurechtgekommen und drängte kaum nach mehr. Als im 16. Jahrhundert die Äbtissin Cleopha von Reischach zur Teilnahme am Reichstag aufgefordert wurde, zeigte sie großes Erstaunen: Das sei bisher nicht der Fall gewesen und möchte auch weiterhin von Söflingen nicht angenommen werden. Das Kloster wolle sich auf dem Reichstag von der Stadt vertreten lassen [54]. Trotz weiterer Einladungen zur Teilnahme an Reichstagen lehnte die Äbtissin jeweils ab, da man »am günstigen und geneigten Willen der Stadt Ulm (und ihrer Vertretung des Klosters) ... keinen Zweifel habe« [55].

Daß seit dem 16. Jahrhundert ein kaiserliches Interesse an solcher Beteiligung am Reichstag vorhanden war und sich angesichts der politischen Lage des Reiches verstärkte, ist verständlich. Die Abtei freilich brachte solch begreiflichem Interesse wenig Verständnis entgegen. Diese »Verständnislosigkeit« des Klosters konnte jedoch der Stadt nur willkommen sein, für die die Einladung zur Teilnahme an den Reichstagen ohnehin »per errorem« erfolgt war [56]. Haben vielleicht Bürgermeister und Rat an der ablehnenden Haltung der Äbtissinnen mitgewirkt? In diesem Sinne interpretiert Schrader die Reaktion der Äbtissin auf die Berufung zum Reichstag: Sie ist ihr von ihren Schutz- und Schirmherren selbst angeraten, mit List von ihren

53 *StA Ulm,* A [3304] für 1763. — *Lang* (Ulmer Katholiken) zeigt, daß auch das Verhalten der Stadt zum Wengenstift und zum Deutschordenshaus weithin von Höflichkeit und Korrektheit bestimmt war.

54 *StA Ulm,* A [809]; *StA Ludwigsburg,* B 509, Nr. 1005 (1576 Äbtissin Cleopha von Reischach an Johann Ehinger von Ulm).

55 *StA Ludwigsburg,* B 509, Nr. 1011 (für den Reichstag von 1697; dabei Verweis auf die Nichtteilnahme 1576, 1682, 1694); *Schrader,* Nr. 43, S. 52—69 (für den Reichstag 1652); Nr. 44, S. 61—64 (für 1662) und Nr. 46, S. 66 f. (für 1597).

56 *StA Ulm,* A [31]: »Extractus Relationis« = Urkundenmaterial, das die Ulmer Oberherrschaft über Söflingen beweisen soll. Die Stadt Ulm bemühte dabei die Geschichte bis zurück zu Karl dem Großen, um zu beweisen, daß sie seit »unfürdenklichen Zeiten Söflingens Obrigkeit ist«. — Dazu die Gegendarstellung: *StA Ulm,* A [6118]: »Ursprüngliche Probation, daß die Herrn von Ulm die hohe Obrigkeit zu Söflingen nullo modo iure proprio, sondern allein ratione tutelae etc.« ... vom 3. Juni 1625 mit Beweismaterial in 14 Punkten.

Advokaten aufgezwungen worden [57]. Der Vorgang wurde von den beiden unmittelbar beteiligten Seiten wohl verschieden gedeutet: Söflingen betrachtete die Vertretung durch Ulm auf den Reichstagen als Teil von dessen Schutz- und Schirmpflicht. Die Stadt Ulm aber sah in dieser Aufgabe eine Möglichkeit, ihre Herrschaftsansprüche über Söflingen zu untermauern und den Weg des Klosters in den freien Kreis- und Reichsstand zu verbauen.

Nun läßt sich nicht nachweisen, daß Söflingen im Laufe des 17. Jahrhunderts an die Lösung des Konfliktes mit Ulm durch Erwerb der freien Kreis- und Reichsstandschaft gedacht hat. Noch 1693 schlossen Stadt und Kloster einen gewichtigen Vertrag miteinander, in dem sich die Abtei verpflichtete, den Schutz und Schirm durch die Reichsstadt Ulm nie zurückzuweisen [58]. Das vertraglich abgesicherte Zugeständnis sollte freilich nur noch wenige Jahrzehnte gültig sein. Mehrfach traten wieder ernste Differenzen zwischen Ulm und dem Kloster auf [59]. Als 1768 Söflingen Weggeldschranken an der Grenze seines Territoriums aufstellte, protestierte die Reichsstadt und entfernte die Schranken schließlich mit Gewalt: Es handle sich um eine die Stadt angehende Territorialangelegenheit. Söflingen sah den Vorgang als Verletzung seiner Hoheitsrechte an und drohte mit Anzeige beim Reichshofrat [60]. Nach Schikane mag der Protest der Stadt Ulm vom 26. April 1770 aussehen, in dem festgestellt wurde, daß die Söflinger bei ihrer Flurprozession nach Gögglingen mit »fliegenden Fahnen« gezogen seien, während sie außerhalb ihres Gebietes die Prozessionsfahnen zu senken hätten [61]. Ernster war die im gleichen, von Mißernten heimgesuchten Jahr verhängte Fruchtsperre, die den Verkauf von Obst und Früchten nach auswärts verbot, eine Sperre, die der Ulmer Rat auch Söflingen aufzwang [62]. Im März 1772 sollen Söflinger Pferde vor den Stadttoren ausgespannt worden sein und in ähnlicher Weise sei es zu unzähligen Feindseligkeiten gekommen, deren gar nicht aller gedacht werden könne [63]. Im plädoyerartigen Schlußwort seiner rechtshistorischen Abhandlung über Söflingen kommt Schrader, der freilich ganz und gar für Söflingen Partei ergreift, zu dem

57 *Schrader*, S. 108, für die Äbtissin Anna Storrin (1588—1611) und ihre Ablehnung der Berufung zum Reichstag von 1597. Schrader vermutet Ulmer List auch bei »mehrer anderer höchstverdächtiger Schriften der Frau Äbtissin«. — Tatsächlich gibt Anna Storrin, die 1611 abgesetzt wurde, einige Rätsel auf; vgl. unten, S. 137.

58 *StA Ulm*, A [793]; *Schrader*, Nr. 48, S. 68—72; dazu Nr. 49, S. 74—77. — Beachtlich erscheint mir dabei als Rechtsvertreter Söflingens neben dem Söflinger Hofmeister Simon Bickel, Franz Khün, Rat und Kanzler der Abtei Weingarten, Syndicus des Schwäbischen Reichsprälatenkollegiums.

59 *StA Ulm*, A [791]: Streit über die Mühle und Mahlrechte, 1617—1700.

60 *Schrader*, S. 159, S. 173 mit Nr. 62 (S. 113).

61 *Ebd.*, Nr. 30, S. 45.

62 *Ebd.*, Nr. 23, S. 34 f. (vom 15. Okt. 1770); Nr. 25, S. 36; Nr. 26, S. 36 f.

63 *Ebd.*, S. 171.

Fazit: »Stufenweise sollte das nicht beschirmete, sondern bestürmete Gotteshaus gedemütigt werden.« [64]

Aus dieser Situation glaubte Söflingen nur durch einen Prozeß herauskommen zu können. Gegenstand des Prozesses mußte die Zurückweisung des der Stadt Ulm übertragenen Schutz- und Schirmrechtes über das Kloster sein, das die Kaiser bis dahin immer neu ausgesprochen und bestätigt hatten [65], und die Erlangung einer unbestreitbaren freien Reichsstandschaft.

Johanna Miller, Äbtissin seit 1768, wagte sich an den Prozeß, der seit 1770 beim Reichskammergericht in Wetzlar und beim Reichshofrat in Wien angestrengt wurde. Die Stadt Ulm wurde in Wien durch ihren Anwalt Johann Jakob Bittner, Söflingen durch Franz-Josef Negelin von Blumenfeld vertreten [66]. Ein akuter Streitfall über Söflinger Güter in Mähringen wurde am 20. Juni 1772 Anlaß zum Eingreifen Josefs II.: ... »Via facti dürften keine neuen Rechtsverhältnisse geschaffen werden.« [67] Ein Jahr später kam es zum Vergleich zwischen den beiden streitenden Parteien. Ulm verzichtete auf jegliche »oberherrschaftliche Ansprüche über Söflingen«, also auf die Interpretation der vom Kaiser übertragenen Schutz- und Schirmpflicht im Sinne einer Vogtei. Söflingen überließ der Stadt dafür seine Güter mit den damit verbundenen Rechten in Mähringen, Lehr, Jungingen, Breitingen, Holzkirch, Lonsee, Langenau, Weidenstetten, Söglingen und Bermaringen im Gesamtwert von 51 245 fl. [68] Die abgetretenen Güter lagen im Ulmer Hoheitsgebiet, waren daher bevorzugter Anlaß zu Streit, und deshalb mag der beachtliche wirtschaftliche Verlust für Söflingen zu verschmerzen gewesen sein.

Mit diesem gerichtlichen Entscheid war freilich nur der erste Teil der Söflinger Bemühungen erreicht. Der konsequente Fortgang war nun das »Ansuchen des Gotteshauses um Aufnahme in das Reichsprälatenkollegium« [69]. Mit der Annahme dieses Antrags am 3. Januar 1775 war das Klarissenkloster Söflingen in den freien Kreis- und Reichsstand erhoben und erhielt seinen Platz auf der »Schwäbischen Prälatenbank«, die mit einer Kuriatstimme im Reichsfürstenrat vertreten war. Zu den Äbtissinnen der Zisterzienserinnenabteien von Rottenmünster, Gutenzell, Heggbach und Baindt trat in dieses Gremium nun auch die Äbtissin des Klarissenklosters

64 *Ebd.*, Schlußwort, 3. Seite (ohne Seitenzählung).

65 *StA Ludwigsburg* bewahrt die neuzeitl. Kaiserurkunden auf.

66 *StA Ulm*, A [775]: Vollmachtschreiben vom 27. Juli 1772 für den Ulmer Agenten.

67 *Ebd.*: Mandatum inhibitorium et restitutorium zugunsten des implorantischen Stiftes.

68 *StA Ludwigsburg*, B 509, Urk.: 1770—1773.

69 *Ebd.*, B 509, Nr. 1281. — *Konstantin Maier*, Die Diskussion um Kirche und Reform im schwäbischen Reichsprälatenkollegium zur Zeit der Aufklärung (Wiesbaden 1978), bringt einige Hinweise zur Stellung Söflingens in diesem Kreis.

Söflingen, die sich dort durch ihren Oberamtmann vertreten ließ. Als am 14. Mai 1775 der Schwäbische Kreis sich in Ulm versammelte, erschien der Oberamtmann von Söflingen zum ersten Mal als Söflinger Kreisgesandter [70]. Die letzte Abhängigkeit von der Reichsstadt Ulm entfiel am 13. Oktober 1775: Söflingen übernahm auch die hohe Gerichtsbarkeit und sprach zwei Jahre später die ersten Todesurteile aus [71].

Johanna Miller hatte den Prozeß angefangen, sie hat sein Ende erleben dürfen, das ihr die Würde der Reichsäbtissin brachte [72]. Die Würde war freilich auch mit neuen Lasten verbunden. Auf der Reichsabtei lag nun die Reichssteuer; sie betrug 5 Gulden, dazu 9 Reichstaler »Kammerzieler« und 5 Gulden Kreisanschlag. Für den Kriegsfall hatte die Herrschaft Söflingen 16 Mann Infanterie und 5 Dragoner zu stellen; in Friedenszeiten wurde das halbe Deputat gefordert. Zur Reichssteuer kam der Beitrag für das schwäbische Reichsprälatenkollegium [73]. Eine größere Last hatte dem Kloster allerdings der Prozeß selbst gebracht, und dies nicht nur durch die erwähnte Güterabtrennung an Ulm, sondern durch die hohen Prozeßkosten, für deren Beitreibung das Kloster Anleihen aufnehmen mußte. Ein Stuttgarter Hofrat stellte im Frühjahr 1775 wohl die Summe von 10 000—15 000 Gulden zur Verfügung. Im März/April des gleichen Jahres wandte sich die bedrängte Abtei an den Reichsfreiherrn Franz Sigismund Herrn von und zu Erbach, Landkomtur des Deutschen Ordens in Ellingen, um eine gleiche Summe. Vermittler war der Deutschherr Johann Baptist von Andlau aus dem Ulmer Deutschordenshaus [74]. Der hohe Landkomtur mußte die Schwestern allerdings auf den künftigen Herbst vertrösten [75].

Eine ganz andere und wohl weniger belastende Folge der erreichten Reichsfreiheit erfuhr das Kloster wenige Jahre später. Kaiser Josef II., der in den Klöstern seines Landes in erster Linie Anstalten sah, die dem Staat

70 *Fischer*, Kloster Söflingen, S. 33.

71 *StA Ludwigsburg*, B 509; *Fischer*, S. 34: am 24. Mai 1777 Johann Georg Uhl, der von der Äbtissin begnadet wurde; am 13. Juli 1777 wurde der »Neusinger« (ein Dieb) und am 21. Nov. 1779 Simon Bichelmaier mit dem Schwert hingerichtet.

72 1776 gestorben nach achtjähriger Regierungszeit und kurz zuvor erfolgter Resignation.

73 *Fischer*, S. 34. — *H. S. G. Gumpelzhaimer*, Die Reichsmatrikel aller Kreise, Ulm 1796, S. 69 f.: Die Söflinger Reichsbeiträge. — Der Kollegialtag des schwäbischen Reichsprälatenkollegiums legte 1778 für Söflingen die Abgabe von 2000 fl. fest, dazu für die folgenden vier Jahre je eine Rate von 500 fl. (*Maier*, Reichsprälatenkollegium, S. 19).

74 *StA Ludwigsburg*, B 509, Nr. 1426; das Bittschreiben vom 17. März 1775 unterzeichnete Soror Maria Franziska Meister O. S. Clarae, als Oberschreiberin des Konventes. — Rührend fügte sie ihrem Schreiben eine »Empfehlung der Mitschwester Frau Maria Clara von Gebsattel (aus der hohen Erbachschen Familie)« an.

75 *Ebd.*, Schreiben des Komturs vom 12. April 1775 an von Andlau.

Nutzen zu bringen hatten, wies mit Schreiben vom 13. Februar 1783 einen sog. Panispfründner nach Söflingen. Die Abtei hatte damit für den Lebensunterhalt des Pfründners aufzukommen [76].

[76] *StA Ludwigsburg,* B 509, Nr. 1284: Panisbrief Josefs II. Der Pfründner hieß Michael Schmidt. Näheres über ihn konnte nicht ermittelt werden. — Zu den interessanten Panisbriefen (von panis = Brot): *L. Groß,* Die Panisbriefe Josefs II., in: Festgabe für Heinrich Ritter von Srbik, München 1938, S. 169—179. — *B. Lins,* Geschichte der bayrischen Franziskanerprovinz zum hl. Antonius von Padua zur Zeit der Säkularisation, München 1931, zählt eine Reihe von »Panispfründnern« auf.

5. TEIL

Die Söflinger Klarissen und die Oberdeutsche Observantenprovinz

1. Söflingen im Provinzverband

Seit 1484 gehörte Söflingen zu den Franziskaner-Observanten. Als die beiden franziskanischen Ordensfamilien der Konventualen und der Observanten 1517 getrennt und zu selbständigen Ordensgemeinschaften wurden, entstand die *oberdeutsche Observantenprovinz* [1], deren Territorium sich mit der alten Straßburger Konventualenprovinz deckte und damit ganz Süddeutschland umfaßte. Zum Zeitpunkt ihrer Konstituierung zählte die Provinz folgende Niederlassungen: Basel, Nürnberg, Mainz, Heidelberg, Bamberg, München, Ingolstadt, Ulm, Landshut, Rufach/Elsaß, Pforzheim, Heilbronn, Tübingen, Weißenburg/Elsaß, Oppenheim/Rhein, Amberg/Oberpfalz, Leonberg/Württemberg, Kelheim/Donau, Barr/Elsaß, Riedfeld bei Neustadt/Aisch, Mönnigerberg bei Freystadt/Oberpfalz, Lenzfried/Kempten, Kaysersberg/Elsaß, Kreuznach, Zabern/Elsaß, Fremersberg/Baden-Baden, Bönnigheim bei Besigheim/Württemberg und Freiburg/Breisgau. Dazu kamen die Klarissenklöster: Gnadental in Basel, Alspach/Elsaß, Nürnberg, Bamberg, Brixen, Pfullingen, Heilbronn, Anger in München, Söflingen, Freiburg/Breisgau.

Diesen großen Bestand konnte die Provinz freilich nicht halten. Zunächst strich die Reformation eine Reihe von Häusern aus ihrer Liste [2]. Von den Klarissenklöstern waren dies Basel, Nürnberg und Pfullingen, während Heilbronn nach langen Jahren der Unterdrückung und höchst gefährdeter Existenz in der evangelisch gewordenen Reichsstadt weiterbestehen

[1] Das Aktenmaterial zur Geschichte der Ordensprovinz wurde ediert von *B. Lins*, *M. Bihl* und *A. Wagner:* Analecta Franciscana 8 (Quaracchi 1946). — Information über die einzelnen Konvente der Provinz vgl. oben, S. 28, Anm. 57.

[2] Darunter die alten Konvente Basel, Nürnberg, Mainz, Heidelberg, Ulm, Pforzheim, Tübingen, Heilbronn, Leonberg usw. – *Glaßberger*, Chronica, Appendix I, S. 570: »Ec sic partim per haereticos, partim per negligentiam Fratrum ablati sunt huic provinciae sanctissimae et amplissimae 22 conventus.«

konnte [3]. Dann griffen andere kirchenpolitische Veränderungen in das Provinzgefüge ein. Mit der Gründung der *Tiroler Franziskanerprovinz* im Jahre 1580 kamen die beiden Klöster in Freiburg [4] ebenso wie das erst 1574 gegründete Kloster Innsbruck an diesen Provinzverband. Im Jahre 1580 bestand die oberdeutsche Provinz noch aus sechs Konventen und zwei Residenzen (Söflingen und Heilbronn) mit den fünf Klarissenklöstern Alspach, Bamberg, Heilbronn, München und Söflingen.

Die Verluste konnten in der Folgezeit wieder wettgemacht werden, da es der Provinz gelang, neue Niederlassungen zu gründen [5]. Bereits 1587 waren die Konvente Salzburg [6], Hechingen [7] und Passau [8] hinzugekommen. Seit 1597 erscheinen die elsässischen Konvente Rufach [9] und Zabern [10] wieder auf den Kapitelstafeln; 1601 konnte Kaysersberg neu besiedelt werden [11], und 1604 war das oberpfälzische Pfreimd neu hinzugekommen [12]. Schon 1602 war in Graz die Neugründung eines Klarissenklosters gelungen, das der oberdeutschen Observantenprovinz zugeordnet wurde, die dort auch eine Residenz für die Seelsorger der Schwestern einrichtete. Im Jahre 1686 gingen die beiden Grazer Niederlassungen allerdings an die *österreichische Ordensprovinz* verloren [13]. Auf der Kapitelstafel 1607 erscheint erstmals Eger mit einem Observantenkonvent und einem Klarissenkloster [14]. Drei Jahre später besaß die Provinz Niederlassungen in Augsburg [15] und Freising [16]. Diese Beispiele zeigen die Expansionskraft der Provinz.

Das frühe 17. Jahrhundert brachte jedoch eine neue einschneidende Veränderung des Provinzgebietes. Mit der Gründung einer eigenen *bayerischen Franziskanerprovinz*, die seit 1620 besonders durch Herzog Maximilian I. betrieben und 1625 errichtet wurde, gingen die im Herzogtum Bayern

[3] *Greiderer,* S. 108—112; »Sorores in medicis persecutionibus velut columnae immobiles in orthodoxa fide suaque religiosa professione perstiterunt« *(ebd.,* S. 109).

[4] Zum Freiburger Klarissenkloster: *Alem. Fr.* 7 (1961), S. 137—192; zum Franziskanerkloster: *Heinrich Hansjakob,* St. Martin, Freiburg, Kloster u. Pfarrei, Freiburg 1890.

[5] Theoretisch bot das Restitutionsedikt von 1629 in etlichen Fällen die Rückkehr in die durch die Reformation verlorengegangenen Klöster; vorübergehend gelang sie den Klarissen in Pfullingen, auf die Dauer denen von Heilbronn. — Zu Versuchen der Franziskaner, ihr altes Kloster in Ulm wieder zu besiedeln, vgl. oben, S. 113, Anm. 12; *Lang,* Ulmer Katholiken im Zeitalter der Glaubenskämpfe, S. 71 f.

[6] *Alem. Fr.* 4 (1958), S. 76–164.

[7] *Ebd.* 16 (1971), S. 139—222.

[8] *Bavaria Franciscana* 2 (o. J.), S. 168—231.

[9] *Alem. Fr.* 7 (1961), S. 105—130; erste Gründung um 1250.

[10] *Ebd.* 2 (1958), S. 104–156; erste Gründung 1486 als Observantenkloster.

[11] *Ebd.* 9 (1963), S. 81—92; erste Gründung um 1280.

[12] *Bavaria Franciscana* 2 (o. J.), S. 142—215.

[13] *Alem. Fr.* 10 (1964), S. 94—103.

[14] *Greiderer,* S. 106 f.; es sind alte Gründungen aus dem 13. Jahrhundert, die ursprünglich zur sächsischen Franziskanerprovinz gehört hatten.

[15] *Bavaria Franciscana* 5 (1961), S. 341–515.

[16] *Ebd.* 1 (o. J.), S. 327—348.

gelegenen Klöster der oberdeutschen Provinz verloren. Damit entstand nicht nur ein neues Provinzgebiet innerhalb Süddeutschlands. Die bayerische Provinz schloß sich überdies der von Italien kommenden Ordensfamilie der Franziskaner-Reformaten an [17]. Auch in das übrige Provinzgebiet drangen andere Provinzverbände ein, die die Ausbreitungsmöglichkeiten beschränkten und zu Konkurrenz und Streit führten. Im Norden stieß die oberdeutsche Provinz mit der 1633 neuerrichteten *thüringischen Franziskanerprovinz* zusammen [18], der sie zeitweilig ihre Konvente Dettelbach/Main [19] und Kreuzberg/Rhön [20] überlassen mußte. In die alten franziskanischen Stätten am mittleren Rhein konnte sie nicht mehr zurückkehren. Die Wiederbesetzung und Neuerrichtung von Konventen übernahm dort die *Kölner Provinz* [21]. Auch im südwestdeutschen Raum vertraten die oberdeutschen Observanten nicht mehr allein die franziskanische Präsenz. Die 1580 gegründete Tiroler Provinz besaß – wie erwähnt – den alten, angesehenen Konvent in Freiburg/Breisgau [22]. Zur gleichen Provinz zählten die Niederlassungen in Ehingen/Donau [23], Horb/Neckar [24], Waldsee und Saulgau [25]. Das 1624 gegründete Kloster Hedingen/Sigmaringen gehörte zur bayerischen Provinz und wurde 1772 der Tiroler Provinz zugeteilt [26]. Diese zuletzt genannten Klöster kamen im Jahre 1783 zur damals neuerrichteten *vorderösterreichischen Franziskanerprovinz* [27].

Trotz des eingeengten Raumes und der starken franziskanischen Konkurrenz konnte sich die oberdeutsche Oberservantenprovinz weiterhin gedeihlich entwickeln. Als sie im frühen 19. Jahrhundert infolge der Säkularisation aufgelöst wurde, zählte sie 23 Konvente, 13 Residenzen und Hospize sowie vier Klarissenklöster.

17 *B. Lins*, Geschichte der bayerischen Franziskanerprovinz 1620—1802, München 1926; zu den Reformaten vgl. *Holzapfel*, Handbuch des Franziskanerordens, S. 338—348.

18 Die Geschichte dieser Ordensprovinz ist noch nicht abschließend bearbeitet; das Urkundenmaterial zusammengestellt von *G. Haselbeck*, Registrum Thuringiae Franciscanae, Fulda 1940–1941; Vorarbeiten für die Provinzgeschichte von *P. Säger*, in: Thuringia Franciscana 1958 ff.

19 *Bavaria Franciscana* 4 (1958), S. 392—442; gehört 1665—1676 zur Thuringia.

20 *Ebd.* 3 (1957), S. 441—455; ebenfalls 1665–1676 zur Thuringia.

21 Die Konvente Mainz (mit zwei Klarissenklöstern), Oppenheim, Kaiserslautern, Kreuznach und Heidelberg.

22 Siehe oben S. 126, Anm. 4; von Freiburg aus wurde 1649 im benachbarten Kenzingen eine Niederlassung gegründet.

23 *Alem. Fr.* 9 (1963), S. 5—17.

24 *Ebd.*, S. 181—214.

25 Die beiden oberschwäbischen Franziskanerklöster haben noch keine Darstellung ihrer Geschichte gefunden.

26 *Alem. Fr.* 9 (1963), S. 29—66.

27 Dem aus politischen Gründen errichteten Provinzverband war nur kurze Lebensdauer beschieden; durch die Säkularisation verschwand er von der franziskanischen Landkarte.

Innerhalb des gesamten Ordens verblieb die Provinz bei den Observanten. Hier gehörte sie zur ultramontanen Familie, deren Provinzen in Belgien, den Niederlanden, England und Deutschland (ohne Bayern und Österreich) die »Natio-Germano-Belgica« bildeten und in der Ordensleitung vom sog. Generalkommissar vertreten wurden [28]. Die Observantenprovinzen dieser Gruppe hielten sich an die durch das Generalkapitel von Barcelona im Jahre 1451 publizierten Konstitutionen (Constitutiones Barcinonenses) [29]. Dieses Observantenstatut blieb für die oberdeutsche Provinz verbindlich, wurde freilich mehrfach verändert und den Provinzverhältnissen angepaßt [30]. Dazu erließen die Provinzkapitel ergänzende Satzungen. Im 17. Jahrhundert schloß sich die Provinz einer neuen Reformrichtung innerhalb der Observanten an, den sog. Rekollekten. Diese hatten sich von Spanien her besonders in Frankreich ausgebreitet und hier zur Entstehung eigener Ordensprovinzen innerhalb der Observantenfamilien geführt [31]. Um einer Teilung der Provinzen zuvorzukommen, schloß sich die ganze deutschbelgische Nation der Observanten den Rekollekten an. Die Oberdeutsche Provinz nannte sich deshalb seit 1638 »von der strengeren Observanz« [32] und nahm 1677 die Bezeichnung »Rekollektenprovinz« an [33].

2. Die Seelsorge im Kloster und im Dorf

Die Ordensprovinz und ihre Leitung nahm die seelsorgliche Betreuung der Söflinger Schwestern durchaus ernst. Seit der Reform sandte sie wenigstens drei Patres nach Söflingen. Die Niederlassung der Franziskaner beim Klarissenkloster erhielt den Rang einer Residenz [34]. Dreimal tagte in Söflingen das Provinzkapitel: 1560, 1563 und 1629 [35]. Das 1587 in Salzburg tagende Provinzkapitel belegte die Söflinger Klarissen mit einer jährlichen Abgabe von 25 fl. für zwei in Paris und Italien studierende Franziskaner [36].

28 *Holzapfel,* Handbuch, S. 379—400, 437—444.

29 *E. Wagner,* Historia Constitutionum Generalium, Rom 1954, S. 66.

30 *AF* 8, S. 105—107.

31 *Holzapfel,* Handbuch, S. 348–352; in gewissem Sinne eine Wiederholung des durch die Observanten im 15. Jahrhundert bewirkten Vorgangs.

32 Kapitelsakten des Provinzkapitels von Passau: *AF* 8, S. 158.

33 *Ebd.,* S. 175; auch »strictoris observantiae Recollectorum«.

34 *Greiderer,* S. 98 f.; den gleichen Rang hatte die Franziskanerniederlassung beim Klarissenkloster Heilbronn.

35 *Ebd.; AF* 8, S. 153. — Die alle drei Jahre stattfindenden Provinzkapitel fanden jeweils in verschiedenen Klöstern statt; ab 1668 wurde der Konvent in Augsburg zum ausschließlichen Kapitelsort, nur das Zwischenkapitel (es wurde jeweils ein Jahr nach dem Provinzkapitel gehalten) von 1675 fand in Klosterlechfeld statt: *AF* 8, S. 175.

36 *AF* 8, S. 136.

Die Residenz nahm jedoch nicht nur die für die Schwesternseelsorge notwendigen Patres auf. Da die Franziskaner bald die »Pfarrdienste« in Söflingen versahen, war eine Verstärkung der Präsenz naheliegend. Greiderer hebt rühmend diese Tätigkeit der Franziskaner in Söflingen hervor: Mit großem Erfolg, zum Trost und zur Erbauung der ganzen Bevölkerung versehe ein Pater diesen Dienst, und zwar unentgeltlich, ohne eigenen Vorteil und Gewinn, auch ohne strenge Verpflichtung, sondern ganz frei, aus reiner Gottes- und Nächstenliebe, wofür er vom Kloster unterhalten werde [37]. Die Kapitelsakten nennen allerdings erst ab 1717 jeweils einen »Pfarrer und Katechet« in Söflingen, zu dem ab 1753 ein »Festprediger und Drittordensseelsorger« hinzukam [38]. Wer vor dieser Zeit die »Pfarrseelsorge« in Söflingen wahrgenommen hatte, läßt sich nicht feststellen. In den von 1587 an überlieferten Listen fehlt der in den älteren Akten genannte »Socius« des Beichtvaters. Dagegen ist eine Liste der »Concionatores« festgehalten, der Prediger für den Konvent [39], die möglicherweise als Seelsorger im Klosterdorf tätig waren. Doch der erste im Taufregister festgehaltene Franziskaner, der in der Gemeinde Söflingen die Taufe spendete, P. Honoratus Schmid, erscheint überhaupt nicht in der Söflinger Ämterliste [40]. Gleich ihm läßt sich eine weitere Reihe von Franziskanern feststellen, die in der Ämterliste für Söflingen nicht genannt werden, sicher aber längere Zeit dort verbracht haben [41]. So läßt sich aus dem Personalverzeichnis eine Reihe von Patres ermitteln, die in Söflingen verstorben sind, ohne dort in bestimmter Funktion nachgewiesen zu sein. Danach haben sich in Söflingen immer mehrere Patres aufgehalten, von denen vor 1717 möglicherweise einer mit dem »Pfarrdienst« im Dorf und dem Gottesdienst in St. Leonhard beauftragt war [42]. Darüber hinaus weilten in Söflingen auch einige Laienbrüder. Greiderer spricht summarisch von »einem Laienbruder« [43], doch waren es nach anderen Nachrichten — dem Personalverzeichnis und der für die späteren Jahre des 18. Jahrhunderts wichtigen Chronik von Frai-

37 *Greiderer,* S. 99.

38 Liste der Amtsinhaber: *AF* 8, S. 343.

39 *Ebd.,* S. 342 f.

40 *Pfarrarchiv Söflingen,* Taufregister zum Jahr 1688.

41 Diese Unstimmigkeit erklärt sich aus der Tatsache, daß die Personallisten der alten Kapitelsakten immer nur jene Patres verzeichnen, die in den einzelnen Häusern bestimmte Ämter zu versehen hatten. Bei der hohen Mitgliederzahl der Provinz weilten aber in jedem Konvent Patres ohne bestimmte Aufgaben. Auch die Laienbrüder erschienen nicht in den offiziellen Personalakten.

42 Auch in späteren Jahren sind die im Taufregister genannten »Taufer« nicht immer mit dem offiziell bestellten »parochus et catechista« identisch.

43 *Greiderer,* S. 99.

del – mehrere Brüder [44]. Schließlich läßt auch der um 1700 errichtete stattliche Bau der »Franziskanerresidenz« darauf schließen, daß sich in Söflingen eine größere Zahl von Franziskanern aufhalten konnte.

Von der Wirksamkeit der Franziskaner in Söflingen über ihre unmittelbare Aufgabe hinaus, läßt sich wenig sagen [45]. Für Einfluß und Ansehen unter der Bevölkerung spricht die Tatsache, daß im Laufe der mehr als drei Jahrhunderte mehrere Söflinger sich der oberdeutschen Observantenprovinz anschlossen. Es sind im ganzen zehn Patres und fünf Brüder, die namentlich festgestellt werden können [46]. Unter ihnen war P. Johannes Bernhard Lang, gen. Agricola; 1535 in Söflingen geboren, 1557 eingekleidet, wurde er 1583 Guardian in Salzburg. Von 1580—1587 war er Beichtvater des Salzburger Erzbischofs, und 1587 wählte ihn die Provinz zu ihrem Provinzialoberen für drei Jahre. Im Jahre 1595 wurde er zum Generalkommissar ernannt. In Wien, wo er lange Jahre Beichtvater des Erzherzogs Matthias und seiner Gemahlin Anna war, ist er 1624 gestorben [47]. Aus benachbarten Gemeinden stammten ebenfalls Franziskaner, bei deren Ordenseintritt wohl wiederum die Franziskanerresidenz Söflingen eine Rolle gespielt hatte, so aus Schmiechen [48], Einsingen [49] und Wiblingen [50].

Das Wirken der Franziskaner in Söflingen und das friedliche Nebeneinander von Klarissenkonvent und Franziskanerresidenz wurde im frühen 17. Jahrhundert für kurze Zeit gefährdet. Die Gefährdung kam von unerwarteter Seite, von starker franziskanischer Konkurrenz. Die Kapuziner, die seit dem 16. Jahrhundert mit großem Erfolg in der Schweiz wirkten, dehnten damals ihren Wirkungsbereich nach Süddeutschland aus, wo sie

44 *Fraidel* (Chronik, S. 26) weiß von einigen Brüdern, die in jenen Jahren als Braumeister in Söflingen tätig waren: für 1778 Br. Lucius, danach Br. Hugolin, Br. Livinus, wieder Br. Lucius, für 1798 Br. Crescentianus.

45 Im 16. Jahrhundert wirkte einer von ihnen auch als Seelsorger der Terziarinnen in Weiler bei Blaubeuren, bis das Kloster im Jahre 1570 aufgelöst wurde: *Weser*, Manuskriptband, S. 688. — Nach dem Personalschematismus der Diözese Konstanz von 1779 war ein Söflinger Franziskaner außerordentlicher Beichtvater bei den Franziskanerinnen in Wiesensteig.

46 *AF* 8, S. 616 nennt neun Patres; aus dem Personalverzeichnis *(ebd.*, S. 349—425) ergeben sich folgende zehn Namen: Benjamin Bauer, 1756—1806; Meinrad Ettle, 1786—1845; Johannes Lang, 1535—1624; Joh. Capistran Pregler (1793 eingekleidet); Philipp Rogg, geb. 1748 (in die österr. Provinz übergetreten); Martin Rueff, 1644—1702; Albert Schwarz, 1760—1830; Basilius Schwarz, 1777–1862 (gestorben in München als Weltpriester, war 1825 Inspektor des Lehrerseminars in Dillingen); Aloysius Treitle (Trittle), 1659—1689; Joh. de Prado Wille, geb. 1752 (ging nach Wien).

47 *AF* 8, S. 472.

48 Ferdinand Bruggberger, 1658—1720 (gest. in Söflingen); Liberius Schneider, 1744 bis 1803.

49 Irenäus Leiggart, 1742—1781 (Missionar im Hl. Land).

50 Claudius Fischer, 1706—1781 (sämtliche Personalangaben aus *AF* 8).

rasch Sympathie und Unterstützung fanden [51]. In ihrem Ausbreitungswillen suchten sie nach neuen Wirkungsmöglichkeiten und stießen dabei auch auf Söflingen: Hier unternahmen sie Anstrengungen, einen kleinen Konvent zu errichten und bei den Schwestern die Stelle des Beichtvaters und des Predigers zu übernehmen [52]. Der Antrag wurde bis nach Rom getragen. Danach wollten die Schwestern aus ihren jährlichen und überflüssigen Einkünften den Kapuzinern ein neues Haus bauen, damit die Patres — zwölf Kapuziner sollte das Kloster aufnehmen können — zu ihrem Heil und zur Stärkung ihres Glaubens wirken könnten [53]. Es ist kaum anzunehmen, daß die Schwestern freiwillig eine derartige Bitte dem Papst vorgetragen hatten. So konnte der Antrag wohl nur von den Kapuzinern selbst formuliert worden sein, die in jenen Jahren in der Schweiz unter den Franziskanerinnen eine recht erfolgreiche Reformtätigkeit entfalteten [54]. Freilich gab Papst Paul V. dem Ansinnen nicht nach. Die Kapuziner kamen nicht nach Söflingen [55]. Ähnliche »Eroberungsversuche« der Kapuziner im Klarissenkloster Wittichen/Schwarzwald blieben gleicherweise erfolglos [56], während die Kapuziner im elsässischen Alspach im frühen 18. Jahrhundert schließlich die Schwesternseelsorge übernahmen [57].

3. Die Seelsorger des Klosters

Zu den wichtigsten Aufgaben des alle drei Jahre stattfindenden Provinzkapitels gehörte die Besetzung der Ämter und Dienste in den einzelnen

51 Vgl. *L. Baur,* Die Ausbreitung der Bettelorden in der Diözese Konstanz, in FDA N.F. 1 (1900), S. 85—101; N.F. 2 (1901), S. 1—107; *A. Eberl,* Geschichte der Bayrischen Kapuzinerprovinz, Freiburg 1902: Helvetia Sacra V 2, 1: Die Kapuziner, Bern 1974.

52 *Greiderer,* S. 99.

53 *Bullarium Capuccinorum* IV, S. 66 f. (12. Oktober 1610). Dazu auch: pro divini cultu, fidei augmento, haeresium exstirpatione.

54 Die sog. Pfanneregger Reform; vgl. *Helvetia Sacra* V 2, 2, Bern 1974. — Vgl. unten, Anm. 103.

55 *Eberl* (Geschichte der Bayrischen Kapuzinerprovinz, S. 88) berichtet nach den Annalen der Provinz für das Jahr 1630 von einem zweiten Versuch der Kapuziner, sich in Ulm niederzulassen. Soweit ersichtlich, ging es dabei nicht um eine Niederlassung in Söflingen, sondern um eine Missionsstation in der Reichsstadt selbst. Ebenso *Tüchle,* Acta S. C. de Propaganda Fide, S. 308.

56 *A. Hiss,* Kaltbrunn-Wittichen einst und jetzt, Freiburg 1966, S. 98. Hier waren es in den Jahren 1629—1631 die Kapuziner von Rottenburg/Neckar. Da auch die damalige Witticher Äbtissin für die Kapuziner Partei ergriffen hatte, wurde sie abgesetzt: *Alem. Fr.* 18 (1973), S. 225 f.

57 *Alem. Fr.* 5 (1959), S. 100. — Ohne auf weitere Beispiele dieser Art einzugehen, verweise ich noch auf das Franziskanerinnenkloster (III. Orden) in Pfullendorf, das unter den Konventualen stand und im Jahre 1704 unter die Obedienz der Kapuziner kam; *ebd.,* S. 165 f.

Klöstern, die in der »Kapitelstafel« verkündet wurde. Für die Residenz der Franziskanerobservanten in Söflingen besitzen wir die älteste Nachricht aus dem Jahre 1486 mit der Bestellung der Patres Ägidius de Salice als Beichtvater, Alexander Walser als dessen Gehilfe (Socius) und Sigismund Spintler als Prediger [58]. Von den Inhabern dieser drei Ämter, die die ältesten Kapitelstafeln für Söflingen nennen [59], war der *Beichtvater* (Confessarius) gleichzeitig Oberer der Franziskanerresidenz, wie sein Amt überhaupt zu den angeseheneren im Provinzbereich zählte und meist Patres übertragen wurde, die zuvor wichtige Provinzämter innegehabt hatten. Einer der ersten Beichtväter nach der Reform war P. Paulus Walter Guglinger (1423—1496). Er stammte aus Güglingen bei Heilbronn, trat mit 18 Jahren in den Orden vom hl. Grab ein und schloß sich 18 Jahre später den Franziskanerobservanten an. Im Orden versah er verschiedene Ämter, weilte 1467 im Auftrag der Provinz in Rom und erhielt 1481 die Erlaubnis zu einer ausgedehnten Pilgerreise zu den Heiligen Stätten, die er in einem Reisebericht festhielt. 1493—1496 wirkte er als Beichtvater in Söflingen und starb 1496 in Ulm [60].

Vom Jahre 1587 bis zur Aufhebung des Klosters ist die Liste der Söflinger Beichtväter vollständig erhalten und verzeichnet 31 Namen [61]. Die jeweils auf drei Jahre beschränkte Amtszeit führte zu häufigem Wechsel. Allerdings konnte das Provinzkapitel die Amtszeit mehrfach verlängern, wie zum Beispiel für die Patres Johannes Hoffmaier (1619—1641) und Nathanael Schefferle (1721—1739), für die die längste ununterbrochene Amtszeit in Söflingen bezeugt ist. Beichtväter konnten aber auch nach einer Abberufung von Söflingen durch das Kapitel zu einem späteren Zeitpunkt wieder dorthin geschickt werden. Das geschah in Söflingen fünfmal [62]. Unter den 31 Beichtvätern waren acht ehemalige bzw. künftige Provinziale: Johannes Hoffmaier leitete die Provinz 1616—1619 und wirkte anschließend zweiundzwanzig Jahre in Söflingen [63]. Johannes Dürpeck war von 1644 bis 1647 Beichtvater in Söflingen und zweimal Provinzial, 1656—1659 und wieder 1668—1671 [64]. Wolfgang Zech wurde von seinen Mitbrüdern dreimal zum

58 *AF* 8, S. 778 f.; hier eine unvollständige Namensliste bis 1543.

59 Die Provinz hatte für diese Ämter und ihre Inhaber eigene Bestimmungen erlassen: *AF* 8, S. 234.

60 *AF* 8, S. 806. — Der Reisebericht »Itinerarium in Terram Sanctam et ad S. Catharinam« hrsg. von *M. Sollweck*, Tübingen 1892.

61 *AF* 8, S. 342: Confessarii et Superiores in Soeflingen (nur die Angaben für das Jahr 1798 fehlen).

62 P. Wolfgang Zech war Beichtvater in Söflingen von 1668—1674 und wieder 1677—1681; P. Illuminatus Weiß von 1681—1683 und 1692—1695; P. Alexius Reichard von 1683—1686, 1689—1692 und 1695—1708; P. Leo Stehle von 1741—1744 und 1747—1748; P. Artemius Griesenauer von 1744—1747 und 1748—1762.

63 Geburtsort unbekannt; gestorben 1647 in Augsburg.

64 Er stammte aus Stadtsteinach und starb 1670 in Rufach/Elsaß.

Provinzial gewählt: 1665–1668, 1674–1677 und noch einmal 1683, resignierte dann aber nach einjähriger Amtszeit. In Söflingen hatte er 1668 bis 1674 und 1677–1681 gewirkt [65]. In ihrem Totenbuch gedachten die Söflinger Schwestern dieses verdienten Mannes mit Liebe und Dankbarkeit [66]. Alexius Reichard, 1683–1686, 1689–1692 und 1695–1708 in Söflingen, leitete die Provinz von 1692 bis 1695 [67]; 1710 ist er in Söflingen gestorben und wurde dort begraben. Auch ihn erwähnt das Totenbuch als besonderen Wohltäter, der zur Ausstattung der Kirche beigetragen hat [68]. Der schon genannte Nathanael Schefferle (Beichtvater 1720–1739) war, bevor er nach Söflingen kam, drei Jahre Provinzial. An seinem langjährigen Wirkungsort ist er 1742 gestorben [69]. Leo Stehle, Provinzial 1744–1747, war drei Jahre vor dieser Amtszeit und unmittelbar danach wieder ein Jahr in Söflingen [70].

Mit Benjamin Elbel kam 1748 eines der bedeutendsten Mitglieder der oberdeutschen Observantenprovinz als Beichtvater nach Söflingen. Bis zu seinem Tode im Jahre 1756 wirkte er hier und wurde in der Klosterkirche begraben [71]. In Friedberg bei Augsburg 1690 geboren, trat Elbel 1708 in den Orden ein und wurde nach dem Studium zum Lektorat am Provinzstudium bestimmt: 1715—1718 dozierte er Philosophie in Augsburg, 1718 bis 1732 Theologie in Eger, Passau und Salzburg, den damaligen Studienkonventen der Provinz. 1732 wurde er Custos (Stellvertreter des Provinzials) und übernahm 1735 für drei Jahre die Provinzleitung. Als Exprovinzial hielt er sich wieder in Salzburg auf und war Theologe und Beichtvater des Erzbischofs von Salzburg. 1742 wurde er zum Generalkommissar der deutsch-belgischen Nation der Franziskaner-Observanten ernannt, blieb vier Jahre in diesem höchsten Ordensamt und zog sich dann nach Söflingen zurück [72]. Der Nekrolog rühmt seine Frömmigkeit und betont vor allem seine Andacht zur Passion des Herrn und seine Marienverehrung [73]. Als Theologe hat er sich auf dem Gebiet der Moraltheologie einen besonderen Namen gemacht. Hier war es vor allem die sog. Sakramentenmoral, die er

65 Geboren 1623 in Augsburg und dort 1687 gestorben. Er war außerdem Generaldefinitor und 1660 Generalvisitator der Kölner Ordensprovinz.

66 *Seel- und Guttäterbuch des Klosters Söflingen,* S. 65.

67 Geboren 1634 in Augsburg; 1690 war er Generalvisitator der Kölner Provinz.

68 *Seel- und Guttäterbuch,* S. 58; er stiftete das Hl. Grab, die Krippe, geschnitzte Bilder und Altarblätter für die Kirche.

69 Geboren 1668 in Hindelang/Allgäu: *Seel- und Guttäterbuch,* S. 15.

70 Geboren 1719 in Burgau; gestorben 1751 in Augsburg. 1743 war er Generalvisitator der Thüringischen Franziskanerprovinz. — Schriftenverzeichnis: *AF* 8, S. 566.

71 *Seel- und Guttäterbuch,* S. 29.

72 *AF* 8, S. 475; 1735 war er Generalvisitator der Sächsischen Franziskanerprovinz und 1739 der Kölner Provinz.

73 *Ebd.*; zur Passionsfrömmigkeit paßt die Nachricht des *Seel- und Guttäterbuchs* (S. 29), wonach Benjamin Elbel für Söflingen ein »heiliges Grab« gestiftet habe.

in zahlreichen Untersuchungen behandelte und deren Ergebnisse er in einer stattlichen Buchreihe veröffentlichte [74]. Meinrad Kiening war einer der letzten Provinziale. Er leitete die Provinz in den Jahren 1786—1789 und 1795 bis 1798 und wirkte in der Zwischenzeit, 1789—1795, in Söflingen [75]. Auch er war vorher Dogmatiklektor gewesen und hatte einige Thesen veröffentlicht [76]. Andere Söflinger Beichtväter waren zuvor in den Konventen der Provinz als Lektoren, Prediger und Obere tätig gewesen [77].

Das nur unvollständig erhaltene Totenbuch erwähnt aus der weiteren Reihe der Beichtväter: Pater Ferdinand Bruggberger, der von 1714 bis 1720 in Söflingen war, sich um die Erneuerung des Chores und andere Neubauten besonders verdient machte und den Schwestern als Wohltäter des Konvents empfohlen wurde [78]. Dem am 3. November 1783 in Söflingen verstorbenen P. Walter Blattseiler widmet das Totenbuch einen ehrenden Nachruf. Er wirkte 1756—1783 in Söflingen und hatte dem »Convent viel gutes in geistlichen und zeitlichen erwiesen und war tag und nacht unermüdet« [79]. Mit zwei Zeilen nur erwähnt das Totenbuch den am 27. Januar 1620 verstorbenen Johannes Muskay, »der für drei jahr unser getreyer Beichtvatter gewest« [80]. Er war 1571 in den Orden eingetreten, hatte lange Jahre als Definitor in der Provinzleitung gewirkt, war 1587—1590 Guardian in Kelheim und 1597—1607 in Hechingen. Er gehörte zu den einflußreichen Männern der damals im Aufbau begriffenen Provinz und stand im Ruf besonderer Heiligkeit [81].

Die Liste der Beichtväter in Söflingen gibt zunächst nur Namen her. Auch die Charakterisierung der einzelnen Seelsorger als »patres insignes« führt nicht viel weiter, wenn man nach ihrem Einfluß auf die Schwestern-

[74] Werkverzeichnis: *AF* 8, S. 475—477; Teile davon wurden noch in diesem Jahrhundert neu aufgelegt.

[75] Geboren in Denklingen/Bayer. Schwaben 1733; gest. in Augsburg 1804.

[76] Werkverzeichnis: *AF* 8, S. 526.

[77] Zephyrin Zapfer, in Söflingen 1647—1650; Publikation: *AF* 8, S. 575. — Artemius Griesenauer, in Söflingen 1744—1747 und 1756—1762; Publikation: *ebd.*, S. 507. — Eutropius Liechtenauer, in Söflingen 1784—1786; Publikationen aus Dogmatik und Kirchengeschichte: *ebd.*, S. 530 f. — Amand Mauch, der letzte Söflinger Beichtvater; Publikationen aus Philosophie und Bibelwissenschaft: *ebd.*, S. 534.

[78] *Seel- und Guttäterbuch*, S. 42. — Geboren 1658 in Schmiechen; Prediger und Guardian in Lenzfried und Hechingen; starb 1720 in Söflingen und wurde dort begraben.

[79] *Ebd.*, S. 60. — Geboren 1708 (?) in Pfaffenhofen; war u. a. vorher Guardian in Passau.

[80] *Ebd.*, S. 9. — Sein Grabstein steht noch in Söflingen (mit dem in Söflingen 1587 verstorbenen P. Andreas Nas, Guardian in Hechingen).

[81] Entscheidenden Einfluß an der Ausarbeitung der Provinzstatuten schreibt ihm *Greiderer* (Germania Franciscana II, S. 142 und 212) zu. — Personalverzeichnis des Klosters Hechingen: *Alem. Fr.* 16 (1971), S. 189. — Das *Söflinger Seelbuch* (42. Woche, S. 61) nennt eine Schwester Agnes Muskay.

gemeinschaft fragt. Doch waren, wie gezeigt, die Söflinger Beichtväter meist nicht nur in wichtigen Funktionen der Ordensprovinz tätig, sondern es sind nicht wenige unter ihnen als Theologen und Schriftsteller hervorgetreten [82]. Ihr eigenes theologisches Interesse hat sicher in der seelsorglichen Betreuung der Schwestern seinen Niederschlag gefunden, so daß auch von hier aus darauf geschlossen werden darf, daß die »cura monialium« in Söflingen in guten Händen gelegen hat.

Diesen Eindruck bestätigt auch die Durchsicht der Söflinger Predigerliste. Von 1587 bis 1803 bestimmte die Provinzleitung 58 verschiedene Patres als *Prediger* in Söflingen [83], wobei die dreijährige Amtszeit fast den Normalfall darstellte [84]. Zwei der Söflinger Prediger waren mit dem Titel »concionator emeritus« ausgezeichnet [85]. Mehrere der in Söflingen als Prediger tätigen Patres sind auch als Schriftsteller hervorgetreten [86].

Die Oberdeutsche Observantenprovinz war eine geistig rege und aufgeschlossene Ordensgemeinschaft. Der umfangreiche Schriftstellerkatalog [87], die Reihe von Männern, die über die Ordensprovinz hinaus wirkten, ihre Dienste für die bischöflichen Kurien in Augsburg, Salzburg und Passau [88], Ein-

82 Außer den vorher Genannten: Leo Stehle, Schriftenverzeichnis: *AF* 8, S. 566 (aus Dogmatik und Hagiographie). — Artemius Griesenauer; *ebd.*, S. 507 (Dogmatik). — Eutropius Liechtenauer; *ebd.*, S. 530 f. (Kirchenrecht und Kirchengeschichte). — Bertrand Erdt; *ebd.*, S. 502 f. (Philosophie und Dogmatik). — Meinrad Kiening; *ebd.*, S. 526 (Dogmatik). — Cunibert Magg; *ebd.*, S. 534 (Choralbücher!). — Amand Mauch; *ebd.*, S. 534 f. (Philosophie und Dogmatik).

83 Liste: *AF* 8, S. 342 f.

84 Längere Zeit weilten in diesem Amt in Söflingen nur: Sebastian Ridler (1635—1641), Franziskus Stöckl (1653—1659), Hieronymus Mayr (1663—1669), Maximilian Weiss (1677—1686), Damian Neumayer (1695—1701) und Simpert Froede (1781—1787).

85 Ein Titel, der vom Provinzkapitel nach 15jähriger Tätigkeit als Prediger verliehen wurde und dem Träger besondere Privilegien innerhalb der Ordensprovinz bescherte: Baldus Agricola (1714) und Albanus Veith (1769—1771).

86 Elzear Grimmeisen (Prediger in Söflingen 1671—1675); Schriftenverzeichnis: *AF* 8, S. 508 (über das Leiden Christi). — Casimir Füsslein (1687—1692); *ebd.*, S. 505 (Heiligenpredigten). — Hieronymus Fordenbach (1692—1695); *ebd.*, S. 504 (Sonntagspredigten, Heiligenpredigten, Erbauungsschrifttum). — Clementin Kögel (1726—1729); *ebd.*, S. 527 (Heiligen- und Festpredigten). — Placidus Gugl (1759—1763); *ebd.*, S. 508 (Predigten, Erbauungsschrifttum). — Alban Veith (1769—1791); *ebd.*, S. 570 (Predigt zur Profeßfeier).

87 *AF* 8, S. 490—586.

88 Als bischöfliche Beichtväter, Theologen und Domprediger. — Für die höhere Ordensleitung stellte die Provinz sechs Generalkommissare und zehn Generaldefinitoren. — P. Johannes Nas (1534—1590) wurde 1580 Weihbischof von Brixen; sein umfangreiches Schriftenverzeichnis: *AF* 8, S. 468—470. — Zwanzig Patres wirkten als Visitatoren im Auftrag des Generalministers in verschiedenen deutschen Ordensprovinzen. — Die Provinz schickte regelmäßig Missionare in das Hl. Land, im 18. Jahrhundert auch nach Transylvania (Siebenbürgen!).

zelpersönlichkeiten wie der schon erwähnte Benjamin Elbel, Kilian Katzenberger[89] und Edilbert Menne[90] stehen stellvertretend für viele still und nicht registrierbar geleistete Arbeit.

4. Das Leben im Kloster

Die Schwestern

Vom Kampf um die konfessionelle und politische Selbständigkeit abgesehen, konnte die Klarissengemeinschaft in den letzten drei Jahrhunderten ihres Bestehens in verhältnismäßiger Ruhe und Sicherheit leben. Die kriegerischen Ereignisse hatten zwar auch Aufregung und Unruhe in das Kloster getragen, aber in keinem Fall zu umstürzenden Veränderungen geführt. Als durch das Restitutionsedikt Kaiser Ferdinands II. im Jahre 1630 eine Wiederbesiedelung des Klarissenklosters Pfullingen möglich wurde, zogen Schwestern von Söflingen dorthin und versuchten, unter Äbtissin Sidonia von Zollern den alten Konvent wieder zu beleben. Dem Unternehmen war allerdings kein bleibender Erfolg beschieden: Das Jahr 1648 brachte erneut die Aufhebung des Klosters und zwang die Schwestern zur Rückkehr nach Söflingen[91].

Greiderer schreibt von den Söflinger Klarissen: »Es leben gewöhnlich etwas mehr als 50 Schwestern im Kloster. Sie waren voll Eifer für den katholischen Glauben und den franziskanischen Orden. In rechtem Geist und zu aller Erbauung dienten sie dem großen Gott, verrichteten unermüdlich Tag und Nacht das göttliche Offizium, achteten sorgfältig auf die klösterliche Zucht entsprechend ihrer Regel und hielten unverbrüchlich an beständigem Fasten, an der Fleischabstinenz und den anderen strengen Forderungen des Ordenslebens fest.«[92] Das ist freilich sehr summarisch und könnte von anderen Klöstern ebenso geschrieben sein. Andererseits ist gegen eine solche Darstellung dann nur wenig einzuwenden, wenn man bedenkt,

[89] *AF* 8, S. 519—525; geb. 1681 in Zellingen/Unterfranken, gest. 1750 in Dettelbach; als Lektor in den Studienhäusern der Ordensprovinz tätig; daneben »scriptor feracissimus« *(ebd.,* S. 520). Seine ordensrechtlichen und asketischen Werke wurden bis in die jüngste Vergangenheit beachtet.

[90] *AF* 8, S. 537—540; geb. 1750 in Augsburg, gest. 1828 in Hochaltingen: »Scriptor fertilissimus et valde aestimatus«, besonders bekannt als Prediger und Katechet. — Vgl. *G. Biemer,* Edilbert Menne und sein Beitrag zur Pastoraltheologie, Freiburg 1969.

[91] *Alem. Fr.* 17 (1972), S. 235 f.; *H. Günter,* Das Restitutionsedikt von 1629 und die katholische Restauration Altwirtembergs, Stuttgart 1901, S. 207.

[92] *Greiderer,* Germania Franciscana III, S. 105.

daß es über das beschauliche Leben einer Schwesterngemeinschaft über solch allgemeine Auskünfte hinaus nicht viel Aufregendes zu berichten gibt.

Die *Zahl* der fünfzig Schwestern ist eine runde Zahl, die nicht unbedingt ernst genommen sein will. Eine genaue Statistik aufzustellen, ist kaum möglich. Das Profeßbuch ist für die Zeit von 1624 bis zur Aufhebung des Klosters vorhanden und verzeichnet für diese Zeit 209 Schwestern. Die jährliche Eintrittsquote lag bei einer bis vier Schwestern, doch gab es auch Jahre ohne Novizinnen [93]. Eine aus dem Jahr 1722 erhaltene Schwesternliste zählt vierzig Chorschwestern und vierzehn Laienschwestern [94] und bezeichnet damit sicher einen zahlenmäßig hohen Stand des Klosters. Die aus dem Jahr 1802 erhaltene Statistik nennt 30 Chorschwestern und 13 Laienschwestern [95].

Regiert wurde das Kloster von der von den Schwestern gewählten *Äbtissin*. Von 1484 bis 1802 standen sechsundzwanzig Äbtissinnen an der Spitze der Abtei. Ganz gegen das franziskanische Prinzip einer Bestellung zum Oberen auf Zeit, hatten die Klarissen auch in der Neuzeit auf die Festlegung einer befristeten Amtszeit verzichtet. Die Amtszeiten der Söflinger Äbtissinnen schwanken zwischen einem bzw. zwei und mehr als zwanzig Jahren [96]. Am längsten regierte Cordula von Reischach, die zweite Äbtissin nach der Reform, in deren Händen das Geschick des Klosters von 1508 bis 1551 lag. Bernhardina Weber regierte nur ein Jahr: 1666 gewählt, resignierte sie bereits 1667 und starb zwölf Jahre später. Ein solcher Amtsverzicht wird von wenigstens sechs Äbtissinnen berichtet [97]. Hinzu kommen einige Fälle von Absetzung, deren Ursachen und Gründe sich nicht mehr feststellen lassen, ebensowenig wie im Einzelfall die freie Resignation vom erzwungenen Amtsverzicht auseinanderzuhalten ist. Zu den abgesetzten Äbtissinnen gehört Anna Storr, 1588—1611; das Totenbuch hält nur die lakonische Notiz fest: »Die wohlehrwürdige Mutter Anna Storrin, die sechste Äbtissin nach der Reformation, bis in das 23. Jahr« [98]. Ihre Verwandten — darunter ein Johann Hieronymus Storr, Domdekan in Augsburg — zählten zu den Wohltätern Söflingens [99]. Sie soll die Jakobuskirche

93 Vgl. das Profeßbuch im Anhang.

94 Abgedruckt bei *Weser*, Bauanlage und Baugeschichte, S. 99 f.

95 *AF* 8, S. 601—603. — Zum Vergleich: Bamberg 1802: 20 Chorschwestern, 8 Laienschwestern *(ebd.,* S. 603); Heilbronn: 16 Chorschwestern, 7 Laienschwestern *(ebd.,* S. 603 f.).

96 Vgl. die Äbtissinnenliste im Anhang.

97 *Ebd.*

98 *Seel- und Guttäterbuch,* S. 3.

99 *Ebd.,* S. 167; er stiftete u. a. dem Kloster eine »Sippe der hl. Anna«. — *Fraidel* (Chronik, S. 129) will wissen, daß ein Bruder der Äbtissin Abt von Oberelchingen gewesen sei (wohl eine Verwechslung mit dem Visitator): »Ihr Bruder, Abt zu Elchingen, wolle nicht geschehen lassen, daß sie abgesetzt würde; alle Klosterfrauen blieben darauf.«

in Söflingen neu haben erbauen lassen [100]. Nach nicht weiter überprüfbarer Nachricht habe schlechte Haushaltsführung zu ihrer Absetzung geführt [101], wogegen der »Heiligenkalender« aus ihr eine bußfertige Eiferin macht, die von sich selbst und ihren Schwestern das strengste Leben gefordert habe. Das habe sie schließlich zur Resignation veranlaßt, »um als einfache Schwester den Rest ihres Lebens Gott zu dienen« [102]. Nun bieten solche Aussagen keinen einsichtigen Grund für eine Absetzung. Möglicherweise hängt diese mit dem mißlungenen Söflinger Unternehmen der Kapuziner zusammen, gegen das sich die Franziskaner und wohl auch Teile der eigenen Kommunität bestimmt energisch gewehrt hatten [103]. Sicher muß es unter dieser Äbtissin zu Unruhe im Konvent gekommen sein. Für das Jahr 1611 ist eine Visitation durch Abt Thomas Holl von Oberelchingen belegt, der dabei für die Äbtissin eingetreten war. Die um Äußerung gebetene Stadt Ulm lehnte klug ab: »Man wolle nicht in Regel und geistliche Satzungen eingreifen« [104]. Außer Anna Storr gelten als abgesetzt: Euphrosina von Burgau, 1623 bis 1627, und Elisabeth Rayttner, 1630—1643. Letztere Nachrichten stammen aus einer verlorengegangenen Quelle, der »Compendiosa ac tripartita relatio«, die in ihren nachprüfbaren Mitteilungen nicht sonderlich zuverlässig ist. Die Relatio weiß zum Beispiel von der Äbtissin Helena Riedmann, 1585—1588, zu berichten: Wegen ihrer großen Strenge, zu der sie auch die Schwestern führen wollte, wollten diese sie vergiften [105].

Doch auch von den anderen Äbtissinnen können kaum mehr als Name, Herkunft und knappe Lebensdaten berichtet werden. Anders als in der Zeit vor der Reform stammten die Söflinger Äbtissinnen der neueren Zeit meist aus bürgerlichen Familien und spiegeln damit die soziale Stellung des ganzen Konvents wider. Daneben erscheinen noch einige adelige Namen auf der Liste, wie die bereits erwähnte Cordula von Reischach (1508—1551), die während der ersten fünf Amtsjahre Koadjutorin der Reformäbtissin Elisabeth Reichnerin war. Crusius schreibt von ihr, auf ihre adelige Herkunft anspielend: »Bei ihr hatte sich der Adel des Wappens mit dem Adel des Gemütes verschwistert« [106]. Ihre lange Regierungszeit, geprägt von den

100 Vgl. oben, S. 36.

101 *Weser* (Manuskriptband, S. 562) nach einer Notiz im StA Ulm: »Wegen schlechten Haushalts im Jahre 1611 zuerst abgesetzt und nach langem Streit frei resignierend.«

102 *Ebd.*, S. 623 f.

103 Vgl. oben, S. 131, Anm. 52—54. Ungeschicktheit in der Amtsführung läßt auch *Schrader* vermuten, siehe oben, Anm. 57.

104 *StA Ulm*, A [6118]: Visitationsbericht des Abtes Thomas von Elchingen vom 14. März 1611; er verteidigt die Äbtissin u. a., weil sie »Ehrenstandes« sei. — In der Äbtissinnenliste bleibt eine Lücke von 1611—1620, so daß nach der Resignation der Anna Storr und zu ihren Lebzeiten keine Äbtissin gewählt wurde.

105 *Weser*, Manuskriptband, S. 589.

106 *Crusius*, Schwäbische Chronik 1, S. 757.

Auseinandersetzungen mit der zur Reformation übergetretenen Reichsstadt Ulm, sprechen für ihre Tatkraft und ihre Fähigkeiten. Aus der gleichen adeligen Familie stammte ihre zweite Nachfolgerin, Cleopha von Reischach, 1565—1585. Auch von ihr ist besondere Aktivität für das äußere Geschick des Klosters bekannt. Sie entsandte 1567 den damaligen Beichtvater des Klosters, Joachim Hertel, zur Synode nach Konstanz [107]. Außer diesen beiden Schwestern, vielleicht Tante und Nichte, waren aus der Familie von Reischach auch schon in der Zeit vor der Klosterreform Frauen in Söflingen eingetreten [108].

Mit Agnes von Kaysersberg, 1667—1684, stand wieder eine Frau aus dem Adel an der Spitze der Abtei. Sie wurde 1609 in Burgau geboren und war 1624 in Söflingen eingetreten [109]. Eine andere Schwester dieses Namens trat 1679 in Söflingen ein und lebte dort als Schwester Seraphina bis 1727 [110]. Angela von Slawata, 1688—1701, brachte einen bekannten Namen in die Söflinger Klostergeschichte [111]. Sie wurde 1636 in Passau geboren und kam 1659 nach Söflingen. Nach ihrer Resignation im Jahre 1701 lebte sie noch vier Jahre in Söflingen (gestorben 3. Juni 1705) [112]. Wiederum aus dem Adel stammte ihre Nachfolgerin Theresia von der Linden, Äbtissin von 1701 bis 1713. Geboren 1657 zu Zetersdorf, ist sie 1674 in Söflingen eingetreten und dort als frei resignierte Äbtissin 1717 verstorben [113]. Auch aus dieser Familie hatte ein zweites Mitglied den Weg ins Söflinger Kloster gefunden: Schwester Euphemia, die 1637 Klarisse geworden war und 1670 in Söflingen verstorben ist [114].

Die übrigen Äbtissinnen waren bürgerlicher Herkunft. Genauere Auskunft läßt sich nur für einige von ihnen geben: Brigitta Breining, 1620 bis 1623 (?), hatte den Augsburger Weihbischof Sebastian Breining zum Ver-

107 *J. G. Sambeth,* Die Konstanzer Synode vom Jahr 1567, in: Freiburger Diöcesanarchiv 22 (1892), S. 180. — Hertel war Custos von Schwaben *(AF* 8, S. 743).

108 *Seelbuch,* 8. Woche, S. 14: Hortulana von Reischach; *ebd.,* 24. Woche, S. 35: Sophia von Reischach. — Endlin von Reischach (Kind oder Novizin) ist mehrfach in den Söflinger Briefen genannt.

109 *Profeßbuch,* 1. Eintrag. — 1681 verkaufte sie Güter in Scharenstetten an die Stadt Ulm um 3000 Gulden *(Weser,* Manuskriptband, S. 569).

110 *Profeßbuch,* Nr. 58.

111 *Ebd.,* Nr. 34. — Die Familie wurde bekannt durch den kaiserlichen Rat Wilhelm Friedrich von Slawata, der 1618 ein Opfer des »Prager Fenstersturzes« wurde; gest. 1652. Ein anderes Mitglied der Familie, Carl Johann, war z. Zt. Innozenz' XII. (1691—1700) General des Karmelitenordens; vgl. *E. H. Kneschke,* Neues allgemeines deutsches Adelslexikon VIII, S. 510.

112 *Profeßbuch,* Nr. 34.

113 *Ebd.,* Nr. 54; nach *Kneschke* (V, S. 554 f.) ein aus dem Großherzogtum Florenz nach Bayern und Schlesien gekommenes Adelsgeschlecht.

114 *Ebd.,* Nr. 13 (geboren in Göldensdorf).

wandten [115]. Ursula Blattner, 1627 (?) bis 1636, war vielleicht die Tochter des Lateinschulmeisters Peter Blattner aus Ehingen, der zu den Wohltätern des Gotteshauses gehörte [116]. Elisabeth Rayttner, 1636—1643, war wohl eine Verwandte der Äbtissin Anna Margareta von Heiligkreuztal, die 1643 in Söflingen starb und dort auch begraben wurde [117]. Angela Weber, 1739—1762, war eine Tochter des Mindelheimer Bürgermeisters Heinrich Weber (Textor) [118]. Agnes Sartor (Schneider), 1762—1764, stammte aus der Familie des Chorregenten Georg Sartor in Ehingen [119]. Von Ottobeuren stammte Clara Mauch, 1764 bis 1768, die aus einer Beamtenfamilie kam [120]. Ihre Nachfolgerin, Johanna Miller (1768—1776), die erste Reichsäbtissin von Söflingen, war die Tochter des Pfizwirtes von Mindelheim [121] und fügt sich mit dieser Herkunft gut in das Bild der schwäbischen Reichsprälaten des 18. Jahrhunderts. Auch die drei übrigen Reichsäbtissinnen von Söflingen entstammen wohl dieser gesellschaftlichen Schicht: Benedicta Primauer [122], Crescentia Wacker [123] und Bonaventura Seelinger [124]. Söflingens letzte Oberin, Ursula Schad, kam aus einem Bauernhaus in Schöntal bei Leutkirch [125].

Regel und Konstitutionen gaben der Äbtissin letzte Verantwortung in der Leitung des Konvents. In ihrer Führungsaufgabe wurde sie von anderen Schwestern des Konvents unterstützt, vor allem von ihrer Stellvertreterin, der *Priorin.* Das Profeßbuch nennt mehrere Priorinnen, gibt aber deren Amtszeit nicht an, so daß eine vollständige Liste der Söflinger Prio-

115 *Seel- und Guttäterbuch,* S. 89: Er stiftete dem Kloster Söflingen 1450 fl. Silber und ein selbständiges hagiographisches Werk.

116 *Ebd.,* S. 162: Er und seine beiden Hausfrauen stifteten 50 fl.

117 *Ebd.,* S. 134.

118 *Seel- und Guttäterbuch,* S. 168: Er stiftete mit seiner Hausfrau Maria Elisabeth dem Gotteshaus 300 fl.; auch ein Bruder (oder anderer Verwandter) der Äbtissin. Franciscus Ignatius Textor, kaiserlicher Repräsentationsrat in Prag, schenkte dem Kloster 150 fl. — Ein Bruder der Äbtissin war P. Paulinus Textor, gest. 1763 in Hechingen, bedeutender Prediger der oberdeutschen Observantenprovinz, der 1755 zusammen mit der Äbtissin in Söflingen das Goldene Ordensjubiläum feierte; *AF* 8, S. 569.

119 *Seel- und Güttäterbuch,* S. 150.

120 *Ebd.,* S. 111; der Vater Franz Heinrich Mauch war Sekretär in Ottobeuren (Mitteilung des *Kath. Pfarramtes Ottobeuren).*

121 *Ebd.,* S. 109.

122 Benedicta Primauer (Premauer), Tochter des Michael Premauer und der Anna Glasin, geb. 15. Jan. 1723 in Weißenhorn; eine Berufsangabe des Vaters fehlt im Taufbuch (Mitteilung des *Kath. Pfarramtes Weißenhorn).*

123 Getauft am 22. Febr. 1741 in Ettlingen/Baden. Der Vater Philipp Adam Wacker, Kaufmann und Senator, war 1738—1739 zweiter und 1754—1757 erster Bürgermeister der Stadt Ettlingen (Mitteilung von Herrn *L. Zollner, Ettlingen).*

124 Geboren 1749 in Donauwörth; das *Pfarrarchiv Donauwörth* konnte keine Auskunft über die Familie geben.

125 *Weser,* Manuskriptband, S. 583 (aus dem Totenregister der Pfarrei Söflingen).

rinnen nicht aufgestellt werden kann [126]. Dreimal wurde nachweislich die amtierende Priorin zur Äbtissin gewählt [127]. Einzelne Aufgabenbereiche wurden besonderen *Amtsschwestern* übertragen, wie es von Anfang an im Kloster üblich war. In der neueren Söflinger Klostergeschichte waren es folgende Ämter [128]: die Profeßmeisterin, die die jüngeren Schwestern nach der Profeß betreute, und die Novizenmeisterin, der es oblag, die Novizen im einjährigen Probejahr in das Klosterleben einzuführen; die Kustorin, die Paramente und kirchliches Gerät verwaltete. In der Hausverwaltung standen der Äbtissin zur Seite: die Kellermeisterin für die Wirtschaftsführung, die Oberschreiberin und drei Schreiberinnen für Verwaltungs- und Schreibaufgaben. Die Chormeisterin überwachte den liturgischen Dienst der Schwestern. Über der Küche stand die Küchenmeisterin. Die Apotheke war der Apothekerin anvertraut [129]. Die Aufsicht an der Pforte lag bei der Tor- und Windenmeisterin, und für die Verbindung zu den Franziskanern in ihrer Residenz war die Väterwindenmeisterin zuständig.

Was über die Herkunft der Äbtissinnen ermittelt werden konnte, gilt auch für die *Schwestern* des Konventes. Das Kloster Söflingen war längst nicht mehr des »niederen Adels Spital«. Bei etwa zehn Schwestern läßt sich aus dem Profeßbuch auf adelige Herkunft schließen, doch sind es, wie bei den adeligen Äbtissinnen, kaum große Namen: von Zollern [130], von Morawisky [131], von Freyberg, womit die Familie der ersten Stifter wieder in der

126 Söflinger Priorinnen in ihrer zeitlichen Reihenfolge (nach den Angaben des Profeßbuches):

	Profeßbuch:
1. Mechthild Laub, Profeß 1650, gest. 1690	(Nr. 19)
2. Viktoria Faber, Profeß 1674, gest. 1710	(Nr. 53)
3. Constanzia Schmuz, Profeß 1687, gest. 1717	(Nr. 63)
4. Agnes Schneider, Profeß 1696, gest. 1733, sie war sicher 1722 Priorin	(Nr. 73)
5. Angela Weber (Textor), Profeß 1705, gest. 1764, 1739 Priorin	(Nr. 91)
6. Clara Mauch, Profeß 1722, gest. 1768, 1737 Priorin	(Nr. 119)
7. Amata Zechin, Profeß 1752, gest. 1795, 30 Jahre Priorin, 1765—1795	(Nr. 144)
8. Antonia Höglin (Höhlerin), Profeß 1765, gest. 1803, Priorin 1794—1799	(Nr. 166)
9. Seraphina Holbein, Profeß 1789, gest. 1800, Priorin 1799—1800	(Nr. 193)
10. Ludovica Brunner, Profeß 1780, gest. 1816, Priorin 1800—?	(Nr. 182)

127 Agnes Schneider, Angela Weber und Clara Mauch.

128 Zusammenstellung nach der Konventsliste von 1722.

129 Vgl. unten, S. 145.

130 Schwester Caecilia von Zollern (*Profeßbuch*, Nr. 44) mit Verwandtschaft.

131 Schwester Cunegundis von Morawisky (Nr. 77); nach *Kneschke* (VI, S. 350 f.) aus Böhmen und Schlesien kommendes Geschlecht, in Kurbayern als Reichsgrafenstand anerkannt.

Klostergeschichte erscheint[132], von Gebsattel[133] und andere[134]. Die adeligen Frauen zählten alle zu den Chorschwestern, doch war, wie die Herkunft der Äbtissinnen ausweist, für jede bürgerliche Frau der Weg in diese Klasse frei. Unter den Laienschwestern findet sich keine Schwester adeligen Namens. Dafür begegnet in dieser Gruppe im 18. Jahrhundert »Schwester Ottilia Gräffin aus Engelshausen« (am 7. September 1709 geboren, trat sie als Laienschwester am 26. Juli 1729 in Söflingen ein, wo sie am 30. Oktober 1787 starb), doch bezeichnet sie das Profeßbuch als Begin-Schwester[135]. Da der Begriff um diese Zeit sonst nicht mehr begegnet, war sie möglicherweise Mitglied des franziskanischen Dritten Ordens und lebte als solches im Söflinger Konvent.

Die geographische Herkunft der Schwestern entspricht der Ausdehnung der oberdeutschen Observantenprovinz. Söflingen war keineswegs ein Kloster, das allein von seiner nächsten Umgebung besiedelt worden wäre[136]. Soweit sich aus dem Profeßbuch die Angabe des Geburtortes erheben läßt, kamen aus Söflingen insgesamt nur zwölf Schwestern[137]. Auch unmittelbar benachbarte Orte stellten nur wenige Schwestern: So Harthausen (1), Schmiechen (1), Schelklingen (1), Dietenheim (1), Burlafingen (2), Öpfingen (1), Tomerdingen (1), Ehingen (5), Kirchbierlingen (1), Weißenhorn (4) und die Stadt Ulm (2)[138]. Unter den übrigen Geburtsorten stehen Dörfer und Orte in Bayern und vor allem im bayerischen Schwaben im Vordergrund, darunter Augsburg, das mit mehr als zwanzig Schwestern die meisten Kandidatinnen für Söflingen stellte. Diese Herkunft der Söflinger Schwestern spricht für die »Werbearbeit« der Franziskaner zugunsten des Klosters. Auch weiter entfernte Orte wie Passau, Salzburg, Weilheim, Straubing, Landshut und andere lassen an solchen Einsatz denken. Aus weiterer Entfernung fanden verständlicherweise nur wenige Schwestern den Weg nach Söflingen: Prag (1), Tirol 5 (davon 3 aus Schwaz), Rapperswil/Schweiz (2). Natürlich lassen sich die Gründe für die Wahl Söflingens nicht mehr ermitteln. Gleichlautende Schwesternnamen sprechen für verwandt-

132 Schwester Rosalia von Freyberg (Nr. 86).

133 Schwester Clara von Gebsattel (Nr. 172); nach *Kneschke* (III, S. 463 f.) eine alte Reichsritterschaft im fränkischen Raum. — Lothar Carl Anselm von G. starb 1846 als Erzbischof von München-Freising.

134 Elisabeth von Wolfstürn (Nr. 7); Genoveva von Zimmern (Rottweil) (Nr. 42); Scholastika von Rosenberg (Nr. 84).

135 *Profeßbuch*, Nr. 126.

136 Das Klarissenkloster in Bamberg kann nach dem Stand von 1802 geradezu als »Stadtkloster« angesprochen werden; von den 20 Chorschwestern stammten 13 aus Bamberg, von den 8 Laienschwestern waren es 6: *AF* 8, S. 603.

137 Nach der Statistik von 1802 waren drei Klarissen im Kloster Heilbronn aus Söflingen gebürtig.

138 Vgl. die Angaben im *Profeßbuch*.

schaftliche Beziehungen, die innerhalb dieser Familie den Eintritt in Söflingen nahelegten. Nachweisbare Verwandtschaft zu Mitgliedern der Franziskanerprovinz [139] führen wieder zur ersten Auskunft zurück: Die Ordensprovinz nahm sich in besonderer Weise des Klosters Söflingen an und gab ihm eine Bedeutung und ein Ansehen, das weit über die Grenzen der nächsten Umgebung hinauswirkte.

Für das Ansehen des Söflinger Konvents in neuerer Zeit spricht die Tatsache, daß mehrere Schwestern in den Ruf der Heiligkeit gelangten. Das von Mitgliedern der Provinz hagiographisch bearbeitete »Franziskaner-Martyrologium«, ein Verzeichnis der Franziskanerheiligen [140], das von den Söflinger Beichtvätern den schon erwähnten P. Johannes Muskay aufführt, verzeichnet auch einzelne Söflinger Schwestern. Aus der Reihe der Äbtissinnen waren dies: Helena Riedmann, Anna Storr, Brigitta Breining, Euphrosina von Burgau und Ursula Blattner. Von den Söflinger Schwestern fanden in diesem Heiligenverzeichnis ihre Ehrung: Charitas Ludwig, Margareta Stadler und andere. Auch wenn an die kurzen Lebensgeschichten nicht die Maßstäbe moderner Hagiographie angelegt werden dürfen, läßt sich darin doch ein Zeugnis für das regeltreue, erbauliche Leben einiger Söflinger Schwestern sehen, die dem Klarissenkloster einen beachtlichen Namen und Ruf in der Welt barocker Frömmigkeit verleihen konnten.

Die erste Aufgabe der Schwestern im Söflinger Klarissenkloster war das gemeinsame Gotteslob, dem sie — wie es Regel und Statuten geboten — nichts vorziehen sollten. Das täglich gemeinsam verrichtete Chorgebet, zu dem allerdings nur die Chorschwestern verpflichtet waren, bestimmte den Tageslauf mit seinem gleichbleibenden Rhythmus. Die tägliche Meßfeier und andere gemeinsame Übungen der Frömmigkeit kamen hinzu. Diese gleichsam »offizielle« Frömmigkeit sollte eingebettet sein in ein Leben persönlicher Frömmigkeit, persönlichen Betens und Meditierens, zu dem die Unterweisung der Seelsorger in Predigt und persönlicher Beratung der einzelnen Schwestern beitragen sollte. Die große Zahl gut qualifizierter Seelsorger in Söflingen läßt vermuten, daß der Konvent gediegene Anleitung

139 Vgl. Hinweise zum *Profeßbuch*. — In der Herkunft der Schwestern wirkte sich die Abtrennung der bayerischen Franziskanerklöster und die Errichtung der eigenen bayerischen Ordensprovinz nicht negativ für Söflingen aus.

140 Das »Franziskaner-Martyrologium« wurde für den Provinzbereich zunächst von *P. Wolfgang Hoegner* bearbeitet; es erschien 1644 in Würzburg (nach einer 1638 in Paris veröffentlichten lateinischen Erstausgabe); die wiederum von P. Hoegner besorgte, für deutsche Verhältnisse erweiterte 2. Auflage des Martyrologium (»Das ist Vermehrung des Franciscanerischen Ordens-Calenders« ...) erschien 1650 in Würzburg. Eine neue Bearbeitung (»Franciscanerisches Martyrologium« ...) gab *P. Leo Wolf* 1703 in Augsburg heraus; vgl. *AF* 8, S. 516, 574 f.

zum geistlichen Leben erhalten hat. Eine ganze Reihe von Patres der oberdeutschen Ordensprovinz hat sich in damaliger Zeit als Theoretiker des geistlichen Lebens hervorgetan und sich in nicht wenigen Schriften zum asketischen und geistlichen Leben unmittelbar an die franziskanischen Ordensfrauen gewandt [141].

Hilfe zum geistlichen Leben sollte auch die Bibliothek des Kloster bieten. Daß eine solche im Söflinger Konvent vorhanden war, ist sicher zu erweisen. Sie gehörte zu einem kontemplativen Kloster, wie es Söflingen war [142], für das schon im Spätmittelalter einige wenige Handschriften ausgemacht werden konnten. Das Vorherrschen asketischer und hagiographischer Werke ist vom Benutzerkreis her verständlich, und es ist daher mit Bestimmtheit anzunehmen, daß die damals abgeschriebenen Werke in die Klosterbibliothek gehört hatten. Dank einiger weniger Hinweise im Wohltäterbuch läßt sich auf eine Erweiterung des Buchbestandes in neuerer Zeit schließen. So stiftete der schon erwähnte Augsburger Weihbischof Sebastian Breining »6 große Bücher, so die 12 Monat, die Legenden der lieben Heiligen in sich halten« [143]. Eine weitere Bücherstiftung kam von Georg Blezger, dem Kaplan von Ehrenstein, der dem Kloster »seine Studienbücher« vermachte [144]. Was an Literatur den Söflinger Schwestern nun wirklich zur Verfügung stand, ist auf Grund dieser spärlichen Angaben freilich nicht auszumachen. Vergleichbare Klosterbibliotheken heranzuziehen, bedeutet zuviel der Unsicherheit [145]. Die »geistlichen Leß- und Meditationsbücher«, die den Bibliotheksbestand im wesentlichen ausgemacht haben dürften, scheinen der Aufhebungskommission wohl kaum besonderer Beachtung wert gewesen zu sein. Das Gros der Söflinger Bücher wird nach der Auflösung des Konvents als Makulatur verschwunden sein [146].

Neben Gebet und Gottesdienst und der damit verbundenen gemeinsamen und privaten Einübung darf an großer Tätigkeit im Schwesternkonvent nicht viel gesucht werden. Die Hausarbeit nahm einen großen Teil der verbleibenden Zeit in Anspruch. Sicher lag die Sorge um das Haus vor allem

141 *AF* 8, S. 490—586: Schriftstellerverzeichnis der Ordensprovinz. Vgl. oben (S. 132—136) die Ausführungen über die Seelsorger der Söflinger Schwestern.

142 Sie darf auch für die Franziskaner-Residenz vermutet werden; vgl. *P. Ruf*, Säkularisation und Bayerische Staatsbibliothek, Bd. 1, Wiesbaden 1962, S. 384—389: Die Bibliothek der Franziskaner beim Klarissenkloster am Anger in München, die immerhin 1359 Nummern umfaßte.

143 *Seel- und Guttäterbuch*, S. 89.

144 *Ebd.*, S. 101.

145 *Ruf* (Säkularisation, S. 372) berechnet für die Franziskanerinnen (III. Orden) in Landshut 80 Büchernummern je Schwester. Bei 30 Chorfrauen ergäbe das 2 400 Nummern.

146 Eine Überprüfung der Bibliothek im Kloster Lechfeld, wohin 1803 einige Söflinger Franziskaner zogen, brachte keine Söflinger Buchbestände zutage.

in den Händen der Laienschwestern, aber auch die Chorschwestern blieben davon nicht frei. Letztere übernahmen zum Beispiel Verwaltung und Schreibdienst, aber auch die Amtsschwestern, die besondere Bereiche des Klosterlebens beaufsichtigten, gehörten ebenso zur Gruppe der Chorschwestern wie die mit der Aufsicht über die Pforte beauftragten Schwestern oder die Küchenmeisterin. Zur Haus- und Wirtschaftsführung reichten offensichtlich die eigenen Kräfte gar nicht aus, so daß das Kloster im eigenen Bereich noch Angestellte, die den Schwestern helfend zur Hand gingen oder einzelne Aufgaben auch selbständig übernahmen, beschäftigen mußte: In der Küche war eine Köchin tätig [147], an der Pforte des Klosters halfen »Windenmägde« [148], im Stall eine Vieh- und Milchmagd [149]. Für unbestimmte Aufgaben waren »Dienerinnen« in Dienst genommen [150]. Den Garten übergab das Kloster dem »Gartenmeister« [151] und die Aufsicht über die äußeren Tore den »Torwärtern« [152].

Zum Kloster gehörte die Apotheke, die allgemein zum festen Bestand der klösterlichen Krankenabteilung zählte, aber auch der Öffentlichkeit zur Verfügung stand. In Söflingen lag eine Apotheke nördlich vom Kirchturm, an die Westseite der Kirche angebaut. Das Seelbuch nennt einen weltlichen Apotheker: Johannes Hombler [153], doch wird der von außen berufene Apotheker nicht der Normalfall gewesen sein. So führt das Schwesternverzeichnis von 1722 Schwester Antonia Schmid als Apothekerin auf [154]; ferner lassen sich Schwester Mechtildis Wecker[155] und als letzte Apothekerin Susanna Marckthalerin [156] nachweisen.

Im Seel- und Guttäterbuch wird eine große Zahl von Pfründnerinnen und Pfründnern erwähnt, die sich dem Konvent durch besondere Zuwendungen verbunden zeigten. Da aus der Zeit nach der Reform nichts mehr von Kindern bekannt ist, die im Kloster erzogen wurden, könnte das Kloster in der neueren Zeit statt dessen möglicherweise den Dienst an alten Menschen übernommen haben [157]. Wo diese Pfründner wohnten, ist nicht festzustellen. Denkbar wäre, daß sie im Gästehaus des Klosters (bei der

147 *Seel- und Guttäterbuch*, S. 142: Anna Raemannin, »unsere getreue Köchin«.
148 *Ebd.*, S. 144: Anna Daiglerin und Margarete Bachin; S. 160: Anna Königin.
149 *Ebd.*, S. 146 und 160.
150 *Ebd.*, S. 132: Christina Rampfin, »viel Jahre unsere getreue Dienerin«.
151 *Ebd.*, S. 132, 144 und 150.
152 *Ebd.*, S. 114, 127, 132, 140, 148.
153 *Seel- und Guttäterbuch*, S. 136: »unßer apotegger«.
154 *Profeßbuch*, Nr. 70.
155 *Ebd.*, Nr. 156.
156 *Ebd.*, Nr. 203. — Nach dem *Seel- und Guttäterbuch* stand auch ein »Klosterarzt« zur Verfügung: S. 159 (Christoph Schwarz); S. 168 (Martin Neuffer).
157 Wenigstens 15 Namen sind erhalten.

Mühle) untergebracht waren. Diese soziale Institution des Klosters machte sich Kaiser Josef II. zunutze, als er den oben erwähnten Panispfründner nach Söflingen einwies und dem Kloster damit dessen Altersversorgung übertrug.

Der Neubau der Kirche

Ein nach außen in Erscheinung tretendes Ereignis für den Söflinger Konvent und seinen Alltag war der Neubau der Klosterkirche, nachdem der Konventsneubau von 1492 die mittelalterliche Klosterkirche hatte stehen lassen. Wie sie die Jahrhunderte überdauert hatte, und in welchem Zustand sie sich im 17. Jahrhundert befand, wissen wir nicht. Immerhin läßt sich aus den Statuten des Ordens, die an bauliche Unternehmungen den Maßstab des streng Notwendigen anlegten, erschließen, daß der Neubau der Kirche unaufschiebbar geworden sein muß [158]. In bescheidenem Maße bot er dem Söflinger Konvent die Möglichkeit, seine Lebenskraft in baulicher Gestaltung zum Ausdruck zu bringen, wie ja die Barockklöster allgemein diesen Weg der Selbstdarstellung beschritten haben.

Äbtissin Euphrosina Rampf, die 1663 in Söflingen eingekleidet und im Jahre 1684 zur Äbtissin gewählt worden war, leitete den Neubau ein [159]. Die alte Kirche wurde im Jahre 1686 durch den Söflinger Zimmermann Hans Bez abgebrochen [160]. Ein Jahr später legte P. Wolfgang Zech, Exprovinzial und ehemaliger Generaldefinitor, der damals als Beichtvater nach Söflingen kam, den Grundstein für die neue Kirche [161]. Der Bau konnte schnell voranschreiten; bereits 1687 stand der von Hans Bez ausgeführte Dachstuhl [162]. Während der kurzen Bauzeit wechselten die unmittelbaren Bauherrinnen: Auf Euphrosina Rampf, die 1687 resignierte, folgte am 6. März 1687 Cleopha Veeser, die schon ein Jahr später im Alter von 67 Jahren starb. Ihre Nachfolgerin, Angela von Slawata, konnte den Bau vollenden.

Als Baumeister hatte das Kloster Caspar Feichtmayer d. J. berufen, der am 4. Januar 1669 in Bernried am Starnberger See als Sohn Caspar Feicht-

158 Vgl. oben, S. 107.

159 Euphrosina Rampf: *Profeßbuch*, Nr. 38. — Bauakten im *StA Ludwigsburg*, B 509, Büschel 1280; ausführlich zum Bau: *R. Wortmann*, Die Kunstdenkmäler des ehemaligen Oberamtes Ulm, München 1978, S. 601—695, hier S. 617.

160 *Seel- und Guttäterbuch* (S. 146) erwähnt einen Michael Bez, »so lange Zeit unser getreuer Kiefer gewest«, als Wohltäter des Klosters.

161 *Ebd.*, S. 65: »an welcher Kirchen er auch den ersten Stein gelegt«.

162 Handwerkerzeichen »1687/HB«: *Wortmann*, Söflingen (wie Anm. 159), S. 607.

mayers d. Ä. geboren wurde [163]. Das Wohltäterbuch des Klosters hält an ihn die Erinnerung lebendig mit dem Eintrag in der ersten Januarwoche: »Caspar Veichtmayer, Maurermeister des neyen Kirchbaues, hat an Verdienst bey 100 fl. nachgelassen, daß man Gott für seine Seele bit« [164].

Als Caspar Feichtmayer die Arbeit in Söflingen, wo er sich schließlich niederließ, übernahm, war er gerade 18 Jahre alt. Die ungewöhnliche Wahl eines so jungen Baumeisters läßt sich erklären: Caspar Feichtmayer d. Ä., sein Vater, war in den gleichen Jahren im Franziskanerkloster Lechfeld tätig [165]. Da mehrere um die Bauzeit in Söflingen weilende Patres zuvor in Lechfeld gewesen waren, liegt die Vermittlung des Baumeisters durch das Kloster auf dem Lechfeld nahe [166]. Neben der offiziellen Verbindung zwischen Kloster Lechfeld und Söflingen innerhalb des Provinzverbandes bestanden also ganz persönliche Beziehungen zu den zunächst in Lechfeld und dann in Söflingen tätigen Künstlern. Es blieb ja nicht bei der Vermittlung des Baumeisters allein, sondern auch die Meister der Ausgestaltung des Kirchenraumes waren an beiden Orten tätig. Es waren Augsburger Meister: der Maler Johann Georg Knappich, der Bildhauer Johann Jakob Rill, der Faßmaler Egid Christian Schreiber und der Schreiner Adam Walter [167].

Was der Baumeister schuf, war ein einfacher Kirchenbau: ein längsrechteckiger Saal mit eingezogenem Chor, der im Halbrund schließt. Überwölbt wird der Raum von einer flachen Tonne mit Stichkappen. Schmale Stuckleisten gliedern die Deckenfläche und rahmen die Fenster des Langhauses. Mit Ausnahme des Chorhalbrundes ist jede künstlerische Wandgestaltung unterblieben. Die Apsiskalotte ziert eine große Stuckmuschel. Vom einfachen Raum heben sich die Ausstattungsstücke kräftig ab: Hochaltar und zwei gleichgestaltete Seitenaltäre mit der Kanzel, die ursprünglich an der Nordseite der Kirche angebracht war.

Der heute groß und weit wirkende Gemeinderaum sah in seiner ursprünglichen Gestalt anders aus. Die Südseite war ohne Fenster, da sich an sie der zweistöckige Kreuzgang anlehnte. An der Westseite lag unter der unteren Empore in der hintersten Achse der Kirche der Beichtgang. Die obere Empore war weiter in den Kirchenraum hineingeschoben und reichte

163 *R. Wortmann,* Kaspar Feichtmayer d. J. aus Bernried, Maurermeister in Söflingen, in: UO 38 (1967), S. 230.

164 *Seel- und Guttäterbuch,* S. 79.

165 *Bavaria Franciscana* 2 (o. J.), S. 501—534.

166 Der erste Guardian von Lechfeld (1668—1669) Marianus Rosa war Beichtvater in Söflingen 1674—1677; Alexius Reichard, Beichtvater 1683—1686 und wieder 1689 bis 1692 (nochmals 1695—1708) war Guardian in Lechfeld 1677—1680; Illuminatus Weiß, Beichtvater 1681—1683 (wieder 1692—1695) war Guardian in Lechfeld 1683—1686; Apollonius Greck, Beichtvater 1686—1689 war Guardian in Lechfeld 1693—1696.

167 *Wortmann,* Söflingen, S. 14; zur Tätigkeit in Lechfeld vgl. oben Anm. 165.

ursprünglich bis über die Mitte des Langhauses; vier Pfeiler stützten sie ab. Auf ihr war das Chorgestühl der Schwestern aufgestellt. Dieser Raum war ihre eigentliche Kirche. Hier befanden sich außer dem Chorgestühl noch die Orgel und ein eigener Choraltar. Die Schwestern betraten den Chor vom oberen Stock des Kreuzgangs oder vom Gang des östlichen Dormitoriumflügels aus [168].

An der Westseite der Kirche, an die sich Konventsgebäude anschlossen, wurde der Turm aufgeführt. Da er nur in seinem oberen Teil frei in Erscheinung trat, wirkte er auf den Betrachter wie ein Dachreiter und erfüllte damit die an den »Turm« von Bettelordenskirchen gestellte Forderung [169].

Als die Kirche am 4. November 1693 durch den Konstanzer Weihbischof Konrad Ferdinand Gaist von Windeck geweiht wurde, stand der Bau in der eben beschriebenen Weise [170]. Die weitere Ausstattung der Kirche zog sich freilich noch längere Zeit hin, ja sie dauerte weit ins 18. Jahrhundert hinein an.

An der ursprünglichen und weiteren Ausstattung der Söflinger Klosterkirche waren in großzügiger Weise Wohltäter des Konventes beteiligt. Für den Antoniusaltar (den linken Seitenaltar) stifteten Angehörige der Äbtissin Angela von Slawata, die Brüder Graf Joachim und Graf Leopold von Slawata, 36 fl.[171]. Die übrigen Stiftungen von Kunstwerken für Kirche und Kloster lassen sich zwar aufzählen, aber nicht ohne weiteres identifizieren: Franziskus Mauch, Kirchenpräfekt des Jesuitenkollegs in Augsburg, stiftete für die Kirche das Bild der »Gottesmutter vom Guten Rat« (heute an der Nordwand des Gemeinderaumes) und ein Bild des hl. Aloysius für den Chor [172]. Baron von Pemmelberg, Kapitular des Stiftes Kempten, stiftete für die Kirche zwei große Tafeln: Salvator Mundi und Muttergottes (betrachtende Maria); letzteres Bild zeigt das Wappen des Stifters und die Jahreszahl 1726 [173].

Der Stifter des Immaculata-Bildes, das Johann Georg Wolcker 1746 gemalt hat, läßt sich nicht mehr ausmachen [174]. Andere Zuwendungen von

168 Die Anlage ist aus dem alten Grundriß noch ablesbar. Von der Sakristei aus führte eine Treppe auf eine Galerie, die an der Südseite der Kirche entlang und vor dem Nonnenchor zur nördlichen Kirchenwand verlief.

169 Ursprünglich mit einer Zwiebelhaube bedeckt.

170 Weihebericht im *StA Ludwigsburg*, B 509.

171 *Seel- und Guttäterbuch*, S. 138.

172 *Ebd.*, S. 111. — Franziskus Mauch, wohl kein Verwandter der Äbtissin Clara Mauch, da im Taufregister von Ottobeuren nicht zu ermitteln.

173 *Ebd.*, S. 142

174 Ursprünglich wohl auf der Emporenbrüstung des Nonnenchores. Daraus erklärt sich vielleicht der ovale Ausschnitt im Bild, der sich aufklappen ließ und so der Organistin den Blick von der Orgel zum Altar freigeben konnte.

Kunstwerken waren wohl für den Konvent gedacht, so eine silberne Franziskusstatue [175], ein Altärlein mit einem vergoldeten englischen Gruß [176], drei Tafeln für den Kreuzgang [177], eine »heilige Anna mit ihrer Sippe« [178]. Von Georg Maadt, dem Pfarrer von Illertissen, kam ein geschnitzter Kalvarienberg nach Söflingen [179].

Auch die Franziskaner erwiesen sich als Wohltäter und Förderer des Söflinger Kirchenbaues. Von Alexius Reichard heißt es summarisch, er habe das Hl. Grab, geschnitzte Bilder, Altarblätter und »anderes viel versprochen« [180]. Archangelus Fesenmayer stiftete dem Konvent zwei Passionsbilder [181]. Ferdinand Bruggberger beriet die Schwestern bei der Neugestaltung ihres Chores [182], und Benjamin Elbel habe sich um die Aufstellung des Hl. Grabes und einer neuen Orgel verdient gemacht [183].

In der Mitte des 18. Jahrhunderts erhielt die Kirche die Stationsbilder des Kreuzwegs. Das Kloster gab dazu einem einheimischen Maler den Auftrag: Johann Baptist Enderle (1725—1798), der damit die Möglichkeit erhielt, sich in seiner Heimat künstlerisch zu entfalten [184] und auch für die St. Leonhardskapelle zwei Altarblätter malte [185].

Von bedeutenden Kunstwerken, die das Kloster sonst besaß oder damals erwerben konnte, ist nicht viel bekannt. Ein kostbares Reliquienkreuz wurde schon im 16. Jahrhundert in Söflingen erworben und dann wohl im frühen 18. Jahrhundert umgearbeitet. Weser deutete es als Pectorale, das seit der Äbtissin Katharina Hunger (1717—1739) von den Söflinger Äbtis-

175 *Seel- und Guttäterbuch*, S. 130: von Matthias von Reischach gestiftet.

176 *Ebd.*, S. 146, von Johann Christof von Ehingen.

177 *Ebd.*, S. 152. — *Weser*, Kunst in Söflingen (Manuskript 1928/29 im DA Rottenburg) führt drei Bilder an: Elisabeth von Thüringen, sel. Felicia Mediola und sel. Maria Pauperum, die 1929 in das Ulmer Franziskanerkloster kamen.

178 *Seel- und Guttäterbuch*, S. 167, gestiftet vom Augsburger Domdechanten Johann Hieronymus Storr.

179 *Ebd.*, S. 152.

180 *Seel- und Guttäterbuch*, S. 58.

181 *Ebd.*, S. 11. Er war 1708—1714 Beichtvater in Söflingen. — *Weser* (Kunst in Söflingen) führt eine Tafel »Christus am Kreuz« an, die heute im »Chörle« hängt, möglicherweise eines dieser Bilder.

182 *Ebd.*, S. 42; 1714—1720 Beichtvater in Söflingen.

183 *Ebd.*, S. 29. Das Hl. Grab ist auch bei P. Alexius Reichard erwähnt, der vor P. Elbel in Söflingen war; vielleicht hatte er zur ersten Anschaffung beigetragen, Elbel zu Ausbau und Ausgestaltung. — Die Orgel wurde unter Äbtissin Angela Weber 1739—1763 aufgestellt und kam vom Ulmer Orgelbauer Georg Friedrich Schmahl: *Weser*, Bauanlage, S. 186.

184 *K. L. Dasser*, Johann Baptist Enderle (1725—1798). Ein schwäbischer Maler des Rokoko, Weißenhoren 1970; zum Söflinger Kreuzweg *ebd.*, S. 146 f.

185 *Ebd.*, S. 147. — Den Söflinger Künstler empfahlen die Franziskaner auch nach Hechingen, wo er 1757 für die Franziskanerkirche das Blatt des Antoniusaltares malte; *ebd.*, S. 115.

sinnen getragen worden sei [186]. Von der gleichen Äbtissin ist ein beachtenswertes hölzernes Schreibgerät erhalten [187]. Darüber hinaus konnte der Söflinger Kirchenschatz an wertvollen Stücken aus der Zeit des barocken Klosters noch Altargerät und Paramente bewahren [188].

Mit dem Kirchenneubau begann eine Zeit weiterer reger Bautätigkeit in der unmittelbaren Umgebung des Klosters. Die Franziskanerresidenz, nördlich der Kirche, wurde damals in ihrer einfachen barocken Gestalt erbaut [189]. Das Haus war durch einen eigenen Gang unmittelbar mit der Kirche verbunden; er führte auf das der Sakristei gegenüberliegende »Chörle« und bot von dort auch Zugang zur Kanzel an der Nordwand der Kirche [190]. Die außerhalb der Klausurmauer liegenden Gebäude, die sich kreisförmig um das Kloster lagerten, erhielten ebenfalls in dieser Zeit ihre bis in die jüngste Vergangenheit bekannte Gestalt. Ursprünglich lagen in diesen zusammenhängenden Hausreihen die landwirtschaftlichen Betriebe des Klosters, von Fraidel als einzelne »Bauernhöfe« bezeichnet [191]. Gut erhalten sind von dieser bebauten, das ganze Klostergebiet umfassenden Abgrenzung die beiden Tore im Norden und Süden. Von den großen Einzelbauten stehen noch das hohe dreistöckige Bräuhaus, in dem einst die Klosterbrauerei untergebracht und auch eine Gastwirtschaft eingerichtet war. Das zweiflügelige Gebäude der ehemaligen Klostermühle blieb ebenfalls erhalten; der eine Flügel beherbergte früher das Gästehaus des Klosters [192]. Das stattliche Gebäude des »Fruchtkastens«, das die übrigen Gebäude im Klosterbereich überragte, brannte 1873 ab. Das heutige »Rathaus« war einst der Sitz des Söflinger »Hofmeisters« (bzw. »Oberamtmannes«) und erhielt seine jetzige Gestalt im späten 18. Jahrhundert.

Die rege Bautätigkeit erstreckte sich nicht nur auf das Kloster selbst. Die Äbtissinnen wußten um ihre Verantwortung für ihr weiteres Territorium. In Eggingen, das zur Klosterpfarrei Harthausen gehörte, ließ Äbtissin Angela von Slawata 1695 eine neue Kapelle zu Ehren der Heiligsten Dreifaltigkeit erbauen. Das Kloster lieferte dafür das nötige Material aus Holz und Stein, und nicht ohne Stolz vermerkt die Chronistin, daß die »würdige Mutter« selbst den Altar mit dem Dreifaltigkeitsbild anfertigen ließ

186 *Weser*, Das Pektorale von Söflingen, in: Archiv für christliche Kunst 22 (1914), S. 65—67.

187 *Wortmann*, Söflingen (wie Anm. 159), S. 670.

188 *Ebd.*, S. 649—661 (mit Abbildungen).

189 Später stark verändert: *Wortmann*, S. 679 f.

190 Auf dem alten Grundriß noch zu erkennen.

191 *Fraidel*, Chronik, S. 138; *Weser*, Bauanlage, S. 113.

192 *Weser*, Bauanlage, S. 112.

und ihn »auf der Stelle bezahlte« [193]. Unter derselben Äbtissin wurde auch die Pfarrkirche zum hl. Florian in Harthausen in den Jahren 1697–1699 durch einen Neubau ersetzt, der allerdings erst 1719 eingeweiht werden konnte [194]. Die Kirche ist in ihrer architektonischen Gestalt der Söflinger Klosterkirche nächstverwandt. Das läßt auf Caspar Feichtmayer als Baumeister schließen, doch darf nach dem Baubericht dem damaligen Söflinger Beichtvater Alexius Reichard unmittelbare Einflußnahme auf den Bauvorgang zugeschrieben werden: »Er hat den ganzen Bau geführt, wie er denn ein trefflicher Bauherr ist«[195]. Die Kosten für den Harthausener Kirchbau beliefen sich auf 4 098 fl., die vom Kloster als Bauherrn getragen werden mußten: »Und das alles ist bezahlt worden auf Heller und Pfennig unter Äbtissin Angela, durch ihre sorgsame und fleißige Haushaltung mit Gottes Hilfe und dem Gebet des Konventes« [196]. Schließlich ließ Äbtissin Angela auch die »schon lange zerstörte Kapelle« in Schaffelkingen im Jahr 1700 neu erbauen. Neben dem zuständigen Pfarrer von Harthausen war wieder P. Alexius als Bauunternehmer beteiligt. Die Kapelle kostete 287 fl., wovon 100 fl. von drei Bauern aus Schaffelkingen übernommen, der Rest aus der Klosterkasse zugeschossen und die kleine Glocke für die Kapelle von der Äbtissin »aus ihrer Stube« bezahlt wurde [197].

Katharina Hunger, Äbtissin in den Jahren 1717–1739, nahm die rege Bautätigkeit wieder auf. In ihre Regierungszeit fällt der Neubau der Kirche in Ehrenstein, nachdem die dortige alte Kirche baufällig geworden war. Am 8. Juni 1724 legte P. Nathanael Schefferle, damals Beichtvater in Söflingen, den Grundstein [198].

Diese Liste baulicher Aktivitäten bleibt insgesamt freilich in bescheidenem Rahmen. Sie beweist aber das Wissen um die Verpflichtung der Äbtissinnen für ihr Herrschaftsgebiet und entspricht den Leistungen anderer benachbarter geistlicher Landesherren [199].

Die sich auf 12 413 fl. summierenden Kosten für den Neubau der Klosterkirche [200] hatten zusammen mit den Ausgaben für die weiteren bau-

193 *StA Ludwigsburg*, B 509; dazu erhielt die Egginger Kapelle vom Kloster ein Ölbergbild und drei Meßgewänder.

194 *Ebd.* — Die Kirchweihe durch Weihbischof Ferdinand Gaist von Windeck erfolgte (wie 1693 in Söflingen) in Verbindung mit der Firmspendung.

195 *Ebd.*

196 *Ebd.*

197 *Ebd.*

198 *Ebd.* — Kirchweihe am 22. Juli 1729 durch Weihbischof Franz von Sirgenstein.

199 Die klösterliche Bautätigkeit hatte die Klosterpfarrei Harthausen mit ihren Filialen Eggingen, Ehrenstein und Schaffelkingen erfaßt.

200 *StA Ludwigsburg*, B 509.

lichen Unternehmungen und die künstlerische Ausstattung von Kirche und Kloster den Konvent finanziell belastet [201]. Die laufenden Einkünfte bedurften daher der Aufbesserung durch Stiftungen und Schenkungen, wie sie im Seel- und Guttäterbuch des Klosters verzeichnet sind. Freilich reichten diese Stiftungen und Zuwendungen der Wohltäter zugleich über den unmittelbaren Anlaß, die bauliche Erneuerung des Klosters, hinaus und kamen der Abtei auch für andere Zwecke zugute.

Eine vollständige Wohltäterliste Söflingens zusammenzustellen, ist unmöglich, da das Seel- und Guttäterbuch nur fragmentarisch erhalten ist [202]. Die Wohltäter und Stifter aus der Zeit vor der Reform werden im Wohltäterbuch des Klosters überhaupt nur sehr summarisch abgehandelt: Sie sollen weiterhin den Schwestern in guter und dankbarer Erinnerung bleiben [203]. Lediglich einige wenige unter ihnen, die die Reform des Konventes im Jahre 1484 besonders gefördert hatten, werden namentlich genannt, da sich ihnen die reformierte Klostergemeinde weiterhin besonders verpflichtet weiß [204]. Als Stifter für den »neuen Kirchbau« nennt das Wohltäterbuch ausdrücklich den wohlehrwürdigen Herrn Jakob Stern [205] und den Herrn Johannes Widemann [206]. Allerdings ist anzunehmen, daß zur Zeit des Kirchenbaus auch viele andere finanzielle Zuwendungen diesem Zweck zugeflossen sein dürften. Andererseits kann die Stiftungsangabe »für das Gotteshaus« nicht immer in diesem engen Sinn gedeutet werden, sondern galt zugleich auch den allgemeinen Bedürfnissen des Klosters und seiner Bewohner [207].

Unter den Wohltätern stehen eine Reihe von Söflinger Bewohnern, die auf diese Weise ihre Verbundenheit mit dem Kloster zum Ausdruck brachten [208]. Die weitaus größte Zahl der Wohltäter kommt aber aus dem Kreis

201 Bei der Angabe der Aufwendungen für den Neubau in Harthausen vermerkt der Baubericht: »und das trotz besondere Not durch die Kriege«.

202 Original im *DA Rottenburg*, Nachlaß Weser. — Geschrieben 1753 unter Äbtissin Angela Weber (Textor), mit Nachträgen und Korrekturen.

203 *Seel- und Guttäterbuch*, S. 110, 148, 156, 158 und öfter.

204 *Ebd.*, S. 140: »Herr Johannes Ehinger, alter Bürgermeister in Ulm, der ein großer Liebhaber, fleißiger Helfer und Aufenthalter der Reformierung des Klosters ist gewest«. — S. 146: »Der hochedle Wilhelm Besserer, Altbürgermeister von Ulm, der ein fleißiger Helfer zu der Reformierung des Klosters ist gewest.«

205 *Ebd.*, S. 90: Stiftung von 110 fl.; der Wohltäter lag bei St. Jakob begraben.

206 *Ebd.*, S. 162: Stiftung von 40 fl. — *Ebd.* wird ein Oswald Widemann erwähnt, der für das Gotteshaus 30 fl. gestiftet hat.

207 *Weser* (Bauanlage, S. 103) hat in diesem engeren Sinne die Stiftungen zum Kirchenbau errechnet und kommt auf die Summe von 26 411 fl., also das Doppelte der wirklichen Bausumme.

208 *Seel- und Guttäterbuch*, S. 39: Ehepaar Schauler 118 fl.; Jakob Kuen, Schulmeister in Söflingen 50 fl. — S. 99: Witwe Catharina Mauch und ihre Schwester Margareta Mauch 226 fl. — S. 110: Katharina Stribel 20 fl. — S. 112: Michael Steiger und Tochter Anna 30 fl. — S. 115: Katharina Goldhoferin 20 fl. — S. 156: Ehepaar Arnold 20 fl. usw.

der Angehörigen der Schwestern. Adelige wie bürgerliche Verwandte der Klarissen füllen das Söflinger Wohltäterbuch: Mitglieder der Familien von Slawata [209], von der Linden mit ihrer weiteren Verwandtschaft [210], von Rosenberg [211], von Wolfstürn [212], von Zollern [213], Bergamann von Salzburg [214], Westermiller von Passau [215], Heissler von Eichstätt [216], Menter von München [217], Zech-Imhof [218], Siessmayer von Landsberg [219], Brentano von Augsburg [220], Meister von München [221], der Ex-Jesuit Paul Gebhard [222], der Passauer Weihbischof Johannes Maximus Steiner [223], der Augsburger Weihbischof Sebastian Breining [224] usw.

Bei all den Genannten sind persönliche, verwandtschaftliche Beziehungen zum Söflinger Konvent nachweisbar. Sicher war dieses Motiv auch bei der übrigen reichen Wohltätigkeit weithin bestimmend. Gemeinsame Ordenszugehörigkeit ließ die Klarissen von Graz zu Wohltätern für Söflingen werden [225]. Bei für uns nicht mehr aufspürbaren Beziehungen mögen Bekannte des Klosters bereitwillige Wohltäter mit dem Konvent in Verbindung gebracht haben, wie den kaiserlichen Rat und Doktor beider Rechte Elias Schiller, »der dem Konvent zu unterschiedlichen Malen in höchster Dürftigkeit und Armut ein reichliches Almosen mitgeteilt hat« [226]. Von den Äbten der Nachbarschaft wird der Herr Mauritius von Roth als »großer

209 *Seel- und Guttäterbuch*, S. 138: Johann Georg Wenzeslaus Slawata, Freiherr von Clum und Corstenberg 1500 fl.; zwei weitere Familienmitglieder stifteten zusammen 36 fl.

210 *Ebd.*, S. 132: Klara Elisabeth Freiin zu Mossdorf, geborene von der Linden 150 fl. — S. 150: Baron von Mossdorf 40 fl. — S. 154: Katharina von der Linden 1000 fl. und ein Samtmeßgewand; ihre beiden Töchter 150 fl.

211 *Ebd.*, S. 89: Ehepaar von Rosenberg 400 fl.; Maria Rosa von Rosenberg 300 fl.

212 *Ebd.*, S. 114: Adolf von Wolfstürn »ein großer Gutgönner des Gotteshauses«.

213 *Ebd.*, S. 89: Mehrere Familienmitglieder 500 fl.

214 *Ebd.*, S. 114: Maria Magdalena, verwitwete Bürgermeisterin von Salzburg, 300 fl. — S. 134: Verschiedene Familienmitglieder 175 fl.

215 *Ebd.*, S. 136: Ehepaar Westermiller 4 800 fl.

216 *Ebd.*, S. 99: Franziskus Heissler 152 fl.

217 *Ebd.*, S. 99: Elisabeth Menter 2 488 fl.

218 *Ebd.*, S. 80: Ehepaar Zech 80 fl.; Dorothea Imhoff 15 fl.

219 *Ebd.*, S. 112: Michael Siessmayer 100 fl.

220 *Ebd.*, S. 100: Ehepaar Brentano 30 fl.

221 *Ebd.*, S. 127: Ehepaar Meister mit Tochter 900 fl. und Sachspenden.

222 *Ebd.*, S. 113: Professor der Theologie in Mindelheim 192 fl.

223 *Ebd.*, S. 161: stiftete 692 fl. — In Söflingen lebte seine Nichte, Schwester Eleonora Knittlin: *Profeßbuch*, Nr. 35.

224 *Ebd.*, S. 89: stiftete 1450 fl. neben Sachspenden; verwandt mit Äbtissin Brigitta Breining.

225 *Ebd.*, S. 110: Eine dreimalige Stiftung von 130 fl., wohl vor 1686, da in diesem Jahr Graz an die österreichische Ordensprovinz kam.

226 *Ebd.*, S. 156: 4 500 fl., dazu eine Goldkette, die vom Kloster für 500 fl. eingelöst wurde.

Gutgönner unseres Gotteshauses« genannt [227]. Die Wiblinger Benediktiner sind in das Söflinger Wohltäterbuch nicht als Stifter materieller Gaben aufgenommen, sondern auf Grund der seit 1508 bestehenden Gebetsgemeinschaft zwischen beiden Klöstern [228].

Der Kreis der im Seel- und Guttäterbuch erfaßten Wohltäter bleibt auf den vom erwähnten »Einzugsgebiet« des Klosters abgesteckten Raum beschränkt. Von neuem vermag jedoch die lange Liste der Wohltäter das Ansehen des Söflinger Klosters zu unterstreichen. Ganz im Gegensatz zur spätmittelalterlichen Zeit gab es dabei in der neueren Klostergeschichte keine Zuwendungen an einzelne Schwestern. Der Konvent empfing die Stiftungen und Schenkungen, die den Erhalt des Wohlstandes und des Reichtums des Klosters sicherten. Sie halfen dem Kloster über Notzeiten, die Kriege und andere Schwierigkeiten über das Kloster gebracht hatten.

227 *Ebd.*, S. 136. Es war Abt Mauritius Moritz, 1760—1782 Reichsprälat im Prämonstratenserstift Rot an der Rot. *Ebd.*, S. 112, wird auch des Abtes Matthias von Königsbronn gedacht, ohne daß der Grund des Gedächtnisses angegeben wird. Die Zisterzienserabtei Königsbronn wurde in der Reformationszeit aufgelöst, 1630—1648 nochmals besiedelt.

228 Die Gebetsverbrüderung war offensichtlich von Wiblingen angeregt, das damals zahlreiche andere Verbrüderungen einging *(HStA Stuttgart,* H 14/15, Nr. 289: Diplomatar Wiblingen, fol. 91 ff.). Aus der Abtei Wiblingen werden 82 Chorherren und zwei Fratres erwähnt; dazu die acht Äbte: Urban Hafner, 1589—1606 (S. 79); Meinrad Hamberger, 1730—1762 (S. 101); Modestus Huber, 1692—1729 (S. 132); Franziskus Schwarz, 1618—1630 (S. 134; S. 143 ein zweiter Abt namens Franziskus, den jedoch die Wiblinger Abtsliste nicht kennt); Johannes Schlegel, 1630—1635 (S. 136); Gottfried Munding, 1606—1618 (S. 138); Heinrich Claus, 1527—1550 (S. 145); der auf S. 136 genannte Abt Joseph fehlt in der Wiblinger Abtsliste, vielleicht eine Verwechslung mit Jodok Todt, 1572—1589; vgl. die Wiblinger Abtsliste: *Germania Benedictina* V, S. 662.

6. TEIL

Das Ende des Klosters

Mit der Erhebung Söflingens in den reichsfreien Stand hatte die äußere Geschichte des Klosters und seiner Herrschaft zweifellos ihren Höhepunkt erreicht. Freilich war die mühsam erreichte Selbständigkeit nicht von langer Dauer. Nur knappe drei Jahrzehnte existierte ein reichsfreies Klarissenkloster Söflingen, und lediglich vier Äbtissinnen konnten sich reichsfreie Herrinnen nennen. Die klosterfeindliche Stimmung des späten 18. Jahrhunderts hatte dem Konvent offenbar noch nicht ernsthaft zugesetzt, denn Novizinnen fanden in gleicher Zahl wie früher den Weg zum Söflinger Kloster. Für die »Ulmer Aufklärung« schien das Frauenkloster vor der Stadt augenscheinlich nicht interessant [1], und auch die in damaliger Zeit beliebten »Klosterreisen« führten nur in wenigen Fällen nach Söflingen. Ein Frauenkloster versprach ihrem auf »Aufklärung« bedachten Geist von vornherein wenig Gewinn. Hauntinger erwähnt Söflingen nur beiläufig [2], wogegen der »Mecklenburgische Offizier«, der die Eindrücke seiner Klosterreise durch Bayern und Schwaben im Jahre 1783 unter dem Titel »Es leben die Prälaten« veröffentlichte, dem Kloster mehr Aufmerksamkeit schenkte. Zwar stand Söflingen ursprünglich nicht auf seinem Reiseplan, als ihn aber eine Krankheit länger in Ulm festhielt, nutzte er doch den erzwungenen Aufenthalt zu einem Spaziergang nach Söflingen, von dem er allerdings höchst unklare Vorstellungen besaß: »Kartäuserinnen vom Orden der hl. Klara« nennt er die Söflinger Schwestern. Immerhin fand er lobende Worte für das Äußere des Klosters: »Das Gebäude sieht nicht unfein aus und die Lage ist angenehm.« Dann will er wissen, daß vor ein paar Jahren die Äbtissin dort abgesetzt worden sei: »Die wahren Ursachen davon werden wohl nicht zu jedermann Kundschaft kommen.« Dieses Gerücht, das jeder Grundlage entbehrt, gibt ihm Anlaß zu seinem

[1] *J. Endriß* (Die Ulmer Aufklärung, 1750—1810, Ulm 1942) läßt nichts von einer klosterfeindlichen Stimmung in Ulm erkennen.

[2] *J. N. Hauntinger*, Reise durch Schwaben und Bayern im Jahr 1783, hrsg. von G. Spahr, Weißenhorn 1964, S. 132.

vernichtenden Urteil über Klöster dieser Art: »Ihnen gäbe ich einmal kein Pardon, wenn ich ihnen zu befehlen hätte. Was sollen Kartäuser, männlichen und weiblichen Geschlechts, der Welt nützen, da sie fürwahr sich selbst nicht nütze sind.« Beschauliche Mönche und Nonnen sind ihm unbrauchbare und zu allen Zeiten ganz untüchtige Geschöpfe. Die jetzt in solchen Klöstern Lebenden sind für die menschliche Gesellschaft bereits ganz verdorben. Deshalb lasse man sie in ihren Mauern absterben und verbiete jede Neuaufnahme, »damit die Rasse nach und nach aufhörte« [3].

Der anonym gebliebene mecklenburgische Offizier vertrat mit solchen Urteilen die weitverbreitete Meinung über beschauliche Klöster. Sie entspricht genau der aufgeklärten Haltung, die Kaiser Josef II. solchen Klöstern gegenüber einnahm, wegen der Reichsfreiheit Söflingens aber nicht in einen Aufklärungsbeschluß umwandeln konnte.

Auch die Streitigkeiten zwischen Herrschaft und Einwohnern von Söflingen wird man kaum als Anzeichen eines kommenden Klostersturms ansehen können [4]. Unruhe und ernsthafte Gefährdung für das Klosterleben kamen zunächst von den Kriegswirren im letzten Jahrzehnt des 18. Jahrhunderts. Als freier Reichsstand hatte Söflingen dazu sein Truppenkontingent zu stellen, das in Stärke von neun Mann 1793 mit dem Kreisregiment von Ulm aus an den Rhein zog; außerdem stellte Söflingen drei Mann zum »Ochsenhauserstand« ins Feld [5]. Für das Kloster und sein Territorium waren freilich die verschiedenen Kriegszüge bedrängender. Österreichische, bayerische, württembergische, französische und russische Truppen wechselten einander ab [6], schlugen ihre Lager in und um Söflingen auf und forderten ihren Tribut. Der zeitgenössische Chronist hat das Söflingen betreffende Kriegsgeschehen aufmerksam und mit persönlicher Anteilnahme beschrieben. Er berichtet auch von der das Klosterdorf besonders bedrängenden Situation des Jahres 1800, als während einer annähernd fünfwöchigen Blockade im Kloster für etwa 100 Mann gekocht werden mußte: »Fleisch, Suppe, Zugemüse, Weißbrot, in der Frühe Branntwein, mittags und auf den Abend Bier ... Da ging außerordentlich viel auf.« [7] Die meisten Bewohner hatten sich in das Kloster zurückgezogen. Mehrfach wurden die Männer wäh-

[3] Es leben die Prälaten, Ulm 1782, S. 49—52.

[4] *Fraidel*, Chronik, S. 22 f. (für 1767): Neuumschreibung des Wachdienstes, worüber es ein Jahr später zum Streit kam. — S. 24 (für 1770): Jeremias Holzner und sein Weib wurden mit dem Kommando nach Ulm geführt, weil sie über unsere gnädige Herrschaft schimpften. — S. 33 (1799): Streit um die Verteilung der Riedwiesen. — *StA Ulm*, A [774/1]: Handwerkerordnung für Söflingen von 1779, ergänzt 1788.

[5] *Fraidel*, Chronik, S. 30.

[6] *Ebd.*, S. 33: 1799 hatte Söflingen elf Tage nacheinander russische Einquartierung, jeden Tag zwei Kompanien Infanterie: »Es waren Menschen, die im Essen und Trinken nicht zu ersättigen waren.«

[7] *Ebd.*, S. 39.

rend dieser Zeit zu Schanzarbeiten abkommandiert. Eine tatsächliche Gefährdung für den Bestand des Klosters brachten diese Wochen allerdings nicht. Der Chronist läßt auch nicht erkennen, ob er ahnte, daß mit dem Frieden von Lunéville das weitere Geschick Söflingens festgelegt wurde. Am 20. Februar 1801 wurde der Friedensschluß in Söflingen bekannt, und am 1. Mai feierten die Söflinger das Dankfest [8].

Der Friedensschluß im lothringischen Lunéville hatte unmittelbar den 2. Koalitionskrieg beendet, in dessen Verlauf Söflingen, wie gezeigt, selbst hineingezogen worden war. Er sah aber schon auf ein weiteres Ereignis voraus: Da das linksrheinische Reichsgebiet an Frankreich abgetreten werden mußte, sollten die betroffenen Reichsstände durch eine umfassende Säkularisation der geistlichen Reichsstände entschädigt werden [9]. Zur Ausführung kam diese Entschädigungsregelung im sog. Reichsdeputationshauptschluß des Jahres 1803. Durch Kaiser Franz II. am 2. August 1802 einberufen, versammelte sich die »außergewöhnliche Reichsdeputation« am 24. August in Regensburg zu ihrer ersten Sitzung. Schon im Sommer 1802 lagen detaillierte Entschädigungspläne auf dem Tisch. Danach sollten die Reichsstadt Ulm und mit ihr das Wengenstift sowie die Reichsabtei Söflingen an den Kurfürsten von Bayern fallen [10]. Die Vorstellungen und Proteste der betroffenen Territorien nützten wenig [11]. Das Ergebnis der am 25. Februar 1803 abgeschlossenen Verhandlungen blieb weithin bei den ersten Entschädigungsplänen, und dies galt auch für Söflingen [12].

Die weltlichen Fürsten, denen auf diese Weise Entschädigung zugesprochen wurde, hatten freilich gar nicht in jedem Fall so lange gewartet. Der bayerische Kurfürst Max IV. Josef ließ bereits im Herbst des Jahres 1802 seine Truppen in Ulm und Söflingen einmarschieren. Widerstand erhob sich kaum, der Söflinger Chronist vermerkt lakonisch: »Am 2. Herbstmonat [September] 1802 rückten von unserem gnädigsten Landesfürsten die ersten Truppen hier ein.« [13] Offensichtlich anerkannten die Söflinger bereits damals den Kurfürsten von Bayern als ihren neuen Landesherrn. Die Äbtissin als Landesherrin gab es nicht mehr, ein bayerischer Kommissar trat als Beauftragter des Kurfürsten an ihre Stelle, versiegelte am 1. Adventssonntag 1802 die Schreiberei des Klosters und vereidigte die bisherigen klöster-

8 *Ebd.*, S. 43.

9 Grundgelegt war diese Lösung schon im Frieden von Campo Formio, der 1797 den 1. Koalitionskrieg beendet hatte.

10 *M. Erzberger*, Die Säkularisation in Württemberg von 1802 bis 1810, Stuttgart 1902 (Neudruck: Aalen 1970), S. 27.

11 *Ebd.*, S. 40: Protest der schwäbischen Reichsprälaten.

12 *Reichsdeputationshauptschluß* (= *RDH*), § 2; abgedruckt bei *K. Zeumer*, Quellensammlung zur Geschichte der Deutschen Reichsverfassung, 2. Aufl. Tübingen 1913, S. 509—528.

13 *Fraidel*, Chronik, S. 48. Es waren 35 Mann reitende Artillerie unter Rittmeister Tausch.

lichen Beamten auf ihren neuen Landesherrn [14]. Der Söflinger Chronist schließt seine Eintragungen zum Jahr 1802 mit der sinnigen Bemerkung: »So ist denn abermals ein Jahr verflossen, das für Deutschland, seitdem die deutsche Nation existiert, mit Recht für das wichtigste und folgenreichste angesehen werden kann. Es gab einem großen Teil unseres Vaterlandes neue Regenten, veränderte Grundsätze und Sitten ... Mit Erstaunen werden unsere späteren Nachkommen auf diese Zeitperiode, die wir durchlebten, zurückblicken. Gleichwohl waren die Menschen, welche alle diese Veränderungen bewirkten, nur Werkzeuge in der Hand einer gütigen und weisen Weltregierung, deren Absichten der kurzsichtige Sterbliche nicht zu erforschen wagt, sondern in Demut anbetet.« [15]

Die Übernahme der reichsfreien Herrschaft Söflingen brachte dem Kurfürsten von Bayern einen Gebietszuwachs von zwei Quadratmeilen mit 4 000 Einwohnern und 40 000 fl. jährlichen Einkünften [16]. Mit dem Aufhören weltlicher Herrschaftsgewalt war nicht notwendig das Ende des Klosters verbunden. Nach dem Wortlaut des Reichsdeputationshauptschlusses stand das Kloster dem Landesherrn zur »freien und vollen Disposition« zur Verfügung, allerdings mit der Auflage, die Mittel für Gottesdienst und Seelsorge bereitzustellen [17]. Aufgenommen war aber auch schon die Verpflichtung, im Falle einer Aufhebung für angemessene Unterstützung der Konventualen zu sorgen. Diese wurde für reichsunmittelbare Prälaten und Äbtissinnen auf 2 000 bis 8 000 fl. festgesetzt, wobei »jedoch dem Großmut der künftigen Landesherren« keine Grenze gesetzt sein sollte [18]. Auch die Versorgung der Konventsmitglieder und der Angestellten und Diener des Klosters wurde genau geregelt [19]. Einer sofortigen und eigenmächtigen Aufhebung des Klosters stand klar Paragraph 42 des Regensburger Beschlusses entgegen: »Die Säkularisation der geschlossenen Frauenklöster kann nur im Einverständnis mit dem Diözesanbischof geschehen.« In der Praxis wurde diese einschränkende Bestimmung jedoch kaum beachtet [20], auch nicht im Falle Söflingens. Die bayerische Landesregierung leitete die Aufhebung des Klosters in die Wege. Wohl sprach der »Besitznahmekommissär«, Freiherr Wilhelm von Hertling, dem Söflinger Konvent seine Anerkennung aus [21],

14 *Ebd.*, S. 49. Bayer. Kommissar war Herr von Schilger.
15 *Ebd.*, S. 50.
16 Tabelle der kirchlichen Entschädigungsobjekte bei *Erzberger*, S. 34.
17 *RDH*, §§ 35—36.
18 *RDH*, § 51 d.
19 *RDH* §§ 57 und 64: Den Konventualen eine ihrer bisherigen Lebensweise entsprechende Entschädigung, etwa 300—600 fl.; § 59 regelt die Unterstützung der klösterlichen Dienerschaften.
20 *Erzberger*, S. 59: Die württembergische Regierung hat sich nie an diesen Paragraphen gehalten.
21 *Fraidel*, Chronik, S. 57.

aber die Klosterfrauen wurden nach Aufhebung ihrer eigenen Herrschaft zu Pensionärinnen von Gnaden des bayerischen Kurfürsten. Die Äbtissin erhielt 1200 fl., jede Chorfrau 300 fl. und die Laienschwestern je 250 fl., dazu Früchte und Holz [22].

Das Gemeinschaftsleben in der überlieferten Form konnte der Konvent zunächst weiterführen. Daß dieses Zugeständnis nicht von langer Dauer sein sollte, deuteten die Maßnahmen des Frühjahres 1803 an. Am 21. März erfolgte die Aufhebung der Franziskanerresidenz beim Klarissenkloster, und damit wurden der Klostergemeinschaft ihre Seelsorger genommen. Die 1802 von der Franziskaner-Provinz für ihre Söflinger Niederlassung benannten Offizialen [23] wurden schon ein Jahr später »abgeführt«; mit 11 fl. Reisegeld wurden die einen nach Augsburg, die anderen ins Kloster Lenzfried bei Kempten gebracht [24].

Der letzte Beichtvater des Klosters, Amand Mauch, wurde 1807 zum Guardian des die Säkularisation überlebenden Klosters Lechfeld ernannt und starb dort am 1. Dezember 1816 als Oberer des Klosters [25]. Hier starb 1807 auch der Prediger Isidor Schöffel [26]. Der als Pfarrer in Söflingen amtierende P. Odilo Karrer, der 1802 aus dem Kloster Heiligkreuz bei Kempten gekommen war, ist möglicherweise dorthin zurückgekehrt [27], läßt sich zwölf Jahre später als Kaplan in Rulfingen/Hohenz. nachweisen, wurde 1825 Kaplan in Veringendorf/Hohenz., wo er am 6. Dezember 1836 starb [28]. Von den beiden Franziskanerbrüdern in Söflingen, Crescentianus Sicka (Braumeister) und Dismas Bihr, weiß Fraidel, daß der erste nach Augsburg, der zweite nach Lenzfried geschickt worden sei [29].

Anstelle der Franziskaner berief der bayerische Kurfürst neue Seelsorger. Aus dem von ihm aufgelösten Ulmer Wengenstift bestimmte er den

22 *Erzberger,* S. 341: Die Pension blieb danach unter dem von RDH vorgesehenen Minimum. — Aus dem Bericht des Konventes über den Tod ihrer letzten Äbtissin ergibt sich, daß die Pensionen in eine gemeinsame Kasse flossen: »Sämtliche Pensionen sind als ein gemeinschaftlich eingeworfen Gut verwendet worden«: *StA Ulm,* A [786].

23 *AF* 8, S. 598; in kluger Voraussicht der kommenden Ereignisse wurde den Patres auf der Kapitelkongregation vom 5. September 1802 ein zweiter Aufenthaltsort zugewiesen.

24 *Fraidel,* Chronik, S. 54.

25 Nach den Kapitelsakten: *AF* 8, S. 598, 312, 390. — Kloster Lechfeld wurde im Jahre 1830 mit der wiedererstandenen bayerischen Franziskanerprovinz vereinigt.

26 *Ebd.,* S. 598, 409.

27 *Fraidel,* Chronik, S. 54: Er kam nach Lenzfried, das wie Heiligkreuz bei Kempten lag.

28 *AF* 8, S. 390.

29 *Fraidel,* Chronik, S. 54; er nennt den letzteren »Beichthausbruder«, ohne seinen Namen anzugeben. Über das weitere Geschick des Br. Sicka ist nichts bekannt; Br. Dismas Bihr starb am 4. Januar 1826 in Fremersberg/Baden-Baden als einer der letzten Franziskaner dieses Klosters; vgl. *Alem. Fr.* 1 (1956), S. 32.

bisherigen Dechanten Sebastian Baader zum Klosterbeichtvater [30] und bestellte für die Pfarrseelsorge zwei ehemalige Konventualen des ebenfalls aufgehobenen Benediktinerklosters Oberelchingen, Peter Martin und Meinrad Mack, der aus Söflingen stammte [31].

Andere landesherrliche Verfügungen zielten auf weitere einschneidende Veränderungen im Kloster. Die Klosterdiener wurden am 23. März 1803 entlassen und ausbezahlt, den Handwerksmeistern — Schreiner, Schmied, Wagner, Küfer — ihre Werkstätten zu billigem Preis überlassen, wo sie nun selbständig arbeiten konnten [32]. Zu diesen Eingriffen fügten sich solche in die Lebensart des Konventes. So wurde die Klausur aufgehoben: Kurfürst Max IV. Josef kam am 13. April 1803 mit Gefolge ins Kloster [33], und am 14. Juni, dem Namenstag der Äbtissin Bonaventura, speisten Beamte und Geistliche im Klosterrefektorium [34]. Die Besuche im Kloster nahmen offensichtlich so überhand, daß Ende August die Aufhebung der Klausur zurückgenommen wurde und nur noch ein Billet des Generalkommissariats die Klosterpforte öffnete [35]. Die von der Regierung am 7. Mai verfügte Abschaffung der Fleischabstinenz an Samstagen im Kloster mußte auf Bitten der Schwestern im August wieder rückgängig gemacht werden [36]. Auch die Verlegung der Metten von Mitternacht auf vier Uhr frühmorgens dürfte landesherrliche Verordnung gewesen sein [37]. Schließlich wurde im Oktober des ereignisreichen Jahres 1803 die Klosterkirche »auf hohen Befehl« zur Pfarrkirche bestimmt [38].

Als am 23. August 1807 die letzte Äbtissin, Bonaventura Seelinger, starb — »eine Frau von vielem Verstand« [39] —, kam die eingeleitete Aufhe-

[30] *Erzberger* (S. 342) spricht vom Weltgeistlichen S. Baader. — *Seelbuch*, 25. Woche, S. 37: Aufforderung zum Gedenken an »Sebastian Baader, Exdekan des löbl. Stiftes Wengen in Ulm, der 9 Jahre und 5 Monate unser getreuer Beichtvater war, im Französischen Krieg viel ausgestanden und uns viel Gutes getan hat. Er ist in Wemding/Bayern verschieden am 3. Juli 1812.«

[31] *Weser,* Manuskriptband, S. 791 (Liste der Söflinger Pfarrer).

[32] Aufzählung bei *Fraidel,* Chronik, S. 54 f.: Müller, Baumeister, Schreinermeister, Stadelmeier, Kuhhirt, Karrenmann, zwei Torwärter, Roßknechte, Milchmägde, Köchinnen, Bäckerknecht, Fischerknecht, Gartenknecht.

[33] *Ebd.*, S. 54: Besuch des Kurfürsten Max Josef.

[34] *Ebd.*, S. 55 f.

[35] *Ebd.*, S. 61.

[36] *Ebd.*, S. 57, 62.

[37] *Ebd.*, S. 55 für den 17. April 1803.

[38] *Ebd.*, S. 65. Zur offiziellen Errichtung der Pfarrei kam es am 3. März 1805; der ehemalige Wengenchorherr Ambrosius Plösch wurde erster Pfarrer von Söflingen und löste die beiden Seelsorger aus Elchingen ab. Im Jahre 1806 kam der aus Söflingen gebürtige Franziskaner Johann Capistran Pregler als Vikar in die Pfarrei Söflingen *(Weser,* Manuskriptband, S. 792).

[39] *Fraidel,* Chronik, S. 110.

bung des Klosters ein weiteres Stück voran. Es gab keine Äbtissinnenwahl mehr, stattdessen wurde die Priorin Ursula Schad von der nunmehr königlich-bayerischen Landesdirektion als Klosteroberin anerkannt. Sie erhielt eine jährliche Zulage zu ihrer Pension, durfte das Äbtissinnenzimmer beziehen und die »Meubles, königliches Eigentum«, zur Benützung übernehmen. Das klösterliche Hauswesen, den Gottesdienst und die innere Disziplin sollte sie nach der bisherigen Observanz leiten[40]. Die damals 34jährige Frau hatte die Geschicke der Klostergemeinschaft bis zu ihrer endgültigen Auflösung zu führen.

Bereits zwei Jahre später verlegte die Regierung in das Söflinger Kloster ein Feldlazarett. Am 2. April 1809 wurde den Schwestern eröffnet, daß sie innerhalb von drei Tagen das Kloster zu räumen hätten. Als neuer Aufenthaltsort wurde ihnen das ebenfalls säkularisierte Dominikanerkloster Obermedlingen bei Lauingen zugewiesen[41]. Proteste der Schwestern und der Söflinger nützten nichts[42]. Der Auszug fand am 26. April statt: Neun Kutschen und zwölf Wagen waren beladen worden. Mit den Schwestern verließ ihr Beichtvater, Sebastian Baader, Söflingen. Als Zwischenstation wurde ihnen zunächst das Schloß Dellmensingen eingeräumt[43], von dem aus im Juni der Umzug nach Obermedlingen erfolgte[44]. Vier Schwestern waren allerdings vorerst in Söflingen zurückgeblieben und hatten sich in der Windenstube häuslich eingerichtet; später zogen sie ins Beichtväterhaus[45].

Die Einrichtung des Lazarettes erforderte im Klosterinnern bauliche Veränderungen. Die Zellen der Schwestern im oberen Stockwerk wurden »zusammengeschlagen und alles ausgebrochen«[46]. Dadurch entstanden in den drei oberen Klosterflügeln wieder die großen Räume des alten Klosterdormitoriums. Das mit französischen Verwundeten belegte Lazarett wurde jedoch schon am 14. Juli nach Ulm verlegt. Das Kloster stand damit leer,

40 *Ebd.* — *StA Ulm,* A [786] (Kgl. Bayer. Landgericht, 4. Sept. 1807).

41 Im Jahre 1260 als Dominikanerinnenkloster gegründet; nach dem 30jährigen Krieg zum Dominikanerkloster umgewandelt. — *Rentamt Lauingen,* Akte Nr. 443a: Versetzung der Klosterfrauen von Söflingen nach Obermedlingen.

42 *Fraidel,* Chronik, S. 110. Der Chronist war seit 1807 Schultheiß von Söflingen und leitete deshalb selbst eine Delegation zur Landesdirektion nach Ulm und nach Dillingen, wo sie von Minister Montgelas zwar freundlich aufgenommen, aber mit ihrer Bitte abgewiesen wurden.

43 *Ebd.,* S. 116.

44 *Ebd.,* S. 121. — 36 Schwestern zogen nach Obermedlingen; eine der Schwestern war in Dellmensingen verstorben.

45 *Ebd.,* S. 117 f., 121. Es waren die Schwestern Nepomucena Scheiblin, Francisca Oggerin, Mauritia Köfin und Sabina Hirlin. Am 11. Juli 1809 zogen auch sie nach Obermedlingen.

46 *Ebd.,* S. 117.

und die Rückkehr der Schwestern wurde daher wieder in die Wege geleitet. Zwar sollen sie an diesem erneuten Umzug nicht sonderlich interessiert gewesen sein [47], doch war die Verlegung eine von der Regierung beschlossene Sache, wenn sie auch erst im folgenden Jahr ausgeführt wurde. Am 29. Mai 1810 kamen die Schwestern wieder in Söflingen an, nachdem die »übel zugerichteten Klausurräume« vorher wieder in Ordnung gebracht worden waren [48].

Inzwischen waren allerdings auch bedeutende politische Veränderungen eingetreten. Auf Grund des Vertrags von Compiègne und einer Vereinbarung zwischen Württemberg und Bayern vom 18. Mai 1810 kam Ulm an das Königreich Württemberg. Mit der Abschiebung der Schwestern nach Söflingen hatte sich Bayern auch seiner Pensionsverpflichtungen entledigt und Württemberg, dem Söflingen am 7. September übergeben wurde, aufgetragen. Die Schwestern baten am 14. November 1810 ihren neuen Landesherrn um Fortführung ihres gemeinsamen Lebens: »Unser bisheriger Souverain hat uns die Fortsetzung unseres klösterlichen Instituts ... allerhuldreichst gewährt. Seit acht Jahren konnten wir auf die gewohnte Weise – ein kurzer, durch die französische Militäroccupation des Klostergebäudes veranlaßten Zeitraum ausgenommen – ruhig Gott dienen, unsere klösterlichen Pflichten vollziehen und für unseren königlichen Landesvater allgemein beten. Allergnädigster König und Herr! Wir nahen uns in untertänigster Erniedrigung mit der gleichen Bitte an unsere allermildeste Regierung, in dem bisherigen Wohngebäude und in Gemeinschaft um die allergnädigste Erlaubnis unsere klösterliche Andacht ungehindert daselbst fortsetzen zu dürfen und um die allergütigste Bestätigung des bisher von Bayern angewiesenen Lebensunterhaltes.« [49]

Eindeutig wollten die Schwestern ihr gemeinsames Leben in der gewohnten Weise und am bisherigen Ort weiterführen, mußten aber, da ihnen die wirtschaftliche Basis genommen worden war, um staatliche Unterstützung nachsuchen. Am 27. November 1810 meldeten sie in Stuttgart ihre materiellen Ansprüche an: Pensionen in bisherigem Umfang, freie Wohnung, unentgeltliche Benutzung des Klostergartens und Unterhalt für ihren Beichtvater [50]. Die Antwort kam am 14. Juli des folgenden Jahres: König Friedrich setzte für die Schwestern und ihren Beichtvater eine Gesamtpension von 13 312 fl. fest und gewährte die »Fortdauer der klösterlichen Gemeinschaft«. In einem freudig-feierlichen Dankschreiben beantwortete der Kon-

47 *Ebd.*, S. 122: »Man möchte sie im Kloster Mödlingen lassen; sie könnten keine solche Reise mehr aushalten.«
48 *Ebd.*, S. 127. Es waren der Beichtvater Sebastian Baader und 35 Schwestern.
49 *StA Ludwigsburg*, E 205 (Ordensleute).
50 *Ebd.*

vent am 27. Juli 1811 die königliche Gunst [51]. Immerhin konnten die Schwestern nun als Pensionärinnen Württembergs in ihrem alten Kloster wohnen. Doch im März 1814 wurde ihnen ein neuer Umzug zugemutet. Die Klosterräume wurden wieder als Lazarett benötigt, diesmal für österreichische Truppen [52]. Offensichtlich war an eine Einweisung der Schwestern in das Benediktinerinnenkloster Urspring bei Schelklingen gedacht, dessen Schwestern nach der Säkularisation ihres Klosters durch Württemberg im Jahre 1806 ihr gemeinsames Leben ebenfalls weiterführen durften [53]. Aber nur vier Schwestern zogen von Söflingen dorthin [54]. Die übrigen wollten sich auf diesen aussichtslosen Wohnungswechsel nicht einlassen und lieber aus dem Kloster austreten. Das führte zur endgültigen Auflösung der Söflinger Kommunität. Die Söflinger Chronik formuliert es so: »Die Schwestern wurden exkonventuliert. Viele gingen nach Hause, mehrere blieben hier in Logis in Privathäusern.« [55] Die in Söflingen verbliebenen Schwestern trugen bis in die Pfingsttage ihr Ordenskleid. Dann wurde es ihnen verboten [56].

Nachweislich sind in Söflingen zehn Schwestern geblieben. Sie starben dort im Laufe der nächsten Jahre; am 24. Oktober 1840 starb die letzte Oberin des Klosters, Ursula Schad [57]. Als letzte der in Söflingen verbliebenen Klosterfrauen starb Susanna Marckthalerin 79jährig am 8. April 1851 [58]. In dieser Zeit erlebten die Schwestern den Abbruch ihres Klosters im Jahre 1818 und bald danach die aus pastoralen Gründen unter Kreisbaumeister Johannes Gottfried Klinsky durchgeführten baulichen Veränderungen ihrer Klosterkirche [59].

Das Klarissenkloster Söflingen ist damit von der kirchlichen Landkarte verschwunden. Es ging mit dem Heiligen Römischen Reich Deutscher Nation zugrunde. In dessen kirchlicher und politischer Ordnung war es einst entstanden, hatte hier seinen Lebensraum erhalten und unter dem Schutz

51 *Ebd.*

52 *Fraidel,* Chronik, S. 131 (Nachtrag des Sohnes Leonhard Fraidel).

53 *Erzberger,* S. 343; *I. Eberl,* Geschichte des Benediktinerinnenklosters Urspring bei Schelklingen, Stuttgart 1978: ausführlich zur Aufhebung des Klosters.

54 *Erzberger,* S. 343.

55 *Fraidel,* Chronik, S. 131 (mit den Wohnungsangaben).

56 *Ebd.*

57 *Profeßbuch,* Nr. 198.

58 *Ebd.,* Nr. 203. — Außerhalb Söflingens lebten über diese Zeit hinaus: Francisca Ementiana Scheible, die am 2. August 1857 in Ehingen starb (*Profeßbuch,* Nr. 205); Elisabeth Francisca Winder, gest. am 1. Dez. 1857 in ihrer Heimat Schemmerberg (Nr. 207); Nepomucena Scheible, die im Jahre 1858 in Justingen verstorben ist (Nr. 196). Unbekannt sind Sterbeort und Sterbetag von Francisca Ogger (Nr. 199).

59 *Fraidel,* Chronik, S. 133; *Wortmann,* Söflingen, S. 608.

seines Rechtes fast sechs Jahrhunderte hindurch bestehen können. Die Säkularisation zerschlug in Söflingen einen durchaus lebensfähigen Konvent, der von einer freudigen Bejahung der Zwangsauflösung des Klosters weit entfernt war. Sein Wille zum Überleben war freilich gegen die politische Entscheidung machtlos. Im neuerrichteten Königreich Württemberg war auch der Weg zu einer Restauration des Klosters verwehrt [60]. Die politischen Umwälzungen des Jahres 1919 ermöglichten dann den Franziskanern einen Neubeginn in Ulm, der in den Jahren 1921—1926 nochmals zu einer Franziskanerniederlassung in Söflingen führte, bis im Jahre 1926 das neue Ulmer Franziskanerkloster bezogen werden konnte. Es war die Thüringische Franziskanerprovinz, die diese Neugründung durchführte. Durch eine Reihe weiterer Klostergründungen während jener Jahre im südwestdeutschen Raum trat dieser Ordensverband hier das alte Erbe der oberdeutschen Observantenprovinz an. An eine Neubelebung und Fortführung der Söflinger Klarissentradition dachte niemand mehr. Die Klarissenklöster blieben von der Karte Südwestdeutschlands verschwunden [61]. Interessierte und dankbare Erinnerung lebt an den Orten ihrer ehemaligen Klöster noch fort [62]. In Söflingen selbst nahm jüngst eine sozial-caritative Institution den Namen des alten Klosters an, der »Klarissenhof«, in unmittelbarer Nähe des ehemaligen Klosters erbaut.

60 Zur Problematik der Klosterfrage in Württemberg vgl. *R. Reinhardt,* Die Bemühunhungen um Wiederzulassung der Benediktiner in Württemberg während des 19. Jahrhunderts, in: Germania Benedictina V, S. 734—744.

61 Erst nach dem 2. Weltkrieg ließen sich in Balsbach (bei Limbach/Baden) Klarissen-Kapuzinerinnen nieder.

62 Von den ehemaligen südwestdeutschen Klarissenklöstern hat nur Villingen die Säkularisation überstanden. Es war im späten Mittelalter im Verband der Konventualen verblieben. Der Aufhebung durch Josef II. 1782 entging es durch den Zusammenschluß mit den Villinger Dominikanerinnen und die danach vollzogene Umwandlung der Klostergemeinschaften in ein Ursulinenkloster, das den Mädchenunterricht für die Stadt Villingen übernahm; *Alem. Fr.* 3 (1957), S. 45—76.

1. Die Söflinger Äbtissinnen

I. Bis 1484 (nach *Miller,* Söflinger Briefe, S. 116 f.):

1. Hailwigis (Hedwig)	erwähnt 1254, 1259
2. Adelheid	erwähnt um 1270
3. Guta	erwähnt 1272, 1275, 1278, 1281
4. Mya (Maria)	erwähnt 1289
5. Hedwig von Künzelsau	erwähnt 1308, 1310
6. Mia von Kemnat	erwähnt 1319
7. Cecilie	erwähnt 1326
8. Kunigunde	erwähnt 1327
9. Anna	erwähnt 1338
10. Mya von Westerstetten	erwähnt 1342, 1343
11. Cecilie	erwähnt 1344, 1345
12. Imagina	erwähnt 1351
13. Agnes Rot	erwähnt 1354
14. Ynmaginum	erwähnt 1356
15. Margareta	erwähnt 1366
16. Agnes (?) von Schreckenstein	erwähnt 1391
17. Clara Krafft	erwähnt 1422
18. Lieburg Strölin	erwähnt 1429
19. Barbara von Freyberg	erwähnt 1436, 1437
20. Barbara von Rechberg	erwähnt 1443
21. Agatha Rüsslin	1444—1460
22. Elisabeth von Züllenhard	1461—1466
23. Anna von Freyberg	1467—1468
24. Christina Strölin	1469—1484 (anläßlich der Reform 1484 abgesetzt)

II. Von 1484–1814 (zusammengestellt nach dem *Seel- und Profeßbuch):*

1. Elisabeth Reichner	1484–1508/1513
2. Cordula von Reischach	1508 (13)–1551
3. Katharina Schertler	1551–1565
4. Cleopha von Reischach	1565–1585
5. Helena Riedmann	1585–1588
6. Anna Storr	1588–1611? (gest. 1620)
7. Brigitta Breining	1620–1623
8. Euphrosina von Burgau	1623–1624
9. Ursula Blattner	1624–1636
10. Elisabeth Rayttner	1636–1643 (gest. 1675)
11. Sibylla von Schwarzach	1643–1666
12. Bernardina Weber	1666–1667 (gest. 1679)
13. Agnes von Kaysersberg	1667–1684
14. Euphrosina Rampf	1684–1687 (gest. 1718)
15. Cleopha Veeser (Feser)	1687–1688
16. Angela von Slawata	1688–1701 (gest. 1705)
17. Theresia von der Linden	1701–1713 (gest. 1717)
18. Febronia Kögel	1713–1717
19. Katharina Hunger	1717–1739
20. Angela Weber (Textor)	1739–1762 (gest. 1764)
21. Agnes Schneider (Sartor)	1762–1764
22. Clara Mauch	1764–1768
23. Johanna Miller	1768–1774 (gest. 1776)
24. Benedicta Primauer	1774–1778 (gest. 1784) 3 J.
25. Crescentia Wacker	1778–1801
26. Bonaventura Seelinger	1801–1802 (Oberin: 1802–1807)
27. Ursula Schad	1802–1814 (Oberin)

2. Das Söflinger Profeßbuch 1624—1802

Die Liste, in einem Lederbändchen mit reicher Goldpressung auf beiden Deckeln, 20 auf 16 cm, führt 209 Söflinger Schwestern auf, geordnet nach ihrem Ordensalter (Tag der Einkleidung). Die Zusammenstellung beruht sicher auf älteren Verzeichnissen. Von Nr. 1—139 (Profeß 1748; das Todesdatum 1768 ist später hinzugefügt) ist die Liste von einer Hand geschrieben; danach folgen Eintragungen von verschiedenen Händen, wobei Schreibqualität und Ordnung der Niederschrift nachlassen. Das Profeßbuch dürfte vor 1750 angelegt worden sein und wurde dann bis zur Auflösung des Konvents fortgeführt. — Auf den letzten zehn Seiten folgt eine Totenliste, 1787 geschrieben (auf Grund des »alten pergamentenen Totenbuchs«), danach bis 1821 fortlaufend ergänzt; die späteren Todesdaten sind von Rudolf Weser hinzugefügt.

Die Angaben erfolgen nach einheitlichem Schema: Name und Geburtsort, Geburtstag, Tag der Einkleidung, Tag der Profeß (die am Ende des Noviziatsjahres stand), Todestag. Teilweise sind Lebens- und Ordensalter hinzugefügt, bei Äbtissinnen (auch als Mutter bezeichnet) Wahl und Amtszeit. Zum Schema gehört ferner die Angabe des goldenen Profeßjubiläums (50 Jahre nach der Profeß), das aber nicht regelmäßig verzeichnet ist, sondern auch durch die einfache Hinzufügung »Jubilatin« ersetzt werden kann.

Die Publikation des Profeßbuches erfolgt nach dem Original *(Diözesanarchiv Rottenburg,* Nachlaß Rudolf Weser) und der 1929 angefertigten Abschrift von Rudolf Weser (*ebd.*). Zur Ergänzung der Personalangaben: Seelbuch (= *SB),* Guttäterbuch (= *GB),* das Schwesternverzeichnis von 1722 (jeweils *Diözesanarchiv Rottenburg),* die Konventsliste von 1801 (nach *Analecta Franciscana* 8, S. 601—603), eine dem Profeßbuch angefügte Sterbeliste und das Personalverzeichnis der oberdeutschen Observantenprovinz (in *Analecta Franciscana* 8, S. 349—425 = *Personalverzeichnis OFM).*

1. Ehrw. Mutter Agnes von Kaysersberg [1]

Gebürtig von Burgau, geboren	1609		
In den Hl. Orden eingekleidet	1624	Aug.	5
Profession abgelegt	1625	Jan.	13
Zur Äbtissin erwählt	1667	Aug.	25
Löblich regiert	17 J.	7 Mt.	
Freiwillig resigniert	1684	März	12
Ihr Jubiläum gehalten	1676	Jan.	12
Gottselig gestorben	1684	Mai	12
Ihres Alters	75 J.		
Im Hl. Orden gelebt	60 J.		

2. Schw. Cunegundis Lugart von Burgau

Geboren	—	—	—
Einkleidung	1624	Aug.	5
Profeß	1625	Jan.	13
Jubiläum	1676	Jan.	13
Tod	1678	Mai	25
Ordensalter	53 J.		

3. Schw. Brigitte Kürcherin von Munderkingen [2]

Geboren	1609		
Einkleidung	1626		
Profeß	1627		
Jubiläum	1677	Okt.	11
Tod	1684	Jan.	6
Lebensalter	77 J.		
Ordensalter	58 J.		

[1] *Diözesanarchiv Rottenburg,* Seelbuch (=*SB),* 19. Woche, S. 28: Die 13. Äbtissin seit der Reformation; *ebd.,* Profeßbuch, Nr. 58: Schwester Serafina von Kaysersberg, geb. 1663 zu Salzburg.

[2] *SB,* 1. Woche, S. 4: Brigitta Kircher; *Diözesanarchiv Rottenburg,* Guttäterbuch (= *GB*), S. 112: Der hochgelehrte Herr Johann Friedrich Kircher und seine Schwester Veronika stifteten dem Kloster 15 fl. — Weser fügt hinzu: von Munderkingen, so daß ein Verwandtschaftsverhältnis mit der Söflinger Schwester angenommen werden darf.

4. Schw. M. Benedicta Millerin von Ulm [3]

Geboren	1605		
Einkleidung	1629	Juli	29
Profeß	1630	Juli	30
Jubiläum	1681	Mai	4
Tod	1688	Febr.	21
Alt	81 J.	4 Mt.	
Ordensalter	58 J.		

5. Schw. Maria Spindlerin von Augsburg [4]

Geboren	1611	Aug.	15
Einkleidung	1630	Juli	6
Profeß	1631	Nov.	4
Tod	1678	Febr.	14

6. Schw. Felicitas Mayerin von Jetingen [5]

Geboren	1613		
Einkleidung	1630	Juli	6
Profeß	1631	Nov.	4
Jubiläum	1681	Nov.	4
Tod	1690	Okt.	24
Alt	77 J.		
Ordensalter	60 J.		

7. Schw. Elisabetha von Wolfstürn von Prag [6]

Geboren	1613		
Einkleidung	1630	März	24
Profeß	1631	März	25
Jubiläum	1682	Dez.	18
Tod	1693	Aug.	14
Alt	78 J.		
Ordensalter	62 J.		

[3] *SB*, 8. Woche, S. 14. Ob die im *GB* (S. 81) genannte Apollonia Millerin, Stifterin von 30 Gulden, eine Verwandte ist, bleibt ungewiß.

[4] Im Original steht das Geburtsdatum an 3. Stelle. — *SB*, 7. Woche, S. 13.

[5] *SB*, 43. Woche, S. 62.

[6] Im *SB* fehlt das Blatt für den 14. August. — *GB* (S. 114) ist Johann Adolf von Wolfstürn als großer Wohltäter Söflingens erwähnt.

8. Schw. Magdalena Ungerin von Harthausen, Laienschwester [7]

Geboren	—	—	—
Einkleidung	1631	Jan.	13
Profeß	1632	Jan.	14
Tod	1675	Febr.	20

Die Nummer 9 ist übersprungen.

10. Schw. Thecla Billerin von Augsburg

Geboren	—	—	—
Einkleidung	1631	Nov.	30
Profeß	1632	Nov.	(!) 31
Tod	1679	Juni	18
Ordensalter	48 J.		

11. Schw. Salomaea Siessmayerin von Landsberg [8]

Geboren	1616		
Einkleidung	1636	Juli	13
Profeß	1637	Aug.	6
Jubiläum	1687	Aug.	6
Tod	1693	Aug.	1
Alt	77 J.		
Ordensalter	57 J.		

12. Schw. Ursula Bruggbergerin von Landsberg [9]

Geboren	—	—	—
Einkleidung	1636	Sept.	19
Profeß	1637	Sept.	20
Tod	1679	Febr.	6

13. Schw. Euphoemia von der Linden von Göldensdorff [10]

Geboren	—	—	—
Einkleidung	1637		
Profeß	1638		
Tod	1670	Juni	28

7 Eintrag im *SB* wie Anm. 6; im folgenden nicht mehr erwähnt.
8 *GB*, S. 112: Herr Michael Siessmayer aus Landsberg stiftete 100 fl.
9 *SB*, 5. Woche, S. 10.
10 *SB*, 26. Woche, S. 38; vgl. Nr. 54 (Theresia von der Linden). — Zu den Wohltätern aus der Familie vgl. oben, S. 153.

14. Schw. Cordula Hafnerin von Landsberg [11]

Geboren	—	—	—
Einkleidung	1636	Sept.	19
Profeß	1637	Sept.	20
Tod	1661	Jan.	5

15. Ludovica Amorellin von Salzburg

Geboren	—	—	—
Einkleidung	1637		
Profeß	1638		
Tod	1641	Juli	26

16. Schw. Sibilla Knörin von Munderkingen [12]

Geboren	—	—	—
Einkleidung	1637		
Profeß	1638		
Tod	1656	Dez.	4

17. Schw. Magdalena Herlin von Landsberg [13]

Geboren	—	—	—
Einkleidung	1637		
Profeß	1638		
Tod	1670	Febr.	21

18. Ehrw. Mutter Cleopha Veeserin von Heiligkreuzthal [14]

Geboren zu Grüningen	1621		
Einkleidung	1640		
Profeß	1641		
Äbtissin (die 15. Äbtissin in der Reformation)	1687	März	6
Regiert	1 J.		Tg 20
Tod	1688	März	26

[11] Dem Ordensalter nach vor Nr. 13 gehörig. — *SB*, 1. Woche, S. 4.

[12] *SB*, 45. Woche, S. 66. — *GB*, S. 81: Katharina Knerin stiftete 160 fl.

[13] *SB*, 8. Woche, S. 14.

[14] *SB*, 12. Woche, S. 19: Die wohlerw. Frau Mutter Cleopha Veeserin, die 15. Äbtissin nach der Reformation, bis in das ander Jahr. — Geburtsort ist Grüningen bei Riedlingen, in der Nähe der ehemaligen Zisterzienserinnenabtei Heiligkreuztal.

19. Schw. Mechtildis Laub von Dillingen, Priorin			
Geboren in Dillingen	—	—	—
Einkleidung	1650	Mai	11
Profeß	1651	Mai	12
Tod	1690	Aug.	12

20. Schw. Renata Blaygin von Augsburg, Laienschwester			
Geboren	—	—	—
Einkleidung	1643	Juni	26
Profeß	1644	Juni	27
Tod	1666	Nov.	20

21. Schw. Gertraud Schmidin von Donauwörth, Laienschwester [15]			
Geboren	—	—	—
Einkleidung	1650		
Profeß	1651		
Tod	1689	Juli	4

22. Mutter Berardina Weberin von Weilheim [16]			
Geboren	—	—	—
Einkleidung	1650		
Profeß	1651		
Äbtissin (12. Äbtissin)	1666	Dez.	3
Regiert	9 J.		
Tod	1679	Okt.	13

23. Schw. Hortulana Hüethmännin von Augsburg, Laienschwester [17]			
Geboren	—	—	—
Einkleidung	1650		
Profeß	1651		
Tod	1690	Sept.	6

[15] *SB*, 27. Woche, S. 39.

[16] *SB*, 41. Woche, S. 59: Die 12. Äbtissin nach der Reformation, drei viertel Jahr; hier Bernardina genannt.

[17] *SB*, 36. Woche, S. 52.

24. Schw. Regina Bächlerin von Dillingen, Laienschwester [18]

Geboren	—	—	—
Einkleidung	1652		
Profeß	1653		
Tod	1695	Febr.	5

25. Schw. Verena Millerin, Laienschwester

Geboren	—	—	—
Einkleidung	1652	Febr.	24
Profeß	1653	Febr.	25
Jubiläum	1703	Febr.	25
Tod	1707	Mai	25
Alt	79 J.		
Ordensalter	55 J.		

26. Schw. Margaretha Stehlin von Gmünd [19]

Geboren	1629		
Einkleidung	1653		
Profeß	1654		
Tod	1690	Juli	25

27. Schw. Didica Michelspacherin aus Tyrol, Laienschwester [20]

Geboren	—	—	—
Einkleidung	1653	Juli	24
Profeß	1654	Juli	26
Tod	1695	Febr.	5

28. Schw. Pacifica Camerin von Augsburg [21]

Geboren	1637		
Einkleidung	1653	Juli	24
Profeß	1654	Juli	26
Jubilarin	1703		
Tod	1716	Juni	22

18 *SB*, 6. Woche, S. 11.

19 Wohl Schwäbisch Gmünd (was auch sonst bei dieser Ortsangabe vermutet wird). — *Weser*, Manuskriptband, S. 379 (im *Diözesanarchiv Rottenburg*) findet ihren Namen in einer Rechnung aus dem Jahr 1662 (StA Ulm) und nennt Peter Klaus, Pfarrer von Neuhausen, ihren Vetter.

20 *SB*, 7. Woche, S. 13.

21 Das Ordensjubiläum müßte erst 1704 (50 Jahre nach 1654) stattgefunden haben.

29. Schw. Rosa Scheiffelin von Gmünd [22]

Geboren	1633		
Einkleidung	1654	Juli	24
Profeß	1655	Juli	25
Tod	1700	Dez.	22

30. Schw. Adelgund von Schwarzach von Buechla (Buchloe) [23]

Geboren	1632		
Einkleidung	1656		
Profeß	1657		
Tod	1692	Dez.	16

31. Schw. Coleta Sondermayerin von Augsburg, Laienschwester [24]

Geboren	1638		
Einkleidung	1657	Aug.	24
Profeß	1658	Aug.	25
Tod	1703	März	23

32. Schw. Amata Imhoff von Günzelhofen [25]

Geboren	1634		
Einkleidung	1657	Aug.	24
Profeß	1658	Aug.	25
Tod	1689	Febr.	4

33. Schw. Anna Dürin von Dietenheim

Geboren	1637		
Einkleidung	1659		
Profeß	1660		
Tod	1704	Mai	4

22 *SB*, 32. Woche, S. 75: Scheiflin.

23 *SB*, 50. Woche, S. 73. — *SB*, 48. Woche, S. 70 nennt Frau Mutter Sibilla von Schwarzach als 11. Äbtissin nach der Reformation, 1643—1666; vielleicht kamen beide Schwestern aus der gleichen Familie.

24 *SB*, 13. Woche, S. 20. — Nr. 81: Elisabeth Sondermayerin aus Augsburg; *Weser* (Manuskriptband, S. 375) verweist auf eine Augsburger Kupferstecherfamilie dieses Namens.

25 *SB*, 5. Woche, S. 10; das *Personalverzeichnis OFM* (in: *Analecta Franciscana* 8, S. 349—425) nennt vier Patres dieses Namens (alle aus Augsburg). — *GB* (S. 142) nennt eine Frau Dorothea Imhof geb. Zech aus Augsburg; die Familie Imhof war danach mit der Augsburger Familie Zech verwandt, aus der P. Wolfgang Zech, 1623—1687 (dreimal Provinzial, *SB*, S. 65), hervorging. Ob die Schwestern gleichen Namens (Nr. 141, 144) auch zur Familie gehörten, ist unsicher.

34. Mutter Angela Gräfin von Sclavata von Passau [26]

Geboren	1636		
Einkleidung	1659	Mai	18
Profeß	1660	Juli	2
Äbtissin (16. Äbtissin)	1688	März	29
Regiert	13 J.	8 Mt.	
Resigniert	1701	Nov.	23
Tod	1705	Juni	3

35. Schw. Eleonora Knittlin von Passau [27]

Geboren	1640		
Einkleidung	1659	Mai	18
Profeß	1660	Juli	2
Tod	1704	April	28

36. Schw. Agatha Schmidin von Schelklingen

Geboren	1637		
Einkleidung	1661	Nov.	22
Profeß	1662	Nov.	23
Tod	1696	Sept.	6

37. Schw. Antonia Latermännin von Rapperschweyl [28]

Geboren	1643		
Einkleidung	1662	Nov.	24
Profeß	1663	Nov.	25
Tod	1689	Jan.	14

[26] Oder Slawata; die Schreiberin hat ihren Namen in besonders großen Buchstaben niedergeschrieben; *GB* vgl. oben, S. 148.
[27] *GB* (S. 99) nennt eine Frau Katharina Knittlin geb. Steinerin, die 150 fl. schenkte.
[28] *SB*, 2. Woche, S. 6.

38. Mutter Euphrosina Rampf von Küsslingen [29]

Geboren	1648		
Einkleidung	1663	Aug.	18
Profeß	1664	Aug.	19
Äbtissin (14. Äbtissin)	1684	März	12
Regiert	3 J.	4 Mt.	
Jubiläum	1714	Sept.	3
Tod	1718	März	11
Ordensalter	54 J.		

39. Schw. Francisca Buckh von Gmünd [30]

Geboren	—	—	—
Einkleidung	1662	Nov.	24
Profeß	1663	Nov.	25
Tod	1665	Jan.	2

40. Schw. Cordula Westermiller von Passau, geb. in Ylz (Oberösterreich) [31]

Geboren	1648		
Einkleidung	1663	Sept.	9
Profeß	1664	Sept.	10
Jubiläum	1714	Sept.	27
Tod	1715	Juni	25
Ordensalter	52 J.		

41. Schw. Barbara Grimmeisin von Augsburg [32]

Geboren	1648		
Einkleidung	1667	April	15
Profeß	1668	April	16
Tod	1700	Dez.	8

29 *SB*, 11. Woche, S. 18: 14. Äbtissin nach der Reformation. — *GB* (S. 92) nennt ihre Eltern als besondere Wohltäter des Klosters. — *Dr. Rudolf Rampf* (Wien) stellte eine Geschichte der Rampf-Sippe zusammen (Manuskript in Privatbesitz). Danach gehörte die Äbtissin einer Tomerdinger Linie an, aus der auch Johann Georg Rampf (geboren in Wiblingen), als Richter in Söflingen 1773 bezeugt, kam (frdl. Mitteilung von Herrn *August Rampf*, Ulm). Nach Herrn *Franz Rampf* (Biberach) stammte die Äbtissin eher aus einer bayerisch-schwäbischen Linie; der Geburtsort wäre danach Kicklingen/Dillingen.

30 *SB*, 1. Woche, S. 4.

31 *GB*, S. 136: Wilhelm Westermiller und seine Frau Christina stifteten 4 800 fl. (wohl die Eltern).

32 *SB*, 49. Woche, S. 71. — Das *Personalverzeichnis OFM* nennt einen Pater Elzear Grimmeisen aus Augsburg, 1639—1711.

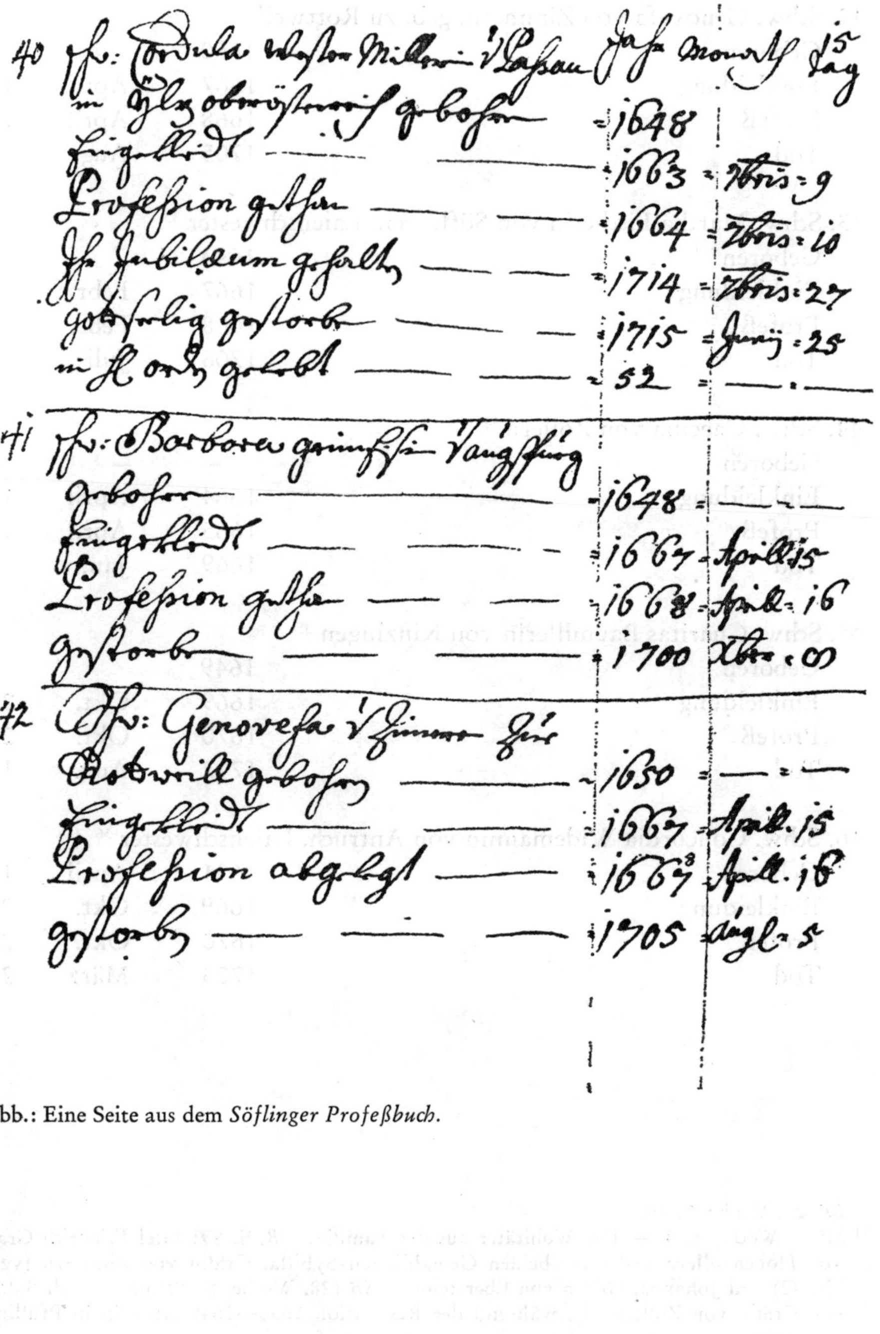
40 Sr: Cordula [illegible] Millerin v. [illegible] Jahr Monath Tag
in [illegible] geboren — 1648
Eingekleidt — 1663 — 7bris 9
Profession gethan — 1664 — 7bris 10
Ihr Jubiläum gehalten — 1714 — 7bris 27
gottselig gestorben — 1715 — Junij 25
im H. orden gelebt — 52

41 Sr: Barbara [illegible]
geboren — 1648
Eingekleidt — 1667 — Aprillis 15
Profession gethan — 1668 — Aprill 16
gestorben — 1700 — Xbris [illegible]

42 Sr: Genovefa v. [illegible]
Rotweill geboren — 1650
Eingekleidt — 1667 — Aprill 15
Profession abgelegt — 1668 — Aprill 16
gestorben — 1705 — dergl. 5

Abb.: Eine Seite aus dem *Söflinger Profeßbuch.*

42. Schw. Genovefa von Zimmern, geb. zu Rottweil

Geboren	1650		
Einkleidung	1667	April	15
Profeß	1668	April	16
Tod	1705	Aug.	5

43. Schw. Martha Fischerin von Söflingen, Laienschwester [33]

Geboren	1643		
Einkleidung	1667	Febr.	4
Profeß	1668	Febr.	5
Tod	1706	Juli	4

44. Schw. Caecilia von Zollern [34]

Geboren	—	—	—
Einkleidung	1664	April	13
Profeß	1665	April	14
Tod	1669	Jan.	3

45. Schw. Charitas Baumillerin von Kinzingen [35]

Geboren	1649		
Einkleidung	1669	Okt.	20
Profeß	1670	Okt.	21
Tod	1717	Aug.	14

46. Schw. Concordia Widemännin von Antruch, Laienschwester [36]

Geboren	1651	April	12
Einkleidung	1669	Okt.	20
Profeß	1670	Okt.	21
Tod	1703	März	23

[33] *SB*, 27. Woche, S. 39.

[34] *SB*, 1. Woche, S. 4. — Die Wohltäter aus der Familie: *GB*, S. 89: Eitel Friedrich Graf von Hohenzollern und seine beiden Gemahlinnen Sybilla, Gräfin von Zimmern (vgl. Nr. 42) und Johanna, Gräfin von Eberstein. — *SB* (28. Woche, S. 40) nennt auch Sidonia, Gräfin von Zollern, die während der Restitution 1636—1648 Äbtissin in Pfullingen war.

[35] *SB*, 33. Woche, S. 48.

[36] *SB*, 13. Woche, S. 20.

47. Schw. Francisca Brentlin von Straubing [37]

Geboren	1643		
Einkleidung	1671	Juni	13
Profeß	1672	Juni	15
Tod	1709	Mai	18

48. Schw. Corona Bimerin von Landshut, Laienschwester

Geboren	1654		
Einkleidung	1671	Juni	13
Profeß	1672	Juni	15
Tod	1702	Mai	4

49. Schw. Serena Schäferin von Straubing [38]

Geboren	1645		
Einkleidung	1671	Dez.	13
Profeß	1672	Dez.	14
Tod	1696	Jan.	23

50. Schw. Josepha Thumarin von Buchloe, Laienschwester

Geboren	1646		
Einkleidung	1670	Nov.	3
Profeß	1671	Nov.	4
Tod	1708	April	7

51. Schw. Dorothea Lindämerin von Schwaz (Tirol), Laienschwester [39]

Geboren	1647		
Einkleidung	1671	Juni	13
Profeß	1672	Juni	14
Tod	1712	Aug.	8

52. Schw. M. Clara Zänkhlin von Straubing

Geboren	1651		
Einkleidung	1673	Jan.	9
Profeß	1674	Jan.	10
Tod	1721	April	2

37 *SB*, 19. Woche, S. 29. — Der Schreiberin ist in der Nummerierung ein Fehler unterlaufen: Sie springt auf Nr. 45 zurück.

38 *SB*, 4. Woche, S. 9. — *GB* (S. 128) nennt Maria Margareta Schäfer (Schäffer) und ihren Sohn Ignatius, ohne Ortsangabe; *ebd.* (S. 148) eine Frau Maria Schäfer (Schäffer) aus Friedberg bei Augsburg.

39 *SB*, 33. Woche, S. 48 (Lindemerin).

53. Schw. Victoria Faber von Landshut, Priorin [40]

Geboren	1651		
Einkleidung	1673	Aug.	5
Profeß	1674	Aug.	6
Tod	1710	Febr.	10

54. Mutter Theresia von der Linden von Zetersdorf [41]

Geboren	1657	Okt.	21
Einkleidung	1674	Sept.	10
Profeß	1675	Sept.	14
Äbtissin (die 17. Äbtissin)	1701	Nov.	23
Regiert	13 J.	7 Mt.	
Resigniert	1713	Juli	1
Tod	1717	Febr.	15

55. Schw. Juliana Voglin von Ehingen [42]

Geboren	1656		
Einkleidung	1675	Juni	22
Profeß	1676	Juni	26
Tod	1696		

56. Schw. M. Johanna Krieglin von Landshut [43]

Geboren	1659	Jan.	2
Einkleidung	1675	Okt.	13
Profeß	1676	Okt.	15
Jubiläum	1726	Nov.	18
Tod	1734	Febr.	25

57. Schw. Maria Weissin von München, Laienschwester [44]

Geboren	1650		
Einkleidung	1678	Okt.	21
Profeß	1679	Okt.	30
Tod	1717	Okt.	13

[40] *SB*, 6. Woche, S. 12. — *GB* (S. 87) erwähnt eine Frau Maria Byzenhofferin geb. Faberin aus Waldsee.

[41] Ursprüngliche Angabe: 16. Äbtissin, verbessert in 17.; *SB* (7. Woche, S. 12) gibt die Zählung richtig an: 17. Äbtissin nach der Reformation. — Vgl. oben Nr. 13, Anm. 10.

[42] *SB*, 51. Woche, S. 24. — Der Todestag liegt also im Dezember.

[43] *SB*, 9. Woche, S. 15. — Im *Schwersternverzeichnis von 1722* an 3. Stelle. — Nr. 106: Cordula Krieglin von Landshut. — *GB* (S. 152) ein Ehepaar Krieglin, Bäcker aus Landshut.

[44] *SB*, 43. Woche, S. 62.

58. Schw. M. Seraphina von Kayversperg, von Salzburg [45]

Geboren	1663		
Einkleidung	1679	Mai	8
Profeß	1680	Mai	9
Tod	1727		

59. Mutter Febronia Köglerin von München [46]

Geboren	1664		
Einkleidung	1679	Sept.	1
Profeß	1680	Sept.	14
Äbtissin (die 17. Äbtissin)	**1713**	**Juli**	**1**
Regiert	3 J.	6 Mt.	
Tod	1717	Jan.	23

60. Schw. Ursula Vieröckhin von München [47]

Geboren	1664		
Einkleidung	1680	Juli	13
Profeß	1681	Aug.	8
Jubiläum	1731	Aug.	10
Ordensalter	63 J.		
Tod	1743	Febr.	4

61. Schw. Anastasia Bekhlerin von Augsburg [48]

Geboren	1661		
Einkleidung	1681	Nov.	21
Profeß	1682	Nov.	23
Tod	1724	April	2

62. Schw. M. Hilaria Schäzlin von Schongau, Laienschwester [49]

Geboren	1657		
Einkleidung	1681	Nov.	21
Profeß	1682	Nov.	23
Tod	1716	Dez.	21

45 *SB*, 5. Woche, S. 10. — Im *Schwesternverzeichnis von 1722:* Profeßmeisterin. — Vgl. oben, Nr. 1. — Verwandtschaftliche Beziehungen zwischen den beiden Familien?

46 *SB*, 4. Woche, S. 8: Als 18. Äbtissin nach der Reformation; im Profeßbuch falsch angegeben. — Im *Personalverzeichnis OFM* zwei Patres Kögel aus Denklingen/Schwaben und eine Generation jünger als die Äbtissin.

47 *SB*, 5. Woche, S. 10. — Im *Schwesternverzeichnis von 1722* an 5. Stelle.

48 Im *Schwesternverzeichnis* an 6. Stelle.

49 *SB*, 51. Woche, S. 74.

63. Schw. Constantia Schmuz von Dillingen, Priorin [50]

Geboren	1665		
Einkleidung	1686	Dez.	18
Profeß	1687	Dez.	29
Tod	1717	Juni	25

64. Schw. Bernardina Heusslerin von Eichstätt [51]

Geboren	1667	Dez.	12
Einkleidung	1686	Dez.	18
Profeß	1687	Dez.	29
Tod	1733	Jan.	23

65. Schw. Benigna Manhardin von Polling [52]

Geboren	1668	Sept.	7
Einkleidung	1687	Jan.	17
Profeß	1688	Jan.	18
Jubiläum	1738	Jan.	27
Tod	1751	Jan.	2
Alt	83 J.		
Ordensalter	64 J.		

66. Schw. Magdalena Menterin von München [53]

Geboren	1664	April	29
Einkleidung	1687	Jan.	17
Profeß	1688	Jan.	18
Tod	1702	Sept.	1

67. Schw. Apollonia Schmid von München [54]

Geboren	1666	April	29
Einkleidung	1687	Jan.	17
Profeß	1688	Jan.	18
Tod	1695	März	2

50 *SB*, 26. Woche, S. 38.

51 *SB*, 4. Woche, S. 9; im *Schwesternverzeichnis* an 7. Stelle. — *GB*, S. 99; Franciscus Heussler aus Eichstätt als besonderer Wohltäter.

52 *SB* (49. Woche, S. 71) verlegt den Todestag in den Dezember. — Im *Schwesternverzeichnis* an 8. Stelle als Chormeisterin. — Hinweis von *R. Weser* (Seelbuch, a. a. O.): Sie fertigte im Jahre 1704 eine von der resignierten Äbtissin Euphrosina Rampf gestiftete Reliquientafel.

53 *SB*, 35. Woche, S. 51. — *GB*, S. 99: Frau Elisabeth Menterin aus München.

54 *SB*, 9. Woche, S. 15.

68. Mutter Catharina Hungerin von Rapperschwyl [55]

Geboren	1661	Dez.	23
Einkleidung	1688	Sept.	17
Profeß	1689	Aug.	29
Äbtissin	1717	Jan.	26
Regiert bis in die	23 J.		
Tod	1739	Mai	16

69. Schw. M. Caecilia Auerin von München [56]

Geboren	1670		
Einkleidung	1688	Aug.	29
Profeß	1689	Sept.	17
Jubiläum	1739	Sept.	29
Tod	1744	Aug.	20

70. Schw. M. Antonia Schmidin von Weilheim [57]

Geboren	1668	Jan.	18
Einkleidung	1691	Mai	6
Profeß	1692	Juli	12
Tod	1728	Jan.	28

71. Schw. M. Amata Koch von München [58]

Geboren	1673	März	23
Einkleidung	1691	Juni	2
Profeß	1692	Juli	12
Tod	1752	April	19
Jubiläum	1742	April	19
Alt	79 J.		
Ordensalter	61 J.		

55 *SB*, 19. Woche, S. 28: Die 19. Äbtissin nach der Reformation. — Im *Schwesternverzeichnis* als Äbtissin genannt. — Korrespondenz mit Abt Dominikus Schwaninger von Roggenburg; vgl. *Franz Tuscher*, Das Reichsstift Roggenburg im 18. Jahrhundert, Weißenhorn 1978, S. 59.

56 *SB*, 39. Woche, S. 48. — Im *Schwesternverzeichnis* an 9. Stelle.

57 *Schwesternverzeichnis* an 10. Stelle, Apothekerin.

58 *SB*, 13. Woche, S. 20. — Im *Schwesternverzeichnis:* 11. Stelle, Novizenmeisterin. — Im *Personalverzeichnis OFM* zwei Patres Koch aus München: Alexius, 1683—1732; Benno, 1674—1742.

72. Schw. Gertraut Hueberin, Laienschwester [59]

Geboren	1666	Mai	22
Einkleidung	1691	Mai	6
Profeß	1692	Juli	12
Tod	1704	Jan.	13

73. Schw. M. Agnetis Schneiderin, Priorin, von Ehingen [60]

Geboren	1676	März	28
Einkleidung	1695	Jan.	15
Profeß	1696	Jan.	29
Tod	1733	April	25

74. Schw. M. Mechtildis Schreterin von Polling [61]

Geboren	1673	Jan.	29
Einkleidung	1695	Jan.	15
Profeß	1696	Jan.	29
Tod	1745	Febr.	7

75. Schw. Regina Willin von Söflingen [62]

Geboren	1671	Febr.	11
Einkleidung	1695	Jan.	15
Profeß	1696	Jan.	23
Tod	1706	Jan.	27

76. Schw. Christina Eckhart von Söflingen [63]

Geboren	1667	Febr.	8
Einkleidung	1695	Jan.	15
Profeß	1696	Jan.	23
Tod	1729	Febr.	14

77. Schw. M. Cunegundis von Morawisky aus Schlesien [64]

Geboren	1652		
Einkleidung	1695	Aug.	5
Profeß	1696	Aug.	18
Tod	1739	Febr.	27

59 *SB*, 5. Woche, S. 10.
60 *Schwesternverzeichnis:* 2. Stelle als Priorin.
61 *SB*, 2. Woche, S. 6. — *Schwesternverzeichnis:* 12. Stelle.
62 *SB*, 52. Woche, S. 75.
63 *SB*, 7. Woche, S. 13. — *Schwesternverzeichnis:* 1. Stelle als Laienschwester.
64 *SB*, 8. Woche, S. 14. — *Schwesternverzeichnis:* 13. Stelle.

78. Schw. Veronica Hartmännin von Gmünd, Laienschwester [65]

Geboren	1675	April	30
Einkleidung	1695	Aug.	5
Profeß	1696	Aug.	18
Tod	1700	April	3

79. Schw. M. Walburga Fischerin von Kirchberg [66]

Geboren	1675	Febr.	5
Einkleidung	1696	Okt.	12
Profeß	1697	Okt.	26
Tod	1743	April	23

80. Schw. M. Margaretha Luzenbergerin von Weissenhorn [67]

Geboren	1676	Juli	16
Einkleidung	1696	Okt.	12
Profeß	1697	Okt.	26
Tod	1742	Nov.	3

81. Schw. Elisabeth Sondermayerin von Augsburg [68]

Geboren	1674	Febr.	28
Einkleidung	1698	April	28
Profeß	1699	Mai	8
Tod	1746	März	3

82. Schw. M. Juliana Hueber von Dinkelscherben [69]

Geboren	1676	Aug.	18
Einkleidung	1698	April	28
Profeß	1699	Mai	8
Jubiläum	1749	Febr.	16
Tod	1749	Febr.	17

65 *SB*, 10. Woche, S. 17.

66 *Schwesternverzeichnis:* 14. Stelle, Kellermeisterin.

67 *SB*, 48. Woche, S. 70. — *Schwesternverzeichnis:* 15. Stelle, Oberschreiberin.

68 *SB*, 6. Woche, S. 12. — *Schwesternverzeichnis:* 16. Stelle, Väterwindenmeisterin. Zur Augsburger Familie oben, Nr. 31.

69 *SB* (27. Woche, S. 39) mit Angabe: Priorin. — *Schwesternverzeichnis:* 17. Stelle.

83. Schw. Apollonia Schaulerin von Söflingen, Laienschwester [70]

Geboren	1673	März	23
Einkleidung	1698	April	28
Profeß	1699	Mai	28
Tod	1732	Jan.	16

84. Schw. Scholastica von Rosenberg von Schwaz (Tirol) [71]

Geboren	1680	Okt.	15
Einkleidung	1699	Okt.	21
Profeß	1700	Okt.	22
Jubiläum	1750	Okt.	18
Tod	1753	April	9
Alt	73 J.		
Ordensalter	54 J.		

85. Schw. M. Brigitta Anwanderin von Boos [72]

Geboren	1677	Febr.	21
Einkleidung	1699	Okt.	21
Profeß	1700	Okt.	22
Tod	1742	Jan.	14

86. Schw. Rosalia von Freyberg [73]

Geboren	1666	Okt.	11
Einkleidung	1700	März	11
Profeß	1701	März	12
Tod	1724	März	21

70 *SB*, 4. Woche, S. 9. — Geburtsdatum korrigiert von *R. Weser:* 24. März 1672. — *Schwesternverzeichnis:* 2. Stelle der Laienschwestern. — *GB*, S. 79: Eltern der Schwester.

71 *SB*, 13. Woche, S. 21. — *Schwesternverzeichnis:* 18. Stelle. — *GB*, S. 89 und 101: Familienangehörige.

72 *SB*, 3. Woche, S. 7. — *Schwesternverzeichnis:* 19. Stelle als »andere Schreiberin«. — Angabe von *R. Weser*, Manuskriptband, S. 243: Einer Familie Anwander, die sich in Söflingen niederließ, wurde am 2. Sept. 1728 eine Tochter Brigitta geboren (Taufregister, Bd. 3, S. 48).

73 *SB*, 13. Woche, S. 20. — *Schwesternverzeichnis:* 20. Stelle.

87. Schw. M. Agatha Renzin von Söflingen, Laienschwester [74]

Geboren	1683	Febr.	6
Einkleidung	1700	Aug.	5
Profeß	1701	Aug.	8
Tod	1751	Mai	7
Alt	68 J.		
Ordensalter	51 J.		

88. Schw. M. Sibylla Klinglerin von Salzburg [75]

Geboren	1676	Aug.	23
Einkleidung	1701	Mai	23
Profeß	1702	Mai	24
Tod	1751	Juli	1
Alt	75 J.		
Ordensalter	50 J.		

89. Schw. M. Perpetua Baumgartnerin von Söflingen [76]

Geboren	1684	Mai	28
Einkleidung	1703	April	10
Profeß	1704	April	13
Jubiläum	1754	April	21
Tod	1758	Juli	19
Alt	74 J.		
Ordensalter	55 J.		

90. Schw. M. Felicitas Schmidin von Dillingen [77]

Geboren	1678	Juli	3
Einkleidung	1703	April	10
Profeß	1704	April	13
Tod	1749	Jan.	11

[74] *Schwesternverzeichnis:* 3. Stelle als Laienschwester.
[75] *Ebd.*, 4. Stelle als Laienschwester: Küchenmeisterin.
[76] *Ebd.*, 5. Stelle als Laienschwester. — Aus der gleichen Söflinger Familie vielleicht auch Nr. 183.
[77] *SB,* 1. Woche, S. 4. — *Schwesternverzeichnis:* 21. Stelle, Tormeisterin.

91. Mutter Angela Weberin von Mindelheim [78]

Geboren	1681	Febr.	10
Einkleidung	1704	Nov.	16
Profeß	1705	Nov.	18
Äbtissin (20. Äbtissin in der Reformation)	1739	Mai	23
Regiert	24 J.		
Tod	1764	Aug.	26
Priorin	1739	April	29
Jubiläum	1755	Okt.	21
Alt	83 J.		
Ordensalter	60 J.		

92. Schw. M. Archangela Beringerin von Mindelheim [79]

Geboren	1683	Febr.	12
Einkleidung	1704	Nov.	16
Profeß	1705	Nov.	18
Tod	1750	Sept.	5

93. Schw. M. Angelina Hehlin von Mindelheim [80]

Geboren	1686	Nov.	9
Einkleidung	1704	Nov.	16
Profeß	1705	Nov.	18
Tod	1753	Mai	27
Alt	67 J.		
Ordensalter	49 J.		

94. Schw. M. Eleonora Bergamännin von Salzburg [81]

Geboren	1680	Jan.	16
Einkleidung	1705	März	19
Profeß	1706	März	26
Tod	1750	März	29
Alt	70 J.		
Ordensalter	45 J.		

78 *Schwesternverzeichnis,* 23. Stelle: 3. Schreiberin. — Zur Familie und Verwandtschaft vgl. oben, S. 140.

79 *SB,* 34. Woche, S. 49. — *Schwesternverzeichnis:* 22. Stelle, Weltliche Windenmeisterin. — *GB,* S. 148 und 161: vielleicht Familienangehörige.

80 *Schwesternverzeichnis:* 24. Stelle. — *GB,* S. 162: Ehepaar Hehl aus Mindelheim.

81 *GB,* 12. Woche, S. 19. — *Schwesternverzeichnis:* 25. Stelle, Kustorin. — *GB,* S. 82 und 134: Familienangehörige (Salzburger Bürgermeisterfamilie).

95. Schw. M. Salomaea Lohnerin von Augsburg, Laienschwester [82]

Geboren	1678	Febr.	4
Einkleidung	1704	April	13
Profeß	1705	April	14
Tod	1726	Mai	26

96. Schw. M. Hortulana Häsin von Dillingen, Laienschwester [83]

Geboren	1681		
Einkleidung	1704	Juni	8
Profeß	1705	Juni	9
Tod	1706	Juli	24

97. Schw. M. Coleta Freudenreichin von Ehingen, Laienschwester [84]

Geboren	1682	Sept.	4
Einkleidung	1706	Juni	20
Profeß	1707	Juni	21
Tod	1744	Mai	28

98. Schw. M. Hortulana Lohnerin von Augsburg [85]

Geboren	1680	April	3
Einkleidung	1706	Okt.	22
Profeß	1707	Okt.	23
Tod	1759	Mai	3

99. Schw. M. Barbara Widemännin von Augsburg [86]

Geboren	1679	Okt.	8
Einkleidung	1707	Okt.	22
Profeß	1708	Okt.	23
Tod	1729	Mai	7

82 *SB*, 13. Woche, S. 20. — *Schwesternverzeichnis:* 6. Stelle als Laienschwester. — Vgl. Nr. 98.

83 *SB*, 38. Woche, S. 55. Der Eintrag im *SB* (September) und das Todesdatum des Profeßbuches stimmen nicht überein; im Profeßbuch ein wieder durchgestrichener Nachtrag: Todesjahr 1759.

84 *SB*, 20. Woche, S. 30. — *Schwesternverzeichnis:* 7. Stelle als Laienschwester.

85 *Schwesternverzeichnis:* 8. Stelle als Laienschwester. — Vgl. Nr. 95.

86 *SB*, 20. Woche, S. 30 (hier als Laienschwester bezeichnet). — *Schwesternverzeichnis:* 9. Stelle als Laienschwester. — Vgl. Nr. 126.

100. Schw. M. Euphoemia Sittlin von Landshut [87]

Geboren	1682	Juni	5
Einkleidung	1708	Jan.	30
Profeß	1709	Jan.	31
Tod	1750	Mai	26

101. Schw. M. Beatrix Beckhin von Höchstädt [88]

Geboren	1688		
Einkleidung	1708	Jan.	30
Profeß	1709	Jan.	31
Tod	1765	Sept.	21
Jubilatin			

102. Schw. M. Francisca Hessin von Augsburg [89]

Geboren	1687		
Einkleidung	1708	Juli	8
Profeß	1709	Juli	9
Tod	1751	Sept.	6
Alt	64 J.		
Ordensalter	43 J.		

103. Schw. M. Martha Drichlerin von Augsburg [90]

Geboren	1687	Jan.	30
Einkleidung	1708	Juli	8
Profeß	1709	Juli	9
Jubilatin			
Tod	1761	Mai	20

[87] *Schwesternverzeichnis:* 26. Stelle. — Angabe von *R. Weser,* Manuskriptband, S. 375: Zu ihrer Profeß im Jahre 1709 erhielt sie ein Madonnenbild (1930 in Söflinger Privatbesitz) vom damaligen Prälaten des Ulmer Wengenklosters Augustin Erath von Erathsberg; zu ihm vgl. *Ernst,* Wengenkloster und Wengenkirche, S. 109.

[88] *SB,* 35. Woche, S. 51. — *Schwesternverzeichnis:* 27. Stelle. — Im *Profeßbuch* ist der Eintrag »Jubilatin« später hinzugefügt; Schwester Beatrix konnte 1759 ihr Profeßjubiläum feiern.

[89] *SB,* 34. Woche, S. 49 (als Laienschwester bezeichnet). — *Schwesternverzeichnis:* 10. Stelle als Laienschwester.

[90] *Schwesternverzeichnis:* 11. Stelle als Laienschwester. — Im *Profeßbuch* ist der Eintrag »Jubilatin« später hinzugefügt. Das Profeßjubiläum konnte 1759 gefeiert werden.

104. Schw. M. Hedwigis Gogglin von Kaufbeuren [91]

Geboren	1690		
Einkleidung	1710	Juni	5
Profeß	1711	Juni	16
Tod	1759	Mai	5

105. Schw. M. Helena Kyenlin von Ingolstadt [92]

Geboren	1693		
Einkleidung	1710	Juni	5
Profeß	1711	Juni	16
Tod	1753	Sept.	26

106. Schw. M. Cordula Krieglin von Landshut [93]

Geboren	1696		
Einkleidung	1714	Sept.	10
Profeß	1715	Sept.	11
Tod	1755	Juli	4

107. Schw. M. Rosa Haggin von Mindelheim [94]

Geboren	1694		
Einkleidung	1714	Sept.	10
Profeß	1715	Sept.	11
Tod	1751	Juni	6

108. Schw. M. Victoria Frizin von Lauenstein, geboren zu Wurzach [95]

Geboren	1695		
Einkleidung	1714	Okt.	15
Profeß	1715	Okt.	16
Tod	1753	Mai	29

91 *Schwesternverzeichnis:* 28. Stelle. — *GB,* S. 150: Herr Joseph Ulrich Goggl von Kaufbeuren. — Hedwig Goggl hat im Jahr 1753 das *SB* des Klosters geschrieben; sie war um diese Zeit also eine der Schreiberinnen des Konvents; nach *R. Weser,* Bauanlage, S. 100: Später Chormeisterin und Organistin.

92 *SB,* 36. Woche, S. 52. — *Schwesternverzeichnis:* 29. Stelle, 4. Schreiberin. — *GB,* S. 107: Wohl Angehörige Maria Theresia Kienlin und ihr Bruder, der Hochw. Herr Franziskus Bell.

93 *SB,* 26. Woche, S. 38. — *Schwesternverzeichnis:* 30. Stelle. — Vgl. Nr. 56.

94 *SB,* 20. Woche, S. 36. — *Schwesternverzeichnis:* 31. Stelle. — *GB,* S. 82 und 158: Vielleicht Angehörige.

95 *Schwesternverzeichnis:* 32. Stelle; der Name lautet hier nur M. Victoria Frizin.

109. Schw. M. Dorothea Spaichingerin von Ehingen, Laienschwester [96]

Geboren	1687		
Einkleidung	1713	April	27
Profeß	1714	April	30
Tod	1758	April	13
Alt	71 J.		
Ordensalter	44 J.		

110. Schw. Josepha Glazin von Weissenhorn [97]

Geboren	1687	Nov.	13
Einkleidung	1715	Jan.	23
Profeß	1716	Jan.	27
Tod	1764	April	29

111. Schw. Febronia Linzin von München [98]

Geboren	1697		
Einkleidung	1716	Okt.	7
Profeß	1717	Okt.	8
Tod	1749	April	24

112. Schw. M. Theresia Güllmännin von Friedberg [99]

Geboren	1690		
Einkleidung	1716	Okt.	7
Profeß	1717	Okt.	8
Tod	1766	Okt.	4

113. Schw. Anna Maria Dürrin von Apfeltrach [100]

Geboren	1701	Juli	27
Einkleidung	1718	April	19
Profeß	1719	April	20
Tod	1754	Jan.	12

96 *SB*, 14. Woche, S. 22. — *Schwesternverzeichnis:* 12. Stelle als Laienschwester.

97 *SB*, 20. Woche, S. 30 (als Laienschwester bezeichnet). — *Schwesternverzeichnis:* 13. Stelle als Laienschwester.

98 *SB*, 14. Woche, S. 22. — *Schwesternverzeichnis:* 33. Stelle. — Angabe von *R. Weser*, Manuskriptband, S. 324: Von Äbtissin Febronia Kögel (Nr. 59, die ebenfalls aus München stammte), erhielt sie ein Febronia-Gebetbuch (1929 in Privatbesitz R. Weser).

99 *SB*, 39. Woche, S. 56. — *Schwesternverzeichnis:* 34. Stelle. — *GB*, S. 132: Eine Jungfrau Rosina Judith Gillmännin.

100 *SB*, 2. Woche, S. 6, hier Oberschreiberin genannt. — *Schwesternverzeichnis:* 35. Stelle. — *GB*, S. 147: Vielleicht drei Familienangehörige.

114. Schw. M. Constantia Zwergerin von Schwabmünchen [101]

Geboren	1699	Okt.	1
Einkleidung	1719	April	20
Profeß	1720	April	21
Tod	1771	Juli	28
Jubilatin			

115. Schw. M. Magdalena Staaderin von Warthausen [102]

Geboren	1699	Sept.	4
Einkleidung	1719	April	20
Profeß	1720	April	21
Tod	1775	Febr.	2
Jubilatin			

116. Schw. M. Cleopha Schererin von Weilheim [103]

Geboren	1699	Febr.	3
Einkleidung	1719	April	20
Profeß	1720	April	21
Tod	1777	Jan.	23
Jubilatin			

117. Schw. M. Verena Riederin von Kleinkitzighofen, Laienschwester [104]

Geboren	1698	Nov.	23
Einkleidung	1719	April	20
Profeß	1720	April	21
Tod	1762	Sept.	15

101 *SB*, 28. Woche, S. 40. — *Schwesternverzeichnis:* 36. Stelle. — Im *Profeßbuch* ist der Eintrag »Jubilatin« später hinzugefügt; das Profeßjubiläum konnte 1770 gefeiert werden. — *GB*, S. 154: Ehepaar Zwerger aus Schwabmünchen, wohl die Eltern der Schwester.

102 *SB*, 3. Woche, S. 7. — *Schwesternverzeichnis:* 37. Stelle. — *Profeßbuch:* Hinzufügung von »Jubilatin« (wie Nr. 101): Profeßjubiläum 1770. — *GB*, S. 141: Herr Jakob Stader.

103 *SB*, 3. Woche, S. 7. — *Schwesternverzeichnis:* 38. Stelle (jüngste Chorschwester im Jahr 1722). — Im *Profeßbuch:* Hinzufügung von »Jubilatin« (wie Nr. 114—115): Profeßjubiläum 1770.

104 *SB*, 36. Woche, S. 52. — *Schwesternverzeichnis:* 14. Stelle als Laienschwester (jüngste Laienschwester im Jahr 1722).

118. Schw. M. Ludovica Köpfin von Augsburg [105]

Geboren	1703	Sept.	29
Einkleidung	1721	Aug.	21
Profeß	1722	Aug.	26
Tod	1770	Mai	13

119. Schw. M. Clara Mauchin von Ottobeuren [106]

Geboren	1702	Sept.	14
Einkleidung	1721	Aug.	19
Profeß	1722	Aug.	26
Priorin	1737		
Äbtissin (4 Jahr)	1764		
Regiert	4 J.		
Tod	1768	März	20

120. Schw. M. Gertraud Schuellerin von Ellwangen [107]

Geboren	1705		
Einkleidung	1727	Okt.	7
Profeß	1728	Okt.	8
Tod	1758	März	4

121. Schw. M. Crescentia Rieplerin von Wertach [108]

Geboren	1703		
Einkleidung	1727	Juni	15
Profeß	1728	Juni	17
Tod	1769	April	8

122. Schw. M. Lucia Obristin von Röthling, Laienschwester [109]

Geboren	1704	Juni	3
Einkleidung	1727	Okt.	7
Profeß	1728	Okt.	8
Tod	1783	Dez.	28
Jubilatin			

105 *SB*, 18. Woche, S. 27. — *Schwesternverzeichnis:* Novizin.

106 *SB*, 10. Woche, S. 16: 22. Äbtissin nach der Reformation. — *Schwesternverzeichnis:* Novizin. — Im *Profeßbuch* sind die Ämterangaben später hinzugefügt. — *GB*, S. 99: Anna Catharina Mauch, verwitwete Obervogtin und ihre Schwester Margaretha Mauch; S. 111: Herr Franz Mauch.

107 *SB*, 9. Woche, S. 15.

108 *SB*, 12. Woche, S. 19: Laienschwester.

109 *SB*, 50. Woche, S. 73. — Im *Profeßbuch* Hinzufügung von »Jubilatin«: Profeßjubiläum 1778.

123. Schw. M. Antonia Schroffin von Schwaz (Tirol)

Geboren	1700	Mai	18
Einkleidung	1729	Juli	26
Profeß	1730	Juli	29
Tod	1763	Aug.	15

124. Schw. M. Bonaventura Bautenbacherin von Zisswing

Geboren	1712	März	12
Einkleidung	1729	Juli	26
Profeß	1730	Juli	29
Tod	1753	Aug.	7

125. Schw. M. Ottilia Gräfin von Engelshausen, Laienschwester [110]
(Begin-Schwester)

Geboren	1709	Sept.	7
Einkleidung	1729	Juli	26
Profeß	1730	Juli	29
Jubilatin	1779		
Tod	1787	Okt.	30
Alt	78 J.		
Ordensalter	58 J.		

126. Schw. M. Barbara Widemännin von Augsburg [111]

Geboren	1710	Nov.	4
Einkleidung	1732	Juli	28
Profeß	1733	Juli	29
Jubilatin			
Tod	1789	Juni	28
Alt	79 J.		
Ordensalter	57 J.		

[110] *SB*, 47. Woche, S. 69. — *GB*, S. 161: Ein Ehepaar Jakob und Maria Graff. — *Personalverzeichnis OFM:* P. Alexius Graff von Babenhausen 1714—1743.

[111] *SB*, 24. Woche, S. 35; vgl. Nr. 99. — Im *Profeßbuch:* Hinzufügung von »Jubilatin« (wie oben): Profeßjubiläum 1783.

127. Schw. M. Apollonia Lacherin von Rotach, Laienschwester [112]

Geboren	1710	Aug.	10
Einkleidung	1733	Juli	29
Profeß	1734	Aug.	4
Alt	59 J.		
Ordensalter	36 J.		
Tod	1769	Juli	18

128. Schw. M. Agnetis Schneiderin von Ehingen [113]

Geboren	1715		
Einkleidung	1735	Okt.	24
Profeß	1736	Okt.	26
Äbtissin	2 J.		
Tod	1764	Dez.	17

129. Schw. M. Johanna Miller von Mindelheim, Äbtissin [114]

Geboren	1717	Mai	14
Einkleidung	1737	Aug.	26
Profeß	1738	Aug.	27
Resigniert			
Tod	1776	April	30

130. Schw. M. Katharina Salgerin von Loppenhausen [115]

Geboren	1723	Juni	1
Eingekleidet	1741	Juni	19
Profeß	1742	Juni	21
Tod	1784	Jan.	16

131. Schw. M. Berardina Württin von Oberhausen [116]

Geboren	1720		
Eingekleidet	1741	Juni	19
Profeß	1742	Juni	21
Tod	1788	Juli	19

[112] *SB*, 28. Woche, S. 40.

[113] *SB*, 49. Woche, S. 71: Die 21. Äbtissin in der Reformation; hier lautet der Name Sartor. — *GB*, S. 150: Ehepaar Johann Georg und Theresia Sartor aus Ehingen; vgl. Nr. 73.

[114] *GB*, S. 109: Ehepaar Franz Xaver und Victoria Miller aus Mindelheim. — Im *Profeßbuch* hinzugefügt: Resigniert, Äbtissin. — In der Äbtissinnenliste die 23. Äbtissin und 1. Reichsäbtissin.

[115] *SB*, 2. Woche, S. 6: Todesjahr 1783; im *Profeßbuch* verbessert in 1784.

[116] *SB*, 29. Woche, S. 42, hier: Bernardina. — *GB*, S. 135: Jakob Würth, Hofbierbräu zu Göggingen.

132. Schw. M. Benedicta Primauerin von Weissenhorn [117]

Geboren	1722	Jan.	
Einkleidung	1741	Juni	19
Profeß	1742	Juni	21
Tod	1784	Okt.	21
Äbtissin bis in das 4. Jahr			
Resigniert			

133. Schw. M. Caecilia Baneggerin von Augsburg [118]

Geboren	1726	Sept.	26
Einkleidung	1744	Aug.	4
Profeß	1745	Aug.	5
Tod	1784	Febr.	29
Alt	58 J.		
Ordensalter	40 J.		

134. Schw. M. Seraphina Hauterin von Augsburg [119]

Geboren	1724	Sept.	13
Einkleidung	1744	Aug.	4
Profeß	1745	Aug.	5
Tod	1787	März	7
Alt	63 J.		
Ordensalter	43 J.		

135. Schw. Ursula Knoller von Merching [120]

Geboren	1724	Nov.	13
Einkleidung	1744	Aug.	4
Profeß	1745	Aug.	5
Tod	1792	Mai	2

117 *SB*, 40. Woche, S. 57, hier: Bremauer: Die 24. Äbtissin in der Reformation; im *Profeßbuch* hinzugefügt: Äbtissin bis in das 4. Jahr, resigniert.

118 *SB*, 11. Woche, S. 18.

119 *SB*, 11. Woche, S. 18. — *GB*, S. 149: Ehepaar Josef Anton und Marianna Hauterin, Buchbinder in Augsburg. — Angabe von *R. Weser*, Manuskriptband, S. 295 (aus dem Söflinger Totenregister): Die Mutter aus Augsburg besuchte ihre Tochter und starb am 9. Oktober 1767 (subito apoplexia tacta) in Söflingen; sie wurde bei St. Leonhard begraben.

120 *SB*, 18. Woche, S. 27. — *Personalverzeichnis OFM:* P. Nathanael Knoller, 1719—1792, geboren zu Merching.

136. Schw. M. Margaretha Gumperin von Schmiechen

Geboren	1724		
Einkleidung	1744	Aug.	4
Profeß	1745	Aug.	5
Tod	1778	Mai	5
Alt	54 J.		
Ordensalter	34 J.		

137. Schw. M. Coleta Umhoferin von Söflingen, Laienschwester [121]

Geboren	1725	Mai	16
Einkleidung	1744	Aug.	4
Profeß	1745	Aug.	5
Tod	1784	Mai	30
Alt	59 J.		
Ordensalter	40 J.		

138. Schw. M. Walburga Osswaldin von Söflingen

Geboren	1726	Juni	16
Einkleidung	1747	April	11
Profeß	1748	April	22
Tod	1773	Mai	1

139. Schw. M. Elisabeth Eberlin von Burlafingen [122]

Geboren	1728	März	1
Einkleidung	1747	April	11
Profeß	1748	April	22
Tod	1796	März	17

140. Schw. M. Francisca Meisterin von Kapfenberg [123]

Geboren	1735	Febr.	17
Einkleidung	1750	Okt.	19
Profeß	1751	Okt.	20
Tod	1793	Jan.	22

121 *SB*, 19. Woche, S. 29. — *GB*, S. 117: Zephyrin Umhofer, Torwart in Söflingen; Angabe von *R. Weser* (Söflinger Taufregister): Taufname Johanna, Tochter des Leonhard und der Maria Umhofer.

122 *SB*, 11. Woche, S. 18; 33. Woche, S. 48: eine Adelheid Eberlin, Laienschwester, sicher vor 1624 zum Konvent gehörig.

123 *SB*, 3. Woche, S. 7. — *GB*, S. 127: Ehepaar Johann Simon und Barbara Meister aus München mit einer Tochter.

141. Schw. M. Mauritia Zechin von Legau [124]

Geboren	1725	Okt.	29
Einkleidung	1750	Okt.	19
Profeß	1751	Okt.	20
Tod	1795	März	30

142. Schw. M. Agatha Moser von Weissenhorn [125]

Geboren	1729	Aug.	4
Einkleidung	1750	Okt.	19
Profeß	1751	Okt.	20
Tod	1798	April	2

143. Schw. M. Rosa Obwexerin von Augsburg [126]

Geboren	1732	Sept.	26
Einkleidung	1751	Aug.	16
Profeß	1752	Aug.	21
Tod	1762	Juni	11

144. Schw. M. Amata Zechin von Stopfenried [127]

Geboren	1734	Febr.	16
Einkleidung	1751	Aug.	16
Profeß	1752	Aug.	21
Tod	1795	Febr.	12
Priorin	30 J.		

145. Schw. M. Aloisia Mooserin aus Ymbach (Tirol) [128]

Geboren	1726	Nov.	1
Einkleidung	1751	Aug.	16
Profeß	1752	Aug.	21
Tod	1783	März	15

124 *SB*, 8. Woche, S. 14; vgl. Nr. 144.

125 Eintrag im *SB* fehlt; 52. Woche, S. 75: Schw. Justina Moserin, ohne Angaben, vor 1624 im Konvent.

126 *SB*, 25. Woche, S. 36. — *Personalverzeichnis OFM*, zwei Patres Obwexer aus Augsburg: Clemens, 1726—1788; Philibert, 1736—1804.

127 *SB*, 6. Woche, S. 12. — *GB*, S. 80: Ehepaar Sebastian und Anna Zech (kann auch zu Nr. 141 gehören). — *Personalverzeichnis OFM* kennt fünf Patres Zech.

128 *SB*, 47. Woche, S. 69.

146. Schw. M. Felicitas Schneiderin von Neresheim

Geboren	1730	Okt.	4
Einkleidung	1751	Aug.	16
Profeß	1752	Aug.	21
Tod	1774	Nov.	16

147. Schw. M. Anastasia Kropperin von Buxheim, Laienschwester [129]

Geboren	1731	Febr.	14
Einkleidung	1751	Aug.	16
Profeß	1752	Aug.	21
Tod	1787	Nov.	9

148. Schw. M. Scolastica Käberlin von Neresheim

Geboren	1729	Nov.	19
Einkleidung	1753	Juli	16
Profeß	1754	Juli	17
Tod	1760	April	7

149. Schw. M. Alexia Roggin von Wespach [130]

Geboren	1734	Okt.	
Einkleidung	1753	Juli	16
Profeß	1754	Juli	17
Tod	1803	Juli	4

150. Schw. M. Dominica Tauseanin von Öpfingen [131]

Geboren	1737	Sept.	16
Einkleidung	1754	Juni	25
Profeß	1755	Juni	26
Tod	1816	Okt.	5
Jubilatin und Seniorin			

129 *SB,* 44. Woche, S. 64: Gropperin.

130 *SB,* 26. Woche, S. 38: Laienschwester. — *Konventsliste von 1801* (in: *AF* 8, S. 601—603): 1. Stelle als Laienschwester.

131 *Konventsliste von 1801:* 3. Stelle der Chorschwestern. — *R. Weser,* Manuskriptband: verstorben in Oberdischingen (vgl. Nr. 172).

151. Schw. M. Victoria Gebhardin von Mindelheim [132]

Geboren	1736	Juni	26
Einkleidung	1754	Juni	25
Profeß	1755	Juni	26
Tod	1795	März	20

152. Schw. M. Bonaventura Schreiberin von Burlafingen [133]

Geboren	1738	April	5
Einkleidung	1754	Juni	25
Profeß	1755	Juni	(?) 5
Tod	1772	März	14

153. Schw. M. Eleonora Storin von Elchingen [134]

Geboren	1733	Nov.	5
Einkleidung	1754	Juni	25
Profeß	1755	Juni	26
Tod	1762	Sept.	20

154. Schw. Marianne Hueberin von Dirkheim [135]

Geboren	1734	Nov.	4
Einkleidung	1754	Juni	25
Profeß	1755	Juni	26
Tod	1768	Aug.	1

155. Schw. Gertraud Mayerin von Augsburg [136]

Geboren	1740	Mai	24
Einkleidung	1759	April	23
Profeß	1760	April	28
Tod	1824	Juni	1

132 *SB*, 8. Woche, S. 14: Oberschreiberin. — *GB*, S. 113: Exjesuit Franz Gebhard, Mindelheim.

133 *SB*, 10. Woche, S. 17. — Das Profeßdatum 5. Juni ist auffallend: Nr. 150—154 zeigen das gleiche Einkleidungsdatum und das entsprechende Profeßdatum. Bei Nr. 152 entweder Falschangabe oder durch ernste Krankheit bedingte, vorgezogene Profeßablegung. — *GB*, S. 80: Ehepaar Jakob und Barbara Schreiber in Burlafingen; S. 158: Anna Maria Schreiberin.

134 *SB*, 36. Woche, S. 52. — Vgl. Nr. 158.

135 Wohl Türkheim.

136 *Konventsliste von 1801:* 4. Stelle der Chorschwestern. — *GB*, S. 109: Ehepaar Leonhard und Victoria Mayer, Drechsler in Augsburg.

156. Schw. M. Mechtildis Weckherin von Röhling [137]

Geboren	1736	Juli	6
Einkleidung	1759	April	23
Profeß	1760	April	28
Tod	1805	Juni	11

157. Schw. M. Hortulana Haugin von Erolzheim, Laienschwester [138]

Geboren	1739	Juni	15
Einkleidung	1760	Febr.	21
Profeß	1761	Febr.	25
Tod, liegt in Obermedlingen begraben	1809	Nov.	29

158. Schw. M. Nepomucena Storin von Ulm [139]

Geboren	1743	Okt.	11
Einkleidung	1760	Juni	16
Profeß	1761	Juni	17
Tod	1785	Febr.	14

159. Schw. M. Scolastica Brentanin von Augsburg [140]

Geboren	1743	Mai	6
Einkleidung	1760	Juni	16
Profeß	1761	Juni	17
Tod	1796	Mai	18

160. Schw. M. Febronia Angelin von Füramoos [141]

Geboren	1736	Jan.	7
Einkleidung	1760	Juni	16
Profeß	1761	Juni	17
Tod	1795	Febr.	20

137 *SB*, 26. Woche, S. 38. — *Konventsliste:* 5. Stelle der Chorschwestern; Geburtsort: Reckling, ohne geographische Festlegung.

138 *SB*, 47. Woche, S. 69. — *Konventsliste:* 2. Stelle der Laienschwestern.

139 *SB*, 5. Woche, S. 10. — Zum Benediktinerkonvent Wiblingen gehörte P. Amand Storr, geb. 1743 in Ulm (Personalverzeichnis der Abtei von 1762—1782, *StA Ulm).*

140 *SB*, 19. Woche, S. 29: Brandanni. — *GB*, S. 110: Ehepaar Matthäus und Monica Brentano, Kaufherr in Augsburg. — *Personalverzeichnis OFM*, drei Patres Brentano aus Augsburg: Simpert, 1698—1758; Hieronymus, 1733—1765; Honoratus 1774—1837.

141 *SB*, 7. Woche, S. 13. — *GB*, S. 81: Jakob Angele und seine Hausfrau; vgl. Nr. 190.

161. Schw. M. Thecla Baderin von Neresheim [142]

Geboren	1736	April	1
Einkleidung	1760	Juni	16
Profeß	1761	Juni	17
Tod	1811	Mai	13

162. Schw. M. Zenobia Gerhardinger von Vilzhofen [143]

Geboren	1739	Dez.	30
Einkleidung	1761	Aug.	4
Profeß	1762	Aug.	5
Tod	1787	Juli	18

163. Schw. M. Floriana Roggin von Roth [144]

Geboren	1742	Juni	15
Einkleidung	1761	Aug.	4
Profeß	1762	Aug.	5
Jubiläum	1812	Aug.	4
Tod	1820	März	6

164. Schw. M. Justina Böldin von Salzburg [145]

Geboren	1743	April	22
Einkleidung	1763	April	26
Profeß	1764	Mai	2
Tod	1813	Febr.	4

165. Schw. M. Regina Böckin von Söflingen [146]

Geboren (31. V.)	1743	Mai	13
Einkleidung	1763	April	26
Profeß	1764	Mai	2
Tod	1816	Mai	1

bei ihrer Schwester gest., auf dem hiesigen Kirchhof begraben

142 *Konventsliste:* 3. Stelle als Laienschwester.

143 *SB,* 28. Woche, S. 40.

144 *Sterbeliste* (Anhang zum Totenbuch); verstorben beim Anton Konrad in Söflingen. — *Konventsliste:* 6. Stelle der Chorschwestern. — *GB,* S. 113: Ehepaar Johann Baptist und Francisca Rogg aus Roth.

145 *SB,* 5. Woche, S. 10: Böltin, Laienschwester. — *Konventsliste:* 4. Stelle der Laienschwestern (Böldin). — *GB,* S. 131: Andreas Pölt, fürstlicher Heiduck in Salzburg.

146 *SB,* 19. Woche, S. 29. — *Konventsliste:* 5. Stelle der Laienschwestern. — *GB,* S. 133: Ehepaar Martin und Christina Beck von hier.

166. Schw. M. Antonia Högglin von Passau, Priorin [147]

Geboren	1742	April	20
Einkleidung	1764	Mai	7
Profeß	1765	Mai	8
Tod	1803	März	10

167. Schw. M. Josepha Mayer von Salzburg [148]

Geboren	1745	Sept.	16
Einkleidung	1764	Mai	7
Profeß	1765	Mai	8
Tod	1816	Jan.	31

168. Schw. M. Rosalia Köberin von Tomerdingen [149]

Geboren	1746	Nov.	15
Einkleidung	1764	Mai	7
Profeß	1765	Mai	8
Tod	1793	Okt.	2

169. Schw. M. Sebastiana Muschin von Berkheim [150]

Geboren	1742	Jan.	8
Einkleidung	1764	Mai	7
Profeß	1765	Mai	8
Tod	1787	Juli	31
Alt	45 J.		
Ordensalter	23 J.		

170. Schw. M. Anna Kesslin [151]

Geboren	1744	Dez.	1
Einkleidung	1768	Juni	14
Profeß	1769	Juni	15
Tod	1787	Juni	15

147 *SB,* 10. Woche, S. 17; im *Profeßbuch:* »Priorin« hinzugefügt. — *Konventsliste:* 7. Stelle der Chorschwestern (Höhlerin). — *GB,* S. 129: Ehepaar Max und Magdalena Hoggl, Kreuzwirt aus Passau mit ihrer Tochter Josepha.

148 *SB,* 4. Woche, S. 9. — *Sterbeliste:* In der Mühle (zu Söflingen) verstorben. — *Konventsliste:* 8. Stelle der Chorschwestern.

149 *SB,* 39. Woche, S. 56.

150 *SB,* 28. Woche, S. 40: Laienschwester.

151 *SB;* im *Profeßbuch* fehlt die Angabe des Geburtsortes.

171. Schw. M. Angela Riedmüllerin von Bachen [152]

Geboren	1748	April	6
Einkleidung	1765	Okt.	29
Profeß	1766	Nov.	5
Tod	1798	Dez.	14

172. Schw. M. Clara (von) Gebsatlin von Fulda [153]

Geboren	1742	Mai	2
Einkleidung	1765	Okt.	29
Profeß	1766	Nov.	5
Tod	1818	Sept.	2

173. Schw. M. Rosa Haffnerin von Marktbissingen

Geboren	1746	Aug.	4
Einkleidung	1766	Nov.	5
Profeß	1767	Nov.	9
Tod	1801	April	23

174. Schw. M. Crescentia Wackerin von Ettlingen [154]

Geboren	1741	Febr.	22
Einkleidung	1768	Juni	14
Profeß	1769	Juni	15
Tod	1801	Dez.	13
Äbtissin	23 J.		

175. Schw. M. Agnetis Linderin von Egling [155]

Geboren	1747	Okt.	14
Einkleidung	1768	Juni	14
Profeß	1769	Juni	15
Tod	1822	Mai	5

152 *SB*, 50. Woche, S. 73.

153 *Sterbeliste:* In Oberdischingen verstorben (vgl. Nr. 150). — *Konventsliste:* 9. Stelle der Chorschwestern.

154 *SB*, 46. Woche, S. 67: Die 25. Äbtissin in der Reformation. — Zur Familie vgl. oben, S. 140. — *Konventsliste:* Führt als Äbtissin die Schwesternliste an.

155 *Konventsliste:* 10. Stelle der Chorschwestern; gibt Elching als Geburtsort an.

176. Schw. M. Theresia Carolina Schladin von Wertingen [156]

Geboren	1751	März	8
Einkleidung	1770	Okt.	29
Profeß	1771	Okt.	30
Tod	1821	Juni	13

177. Schw. M. Apollonia Joachima Gleinserin von Ummendorf [157]

Geboren	1744	Sept.	27
Einkleidung	1770	Okt.	29
Profeß	1771	Okt.	30
Tod	1787	Juli	16

178. Schw. M. Bonaventura Seelingerin von Donauwörth [158]

Geboren	1749	Febr.	11
Einkleidung	1773	Okt.	25
Profeß	1774	Okt.	26
Tod	1807	Aug.	23
Electa zur Äbtissin	1801	Nov.	17

179. Schw. M. Xaveria Millerin von Söflingen [159]

Geboren	1749	Juli	5
Einkleidung	1773	Okt.	25
Profeß	1774	Okt.	26
Tod	1810	Juni	17

180. Schw. M. Martha Messerschmidtin von Schwäbisch Gmünd, Laienschwester [160]

Geboren	1748	Aug.	18
Einkleidung	1773	Okt.	25
Profeß	1774	Okt.	26
Tod	1816	Mai	28

156 *Sterbeliste:* Ist bei dem Anton Konrad gestorben (wie Nr. 163). — *Konventsliste:* 11. Stelle der Chorschwestern.

157 *SB,* 28. Woche, S. 40: Laienschwester.

158 *Konventsliste:* 12. Stelle der Chorschwestern, »in Abatissam electa 17. Nov. 1801«. Angabe von *R. Weser,* Manuskriptband, S. 582 (Totenregister, Söflingen): Sie starb an Nervenfieber; behandelnde Ärzte: Medizinalrat Schmid/Ulm, Landesphysikus Hämmerle/Ulm, Klosterarzt Schwarz/Söflingen; begraben wurde sie auf dem Klosterfriedhof von Sebastian Baader.

159 *SB,* 25. Woche, S. 36. — *Sterbeliste:* »Ist wieder im Kloster verstorben« (nach der Rückkehr von Obermedlingen).

160 *SB,* 19. Woche, S. 29: Laienschwester. — *Konventsliste:* 6. Stelle der Laienschwestern. — *Sterbeliste:* Bei Anton Konrad gestorben (vgl. Nr. 163 und 176).

181. Schw. M. Magdalena Mayrin von Nassenbeuren [161]

Geboren	1758	Jan.	31
Einkleidung	1779	Okt.	18
Profeß	1780	Okt.	19
Tod	1822	Okt.	19

182. Schw. M. Ludovica Prunerin von Kirchbierlingen [162]

Geboren	1756	Sept.	10
Einkleidung	1779	Okt.	18
Profeß	1780	Okt.	19
Tod	1816	Okt.	12

183. Schw. M. Ignatia Baumgartnerin von Söflingen [163]

Geboren	1761	Febr.	8
Einkleidung	1779	Okt.	18
Profeß	1780	Okt.	19
Tod	1822	Nov.	15

184. Schw. M. Hyacinth Dietschin von Augsburg

Geboren	1760	Mai	21
Einkleidung	1781	Juli	22
Profeß	1782	Okt.	1
Tod	1786	Juni	9
Alt	26 J.		
Ordensalter	5 J.		

185. Schw. M. Walburga Frickin von Rankweil [164]

Geboren	1762	März	12
Einkleidung	1781	Juli	22
Profeß	1782	Okt.	1
Tod	1808	Nov.	23

161 *Konventsliste:* 14. Stelle der Chorschwestern. — Nassenbeuren bei Mindelheim.
162 *Konventsliste:* Als Priorin, gewählt im Nov. 1800 an 2. Stelle. — *Sterbeliste:* Ist in der Klostermühle gestorben (vgl. Nr. 167).
163 *Konventsliste:* 15. Stelle der Chorschwestern. — *GB,* S. 133: Ehepaar Johannes und Josepha Baumgartner, Dorfmüller hier.
164 *SB,* 48. Woche, S. 70. — *Konventsliste:* 16. Stelle der Chorschwestern.

186. Schw. M. Coleta Fermsinnerin von Bidingen [165]

Geboren	1758	Nov.	5
Einkleidung	1785	Juni	14
Profeß	1786	Juni	26
Tod	1819	Jan.	23

187. Schw. M. Nepomucena Merzin von Dankoltsweiler [166]

Geboren	1761	März	4
Einkleidung	1785		
Profeß	1786		
Tod	1792	Mai	2

188. Schw. M. Aloisia Wöhrin von Schleebuch [167]

Geboren	1767	März	6
Einkleidung	1785	Okt.	5
Profeß	1786	Okt.	6
Tod	1839	Aug.	3

189. Schw. M. Sebastiana Schulerin von Wallenhausen [168]

Geboren	1766	Jan.	15
Einkleidung	1787	Juli	30
Profeß	1788	Aug.	4
Tod	1843	April	20

190. Schw. M. Apollonia Angelin von Füramoos [169]

Geboren	1765	Okt.	30
Einkleidung	1787	Juli	30
Profeß	1788	Aug.	14
Tod	1828	Juli	2

165 *Konventsliste:* 7. Stelle der Laienschwestern; Bidingen bei Marktoberdorf. — *Sterbeliste:* Gestorben in Kaufbeuren.

166 Zum Geburtsort ist Ellwangen zugefügt.

167 *Konventsliste:* 17. Stelle der Chorschwestern; Geburtsort: Erolzheim. — Das im *Profeßbuch* genannte Schleebuch liegt bei Roggenburg.

168 *Konventsliste:* 8. Stelle der Laienschwestern; Wallenhausen bei Neu-Ulm.

169 *Konventsliste:* 9. Stelle der Laienschwestern; gibt als Geburtsort Zusmarshausen an; im *Profeßbuch* eindeutig Füramoos, vgl. Nr. 160.

191. Schw. Anna Schüsslerin von Erolzheim [170]

Geboren	1763	Aug.	8
Einkleidung	1787	April	10
Profeß	1788	April	14
Tod	1835	Dez.	3

192. Schw. M. Catharina Schwarz von Söflingen [171]

Geboren	1770	Febr.	27
Einkleidung	1788	Aug.	4
Profeß	1789	Aug.	5
Tod	1846	Juni	22

193. Schw. M. Seraphina Holbeinin von Schwäbisch Gmünd [172]

Geboren	1768	Nov.	29
Einkleidung	1788	Aug.	4
Profeß	1789	Aug.	5
Tod	1800	Okt.	28
Priorin	1 J.	3 Mt.	

194. Schw. M. Anastasia Fieglin von Schemmerberg [173]

Geboren	1766	Sept.	18
Einkleidung	1788	Jan.	21
Profeß	1789	Jan.	22
Tod	1839	Juni	30

195. Schw. Maria Carolina Königin von Medingen [174]

Geboren	1766	Dez.	5
Einkleidung	1789	April	22
Profeß	1790	April	26
Tod	1827		

170 *Konventsliste:* 18. Stelle der Chorschwestern; irrtümlich: Schufflerin.

171 *Konventsliste:* 17. Stelle der Chorschwestern. — *GB,* S. 159: Christoph Schwarz, Arzt und Chirurg hier; wohl der in Anm. 158 genannte Klosterarzt.

172 *SB,* 42. Woche, S. 61. — *GB,* S. 115: Ehepaar Nikolaus und Anna Maria Holbein, Goldschmied in Schwäbisch Gmünd.

173 *Konventsliste:* 10. Stelle der Laienschwestern; Geburtsort Altheim bei Schemmerberg.

174 *Ebd.:* 11. Stelle als Laienschwester; irrtümlich: Singin.

196. Schw. M. Nepomucena Scheiblin von Tiefenhülen [175]

Geboren	1771	Dez.	13
Einkleidung	1790	April	26
Profeß	1791	Mai	4
Tod	1858		

197. Schw. M. Barbara Mercklin von Öffingen [176]

Geboren	1769	Sept.	28
Einkleidung	1790	April	26
Profeß	1791	Mai	4
Tod	1814	Aug.	29

198. Schw. M. Ursula Schadin von Schönthal [177]

Geboren	1773	Febr.	12
Einkleidung	1793	Nov.	12
Profeß	1794	Nov.	13
Tod	1840	Okt.	24
die *letzte Priorin*			

199. Schw. M. Francisca Oggerin von Schemmerberg [178]

Geboren	1777	Juni	20
Einkleidung	1793	Nov.	12
Profeß	1794	Nov.	13
Tod	?		

200. Schw. M. Mauritia Köpfin von Birkenhart [179]

Geboren	1772	Nov.	10
Einkleidung	1795	Mai	18
Profeß	1796	Juni	9
Tod 1/2 11 Uhr abends	1818	April	11

175 *Ebd.:* 21. Stelle der Chorschwestern; gibt als Geburtsort Tiefenhüll/Bayern an; Tiefenhülen liegt bei Ehingen/Donau. — Angabe *R. Weser,* Manuskriptband, S. 368 (Söflinger Verkündbuch): verstorben in Justingen/Alb-Donau-Kreis. — Vgl. Nr. 205.

176 *Konventsliste:* 20. Stelle der Chorschwestern (Nr. 20 und 21 sind hier vertauscht).

177 *Ebd.:* 22. Stelle der Chorschwestern. — *R. Weser,* Manuskriptband, S. 583 (Totenregister, Söflingen): Sie erlag einem Schlaganfall.

178 *Konventsliste:* 23. Stelle der Chorschwestern; Geburtsort irrtümlich: Schimmelberg.

179 *Ebd.:* 24. Stelle der Chorschwestern (Köfin). — Geburtsort: Türkenhart; das im *Profeßbuch* angegebene Birkenhard liegt bei Biberach. — *Sterbeliste:* Verstorben im Haus des Schneiders Heissler (in Söflingen).

201. Schw. M. Hyacintha Schüzin von Egg[180]

Geboren	1775	Mai	13
Einkleidung	1795	Mai	18
Profeß	1796	Juni	9
Tod	1849	Mai	23

202. Schw. M. Sabina Hirlin von Eltringen/Mindelheim[181]

Geboren	1778	März	18
Einkleidung	1795	Mai	18
Profeß	1796	Juni	9
Tod	1842	Sept.	21

203. Schw. M. Susanna Marckthalerin von Babenhausen[182]

Geboren	1772	März	5
Einkleidung	1795		
Profeß	1796	Juni	9
Tod	1851	April	8

204. Schw. M. Walburgis Kunigund Risen von Höchstädt[183]

Geboren	1777	Jan.	16
Einkleidung	1796	Sept.	30
Profeß	1797	Okt.	2
Tod	1800	Okt.	2
»auf M. Victoria Frizin gelegt worden«			
Alt	22 J.	9 Mt.	
Ordensalter	4 J.		

205. Schw. M. Francisca (Emerentiana) Scheiblin von Tiefenhülen[184]

Geboren	1774	Jan.	11
Einkleidung	1796	Sept.	30
Profeß	1797	Okt.	2
Tod	?		

180 *Konventsliste:* 25. Stelle der Chorschwestern; vermutet als Geburtsort Egg a. d. Günz. — *R. Weser,* Manuskriptband, S. 432: Verstorben in Ungershausen bei Memmingen.

181 *Konventsliste:* 26. Stelle der Chorschwestern.

182 *Ebd.:* 27. Stelle der Chorschwestern; die Einkleidung fand wohl (wie Nr. 202) am 18. Mai 1795 statt.

183 *SB,* 39. Woche, S. 56.

184 *Konventsliste:* 28. Stelle der Chorschwestern; Ortsangabe irrtümlich: Tiefenhus; vgl. Nr. 196. — *R. Weser,* Manuskriptband, S. 432: Verstorben 2. August 1857 in Ehingen.

206. Schw. M. Catharina (Cecilia) Beindtnerin von Schemmerberg [185]

Geboren	1780	Nov.	25
Einkleidung	1796	Sept.	30
Profeß	1797	Okt.	2
Tod	1845	April	11

207. Schw. M. Francisca (Elisabetha) Winderin von Schemmerberg [186]

Geboren	1780	Aug.	23
Einkleidung	1796	Sept.	30
Profeß	1797	Okt.	2
Tod	1857	Dez.	1

208. Schw. M. Wendelina Heisslerin von Bühl [187]

Geboren	1776	Mai	8
Einkleidung	1799	Sept.	22
Profeß	1800	Dez.	23
Tod, liegt in Dellmensingen begraben	1809	Juni	2

209. Schw. M. Agatha Schorerin von Graben, Laienschwester [188]

Geboren	1770	Dez.	11
Einkleidung	1799	Sept.	22
Profeß	1800	Dez.	23
Tod, in Elchingen?	1843	April	20

(Es folgen Namen von vier Schwestern, die nach der Säkularisation aus Heilbronn nach Söflingen versetzt wurden.)

210. Schw. M. Magdalena Zollikoferin von Heilbronn

65 J. alt			
41 J. im Orden			
Tod	1813	Febr.	15

185 *Konventsliste:* 29. Stelle der Chorschwestern; Ortsangabe Altheim wie Nr. 194.

186 *Ebd.:* 30. Stelle der Chorschwestern. — *R. Weser,* Manuskriptband, S. 224 (Söflinger Verkündbuch): Verstorben in Schemmerberg.

187 *Ebd.:* 12. Stelle der Laienschwestern (Heisler). Ortsangabe: Altheim, das ursprünglich auch im *Profeßbuch* stand, dann in Bühl (vielleicht bei Laupheim) verbessert wurde. — *Sterbeliste* (Geburtsort ebenfalls Bühl): in Dellmensingen gestorben.

188 *Konventsliste:* 13. Stelle der Laienschwestern; zum Geburtsort Graben hinzugefügt: »prope Klosterlechfeld«.

211. Schw. M. Antonia Muhlin von Heilbronn
66 J. alt
45 J. im Orden
Tod 1813 März 8

212. Schw. M. Hortulana Vordermeisterin von Heilbronn
61 J. alt
34 J. im Orden
Tod 1813 Febr. 17

213. Schw. M. Thecla Udot von Söflingen, im Kloster Heilbronn gewesen
63 J. alt
Tod 1814 Mai 4

(Die letzte Schreiberin — es ist Sr. M. Susanna Marcktalerin — fügt die persönlichen Notizen hinzu:)

Meine liebe Mutter ist gestorben 1805 den 12. Mai. Meine liebe Schwester Agnes den 9. Okt. 1820.

(Nach einigen leeren Blättern beginnt ein Verzeichnis der verstorbenen Schwestern auf 13 Seiten mit einer kurzen Einleitung.)

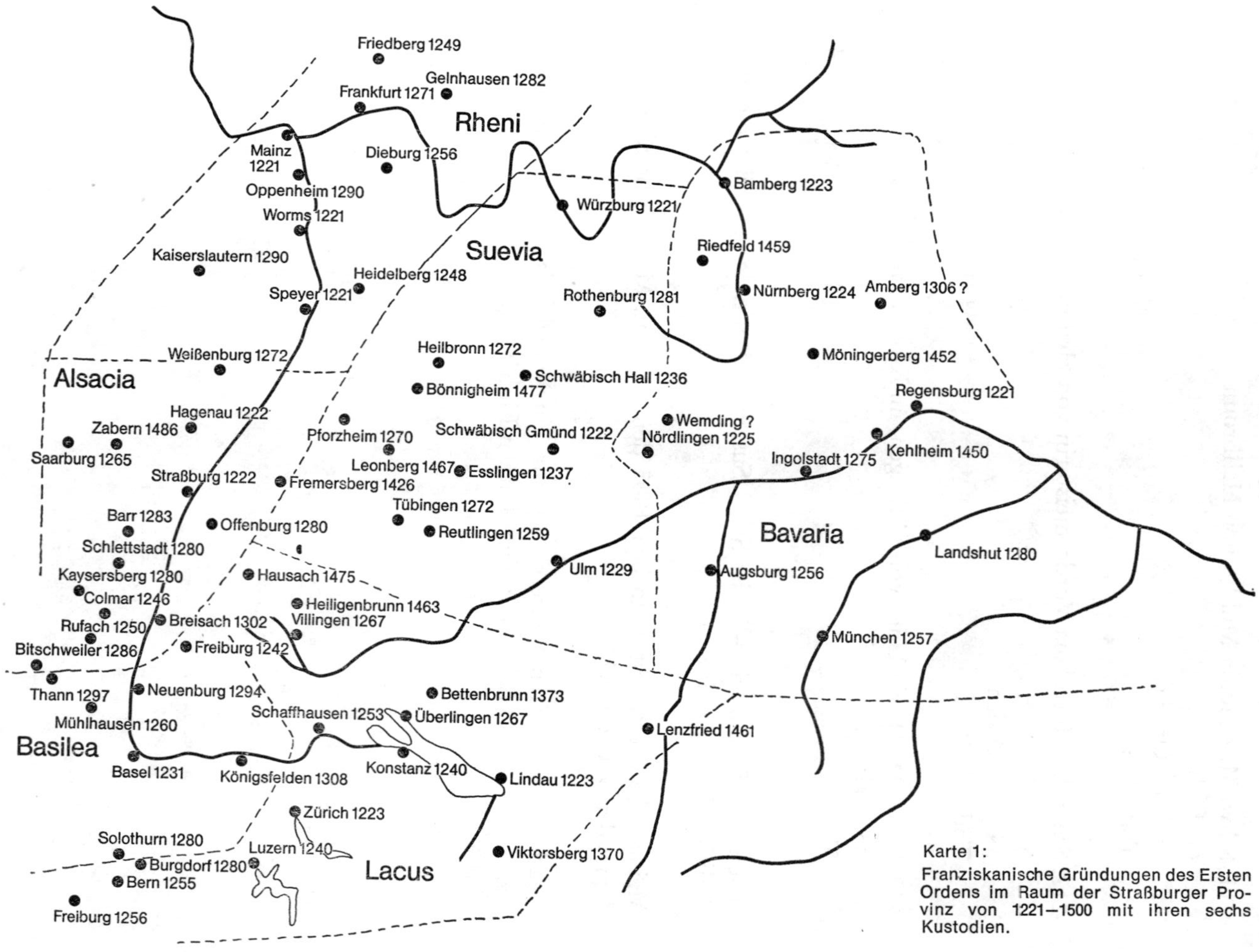

Karte 1:
Franziskanische Gründungen des Ersten Ordens im Raum der Straßburger Provinz von 1221–1500 mit ihren sechs Kustodien.

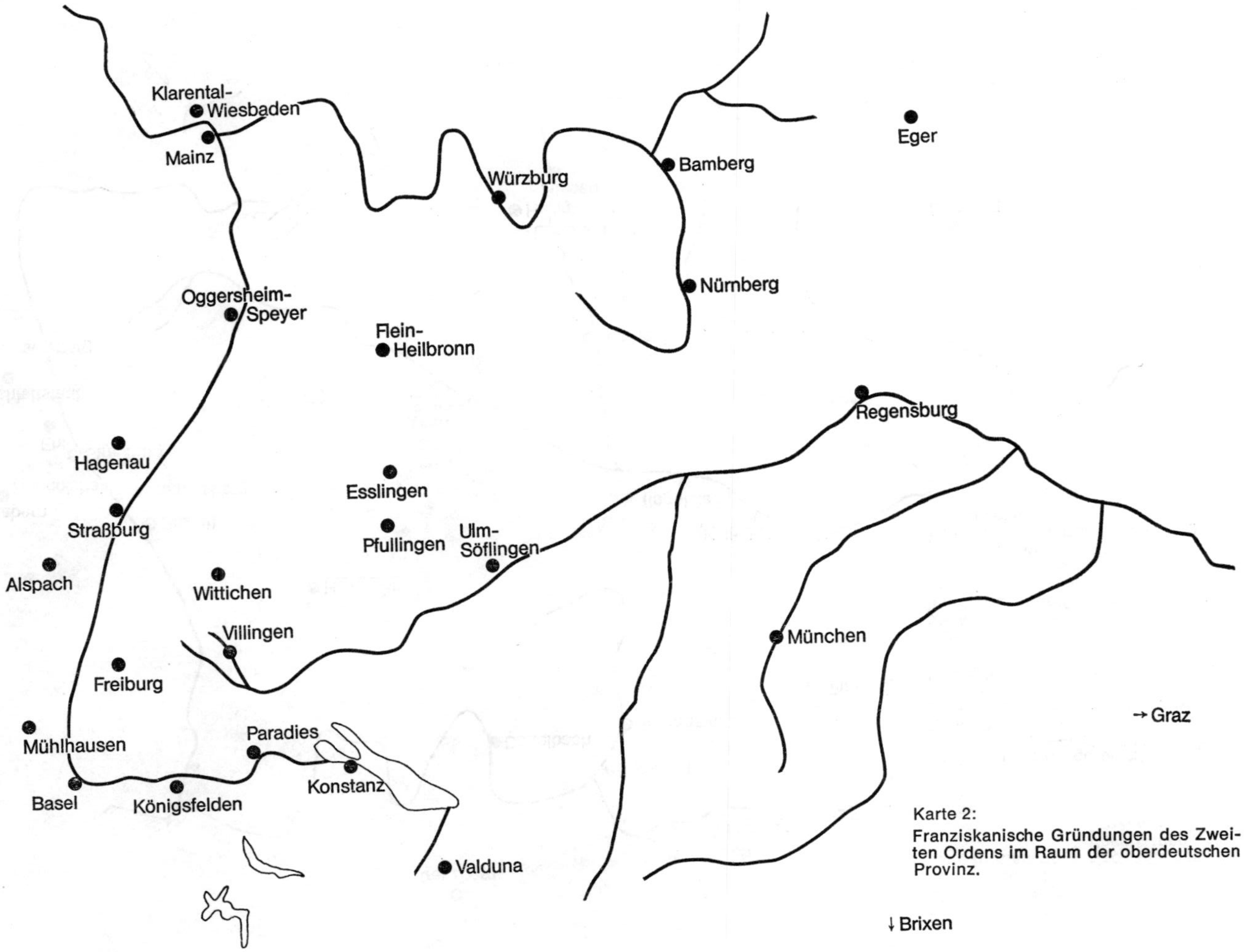

Karte 2:
Franziskanische Gründungen des Zweiten Ordens im Raum der oberdeutschen Provinz.

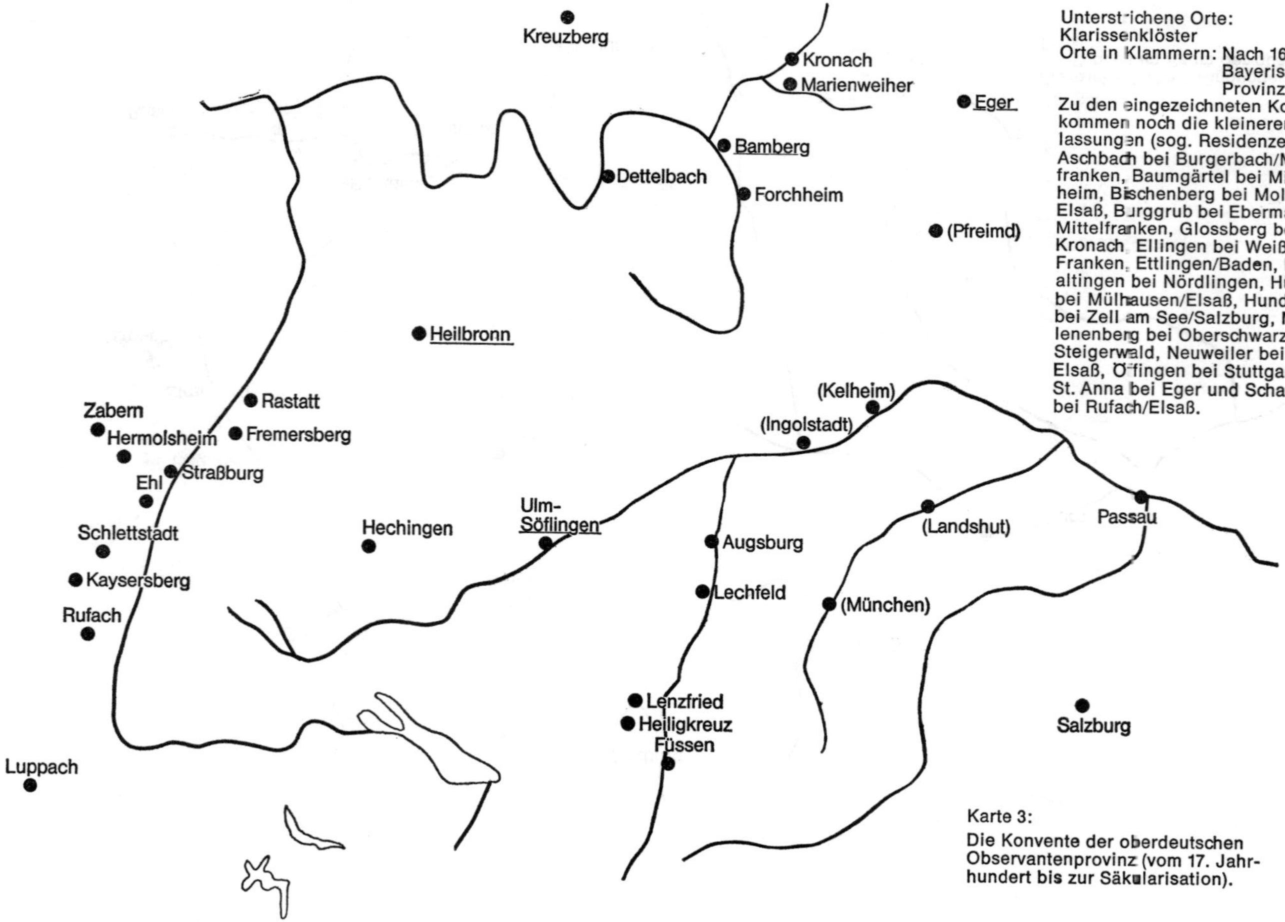

Unterstrichene Orte: Klarissenklöster
Orte in Klammern: Nach 1620 zur Bayerischen Provinz

Zu den eingezeichneten Konventen kommen noch die kleineren Niederlassungen (sog. Residenzen): Aschbach bei Burgerbach/Mittelfranken, Baumgärtel bei Mindelheim, Bischenberg bei Molsheim/Elsaß, Burggrub bei Ebermannstadt/Mittelfranken, Glossberg bei Kronach, Ellingen bei Weißenburg/Franken, Ettlingen/Baden, Hochaltingen bei Nördlingen, Hüningen bei Mülhausen/Elsaß, Hundsdorf bei Zell am See/Salzburg, Magdalenenberg bei Oberschwarzach/Steigerwald, Neuweiler bei Zabern/Elsaß, Öffingen bei Stuttgart, St. Anna bei Eger und Schauberg bei Rufach/Elsaß.

Karte 3:
Die Konvente der oberdeutschen Observantenprovinz (vom 17. Jahrhundert bis zur Säkularisation).

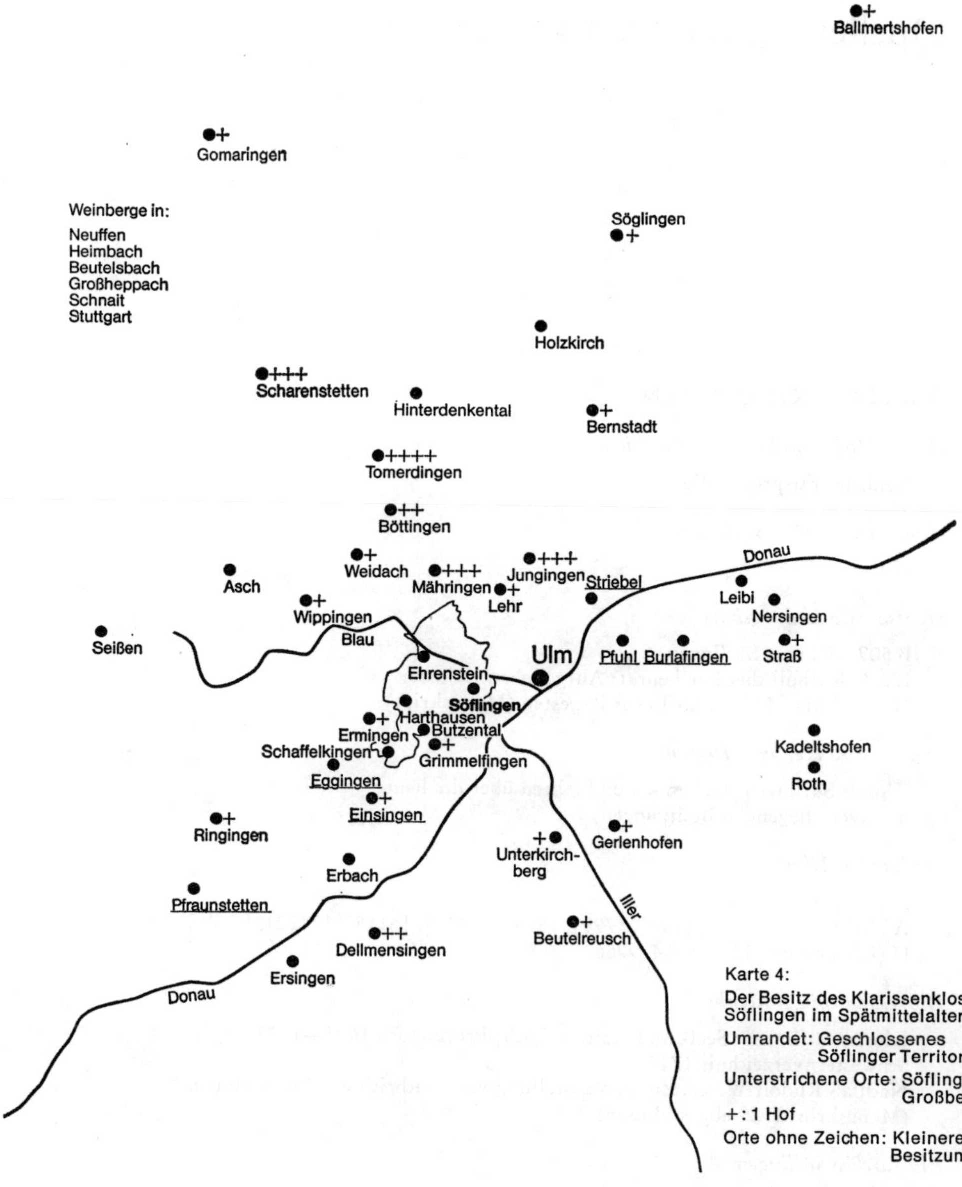

Karte 4:
Der Besitz des Klarissenklosters Söflingen im Spätmittelalter.
Umrandet: Geschlossenes Söflinger Territorium
Unterstrichene Orte: Söflinger Großbesitz
+: 1 Hof
Orte ohne Zeichen: Kleinere Besitzungen

Quellen- und Literaturverzeichnis

UNGEDRUCKTE QUELLEN

Haus-, Hof- und Staatsarchiv Wien

Reichshofratsprotokolle

Hauptstaatsarchiv Stuttgart

H Lagerbücher

Staatsarchiv Ludwigsburg

B 509 Kloster Söflingen
E 209 Katholischer Kirchenrat: Aufgehobene Klöster
Nachlaß Max Miller: Söflinger Regesten (Manuskript)

Staatsarchiv Neuburg/Donau

Kloster Söflingen (Urkunden und Akten über die heute in Bayern liegenden Besitzungen)

Stadtarchiv Ulm

Repertorium 2 von 1692
A (Reichsstadt): [31], [793], [799], [809], [3304], [6118], [7172], [7176]
U (Ulmensien): 5088, 5284, 9966

Diözesanarchiv Rottenburg

Kloster Söflingen: Seel- und Guttäterbuch; Profeßbuch 1624—1802; Schwesternverzeichnis 1722
Nachlaß Rudolf Weser: Zusammenstellung von Nachrichten über Söflingen (Manuskript 1929 abgeschlossen)

Pfarrarchiv Söflingen

Taufregister

Stiftsbibliothek Einsiedeln/Schweiz

HS 203: Constitutiones Ordinis S. Francisci (Teiledition in: Alem. Fr. 7, S. 159—164)

GEDRUCKTE QUELLEN

Bonaventura: Opera Omnia, 10 Bde., 1882—1902.
Bullarium Franciscanum (ed. J. H. Sbaralea), Bd. I—II, Roma 1756.
Crusius, Martin: Annales Suevici sive chronica rerum gestarum antiquissimae et inclytae Suevicae, Frankfurt 1595—96; deutsch von Johann Jakob Moser, Schwäbische Chronik (Bibliotheca scriptorum de rebus suevicis), Frankfurt 1733.
Enders, Ludwig (Hrsg.): Johann Eberlin von Günzburg. Sämtliche Schriften, Halle 1896—1902.
Fabri, Felix: Tractatus de civitate Ulmensi, (hrsg. von G. Veesenmeyer), in: Bibliothek des literarischen Vereins 186, Tübingen 1889; deutsche Ausgabe, (hrsg. von K. D. Haßler), in: UO 13—15 (1908—1909).
Fischer, Sebastian: Chronik, besonders von Ulmischen Sachen (hrsg. von Karl Gustav Veesenmeyer), in: UO 5—8 (1896).
Glaßberger, Nicolaus: Chronica Ordinis, in: AF 2, Quaracchi 1887.
Greiderer, Vigilius: Germania Franciscana III, in: Alem. Fr. 11, Landshut 1964.
Havelberg, Anselm von: XXXX (Sources chrétiennes, Bd. 118), Paris 1966.
Müller, Berard — Tschann, Victor: Chronica, in: Alem. Fr. 12, Landshut 1964.
Oliger, Livarius: Documenta origins Clarissarum, in: AFH 15 (1922), S. 75—81.
Regesta Episcoporum Constantiensium. Regesten zur Geschichte der Bischöfe von Konstanz (hrsg. von der Badischen Historischen Kommission), Innsbruck 1895 ff.
Schrader, W.: Vertheidigung der ursprünglichen Freyheit und Immediatität des von den Herren Grafen von Dillingen und Kyburg gestifteten und nun schon über fünfhundert Jahr in kaiserlichem und des heiligen Römischen Reichs Schutz stehenden Gotteshaus Söflingen Ordinis S. Clarae gegen den Misbrauch des von kaiserlicher Maiestät den Herren Bürgermeistern und Rath der Reichsstadt Ulm auf Wohlgefallen anvertrauten, mithin wiederuflichen, und zumalen unentgeltlichen Schutz- und Schirmamts. Mit Beilagen, Num. 1—63. 1772 (im Exemplar des Hauptstaatsarchivs Stuttgart fehlt die Ortsangabe).
Seton, W.: Some new sources for the life of Blessed Agnes, in: AFH 7 (1914), S. 185—197.
— : Some new sources of the life of Blessed Agnes of Bohemia, London 1915.
Tabulae capitulares Provinciae Argentinae, in: AF 8, Quaracchi 1946.
Tüchle, Hermann (Hrsg.): Acta S. C. de Propaganda Fide Germaniam spectantia, Paderborn 1962.
Ulmisches Urkundenbuch, Bd. 1 (hrsg. von Friedrich Pressel), Stuttgart 1873; Bd. 2 (hrsg. von Gustav Veesenmeyer und Hugo Bazing), Ulm 1898—1900.
Wintterlin, Friedrich (Bearb.): Württembergische Ländliche Rechtsquellen, Bd. 2, Stuttgart 1922.
Wirtembergisches Urkundenbuch (hrsg. von dem K. Staatsarchiv in Stuttgart), Stuttgart 1849—1913.

DARSTELLUNGEN

(Aufgeführt sind hier nur die im Rahmen der Arbeit mehrfach zitierten Publikationen; nur einmal herangezogene Literaturbelege finden sich in den jeweiligen Fußnoten).

Alemania Franciscana Antiqua. Ehemalige franziskanische Männer- und Frauenklöster im Bereich der Oberdeutschen oder Straßburger Franziskaner-Provinz mit Ausnahme von Bayern, hrsg. von Johannes Gatz, Bd. 1—12, Ulm 1956 ff., Bd. 13 ff. Landshut 1969 ff.
Analecta Franciscana VIII: Tabulae Capitulares Provinciae Argentinae Ordinis Fratrum Minorum Observ. 1587—1805; Tabulae Capitulares Vicariae 1454—1516, dein Provinciae 1517—1574 (ed. M. Bihl OFM, B. Lins OFM, A. Wagner OFMCap.), Quaracchi 1946.

Der Band enthält für die genannten Zeiträume: Geschichtlicher Überblick über die Vikarie und Provinz der Oberdeutschen Observanten — Liste der Provinzkapitel und Provinzialmeister — Die Kapitelstafeln — Verzeichnis der durch Ämter, Frömmigkeit und Wissenschaft ausgezeichneten Provinzmitglieder — Verzeichnis der Schriftsteller der Provinz — Vollständiges Personalverzeichnis.

Bavaria Franciscana Antiqua. Ehemalige franziskanische Männer- und Frauenklöster in Bayern, hrsg. von Johannes Gatz, Bd. 1—5, Ulm 1956 ff.

Baur, Ludwig: Die Ausbreitung der Bettelorden in der Diözese Konstanz, in: FDA, N. F. 1—2 (1900—1901).

Beyerle, K.: Die Kultur der Reichenau, München 1925/26.

Bihl, Michael: De Tertio Ordine S. Francisci in Provincia Germaniae Superioris sive Argentinensi syntagma, in: AFH 14 (1921), S. 138—198, 442—460; 15 (1922), S. 349—381; 17 (1924), S. 237 bis 265; 18 (1925), S. 63—89.

Birlinger, Anton: Amores Soeflingensis, in: Alemannia III (1875), S. 86—88, 140—148.

Boner, G.: Die Gründung des Klosters Königsfelden, in: ZSKG 47 (1953), S. 1—24, 81—112, 181—209.

Braunfels, W.: Abendländische Klosterbaukunst, 2. Aufl. Köln 1976.

Degler-Spengler, Brigitte: Das Klarissenkloster Gnadental in Basel 1289—1529, Basel 1969.

Dubois, G.: Artikel »Converso«, in: Dizionario degli istituti di Perfezione III (1976), S. 110—120.

Dyk, S. van: The Breviary of S. Francis, in: Franciscan Studies 9 (1949).

Eberl, Angelicus: Geschichte der bayrischen Kapuziner-Ordensprovinz, Freiburg 1902.

Eberl, Immo: Geschichte des Benediktinerinnenklosters Urspring bei Schelklingen 1127—1806. Außenbeziehungen, Konventsleben, Grundbesitz. (Schriften zur südwestdeutschen Landeskunde 13), Stuttgart 1978.

Erbstösser, M. und E. Werner: Ideologische Probleme des mittelalterlichen Plebejertums. Die freigeistige Häresie und ihre mittelalterlichen Wurzeln, Berlin 1960.

Ernst Max: Wengenkloster und Wengenkirche in Ulm, in: UO 30 (1937), S. 85—125.

Erzberger, Matthias: Die Säkularisation in Württemberg von 1802 bis 1810. Ihr Verlauf und ihre Nachwirkungen, Stuttgart 1902 (Neudruck: Aalen 1974).

Eubel, Konrad: Geschichte der oberdeutschen (Straßburger) Minoritenprovinz, Würzburg 1886.

Fischer, Georg: Geschichte des Klosters Söflingen nach den Quellen beschrieben, Ulm 1862.

Frank, Hubert: Die Uranfänge des Söflinger Klarissenklosters auf dem Grieß bei Ulm a. D., in: Thuringia Franciscana 19 (1964), S. 205—245.

Frank, Isnard W.: Franziskaner und Dominikaner im vorreformatorischen Ulm, in: Hans Eugen Specker und Hermann Tüchle (Hrsg.), Kirchen und Klöster in Ulm. Ein Beitrag zum katholischen Leben in Ulm und Neu-Ulm von den Anfängen bis zur Gegenwart, Ulm 1979, S. 103—147.

Frank, Karl Suso: Die Franziskanerterziarinnen in der Ulmer Sammlung, in: Hans Eugen Specker und Hermann Tüchle (Hrsg.), Kirchen und Klöster in Ulm, Ulm 1979, S. 148—162.

—: Das Klarissenkloster Söflingen bis zur Aufhebung 1803, in: ebd., S. 163—199.

—: Utopie und Pragmatismus. Bonaventura und das Erbe des hl. Franziskus von Assisi, in: Wissenschaft und Weisheit 37 (1974), S. 139—154.

—: Grundzüge der Geschichte des christlichen Mönchtums, 3. Aufl. Darmstadt 1979.

Friedenthal, Richard: Luther. Sein Leben und seine Zeit, München 1967.

Fritz, Friedrich: Ulm und seine evangelische Kirche im Zeitalter des dreißigjährigen Krieges, in: BllWKG N. F. 45 (1941), S. 50—73.

Gatz, Johannes: Siehe *Alemania Franciscana* und *Bavaria Franciscana.*

Geiger, Gottfried: Die Reichsstadt Ulm vor der Reformation (Forschungen zur Geschichte der Stadt Ulm, Bd. 11), Ulm 1971.

—: Die reformatorischen Initia Johann Eberlin von Günzburgs nach seinen Flugschriften, in: Festgabe für Ernst Walter Zeeden, Münster 1976, S. 178—201.

Germania Benedictina V: Augsburg 1975.
Gerz-von Büren, Veronika: Geschichte des Klarissenklosters St. Clara in Kleinbasel 1266—1529, Basel 1969.
Gössi, Anton: Das Archiv der oberdeutschen Minoritenprovinz im Staatsarchiv Luzern, Luzern-München 1979.
Grau, Engelbert: Das Privilegium paupertatis Innozenz' III., in: Frz.St. 31 (1949), S. 337—349.
—: Leben und Schriften der hl. Klara von Assisi, 4. Aufl. Werl 1976.
Greiner, Hans: Aus der sechshundertjährigen Vergangenheit der Sammlung zu Ulm, in: UO 24 (1925), S. 76—112.
Greven, J.: Die Anfänge der Beginen, Münster 1912.
Grundmann, Herbert: Religiöse Bewegungen im Mittelalter, Berlin 1935 (Neudruck Darmstadt 1961).
—: Ketzergeschichte des Mittelalters (Die Kirche in ihrer Geschichte, Lieferung 291), Göttingen 1965.
Günter, Heinrich: Das Restitutionsedikt von 1629 und die katholische Restitution Altwirtembergs, Stuttgart 1901.
Hallinger, K: Woher kommen die Laienbrüder, in: Anal. Ord. Cist. 12 (1956), S. 1—104.
Handbuch der historischen Stätten Deutschlands, Bd. 6: Baden-Württemberg, Stuttgart 1965; Bd. 7: Bayern, 2. Auflage Stuttgart 1965.
Hansjakob Heinrich: St. Martin zu Friburg als Kloster und Pfarrei, Freiburg 1980.
Hardick, Lothar: Nach Deutschland und England (Die Chroniken der Minderbrüder Jordan von Giano und Thomas von Eccleston), Werl 1957.
Heilmann, A.: Die Klostervogtei im rheinischen Teil der Diözese Konstanz bis zur Mitte des 13. Jahrhunderts, 1908.
Helvetia Sacra V, 2: Die Kapuziner und Kapuzinerinnen in der Schweiz, Bern 1974.
Hofer, J.: Johannes Kapistran. Ein Leben im Kampf um die Reform der Kirche, 2. Aufl. (bearb. von O. Bonmann) Heidelberg 1964/65.
Holzapfel, Heribert: Handbuch der Geschichte des Franziskanerordens, Freiburg 1909.
Keim, Carl Theodor: Die Reformation der Reichsstadt Ulm, Stuttgart 1851.
Kist, Johannes: Das Klarissenkloster in Nürnberg bis zum Beginn des 16. Jahrhunderts, Nürnberg 1929.
Koch, G.: Frauenfrage und Ketzertum im Mittelalter, Berlin 1962.
Krenig, G.: Mittelalterliche Frauenklöster nach den Constitutionen von Citeaux unter besonderer Berücksichtigung fränkischer Nonnenkonvente, in: Analecta SO Cist 10 (1954), S. 1—105.
Das Land Baden-Württemberg. Amtliche Beschreibung nach Kreisen und Gemeinden, Bd. VII: Regierungsbezirk Tübingen, Stuttgart 1978.
Lang, Peter: Die Ulmer Katholiken im Zeitalter der Glaubenskämpfe. Lebensbedingungen einer konfessionellen Minderheit, Frankfurt/Main 1977.
—: Die Ulmer Katholiken zwischen Reformation und Mediatisierung (1530—1803), in: Hans Eugen Specker und Hermann Tüchle (Hrsg.), Kirchen und Klöster in Ulm, Ulm 1979, S. 232—252.
Linck, O.: Mönchtum und Klosterbauten Württembergs im Mittelalter, Stuttgart 1953.
Lins, Bernhard: Geschichte der bayerischen Franziskanerprovinz zum Hl. Antonius von Padua von ihrer Gründung bis zur Säkularisation, München 1926.
Lonhard, Otto-Günter: Das Kloster Blaubeuren im Mittelalter. Rechts- und Wirtschaftsgeschichte einer schwäbischen Benediktinerabtei (Veröffentlichung der Kommission für geschichtliche Landeskunde in Baden-Württemberg, Bd. 25), Stuttgart 1963.
Maier, Konstantin: Die Diskussion um Kirche und Reform im schwäbischen Reichsprälatenkollegium zur Zeit der Aufklärung (Beiträge zur Geschichte der Reichskirche in der Neuzeit 7), Wiesbaden 1978.
Matzke, Josef: Die ehemaligen Besitzungen des Klosters Reichenau im heutigen Kreis Neu-Ulm, in: UO 31 (1962), S. 57—97.

Metzger, G.: Der Dominikanerorden in Württemberg am Ausgang des Mittelalters, in: BllWKG N. F. 46 (1942), S. 4—60; 47 (1943), S. 1—20.

Miller, Max: Die Söflinger Briefe und das Klarissenkloster Söflingen bei Ulm im Spätmittelalter, Würzburg 1940.

—: Das Römische Tagebuch des Ulmer Stadtammans Konrad Locher aus der Zeit des Papstes Innozenz VIII, in: Hist. Jahrbuch 60 (1940), S. 270—300.

—: Das Klarissenkloster in Söflingen. Sonderdruck eines Vortrages von 1960 (Württembergische Landesbibliothek Stuttgart).

—: Der Streit um die Reform des Barfüßerklosters in Ulm und des Klarissenklosters in Söflingen und seine Beilegung 1484—1487, in: Aus Archiv und Bibliothek. Studien aus Ulm und Oberschwaben, Max Huber zum 65. Geburtstag (hrsg. von Alice Rössler), Weißenhorn 1969, S. 175—193.

Moormann, John: A History of the Franciscan Order from its Origins to the Year 1517, Oxford 1968.

Naujoks, Eberhard: Obrigkeitsgedanke, Zunftverfassung und Reformation. Studien zur Verfassungsgeschichte von Ulm, Eßlingen und Schwäbisch Gmünd (Veröffentlichungen der Kommission für geschichtliche Landeskunde in Baden-Württemberg, Bd. 3), Stuttgart 1958.

Neumann, Eva Gertrud: Rheinisches Beginen- und Begardenwesen, Meisenheim/Glan 1960.

Oliger, Livarius: De origine Regularum Ordinis S. Clarae, in: AFH 5 (1912), S. 181—219, 413—447.

Omaechevarria, J.: Artikel »Clarisse«, in: Dizionario degli Istituti di Perfezione I (1974), S. 116—131.

Rampf, August: Die Siegel der Gründungsurkunden von Söflingen, in: Schwäb. Zeitung Ulm vom 10. Febr. 1977, S. 12.

Reichenmiller, Margareta: Das ehemalige Reichsstift und Zisterziensernonnenkloster Rottenmünster. Studien zur Grundherrschaft, Gerichts- und Landesherrschaft (Veröffentlichungen der Kommission für geschichtliche Landeskunde in Baden-Württemberg, Bd. 28), Stuttgart 1964.

Romanini, A. M.: Artikel »Architettura monastica occidentale«, in: Dizionario degli Istituti di Perfezione I (1974), S. 790—827.

Ruf, Paul: Säkularisation und Bayerische Staatsbibliothek, Bd. 1, Wiesbaden 1962.

Schäfer, Albrecht: Die Orden des hl. Franziskus in Württemberg, in: BllWKG, N. F. 23 (1919), S. 1—38, 49—110, 145—171; 24 (1920), S. 55—104.

Schib, Karl: Geschichte des Klosters Paradies (Konstanz), Schaffhausen 1952.

Schmid, Johann Christoph: Ulmer Reformationsgeschichte, 1817.

Schmitz, Cajetan: Die Zustände der süddeutschen Konventualen am Ausgang des Mittelalters, Düsseldorf 1914.

—: Der Anteil der süddeutschen Observantenvikarie an der Durchführung der Reform, in: Frz.St. 2 (1915), S. 359—376; 3 (1916), S. 41—57, 354—364.

Schrohe, H.: Geschichte des Reichsklaraklosters in Mainz, Mainz 1904.

Seitz, A. M.: Die Grafen von Dillingen und Ihre Klosterstiftungen in: Jahrbuch des hist. Vereins Dillingen 64/65 (1962/63), S. 39—60.

Spätling, Luchesius: Das Klarissenkloster in Brixen, in: Frz.St. 37 (1955), S. 365—388.

Specker, Hans Eugen: Ulm. Stadtgeschichte, Ulm 1977.

—: Das Augustinerchorherrenstift St. Michael zu den Wengen (1183—1549), in: Hans Eugen Specker und Hermann Tüchle (Hrsg.), Kirchen und Klöster in Ulm, Ulm 1979, S. 49—88.

Straganz, Max: Zur Geschichte der Minderbrüder im Gebiet des Oberrheins, in: FDA N. R. 1 (1900), S. 319—395.

—: Die ältesten Statuten des Klarissenklosters zu Brixen, in: Frz.St. 6 (1919), S. 143—170.

Stöhlker, F.: Die Kartause Buxheim 1, Buxheim 1974.

Stupperich, Robert: Martin Frecht, in: NDB V (1961), S. 384 f.

Tüchle, Hermann: Beiträge zur Geschichte des Ulmer Dominikanerklosters, in: Aus Archiv und Bibliothek, Studien aus Ulm und Oberschwaben, Max Huber zum 65. Geburtstag (hrsg. von Alice Rössler), Weißenhorn 1969, S. 194—207.

Tuscher, Franz: Das Reichsstift Roggenburg im 18. Jahrhundert, Weißenhorn 1978.

Wauer, Edmund: Entstehung und Ausbreitung des Klarissenordens in den deutschen Minoritenprovinzen, Leipzig 1906.

Weser, Rudolf: Das Pektorale von Söflingen, in: Archiv für Christl. Kunst 32 (1914), S. 65—67.

—: Bodenfließenfund in Söflingen, in: Ebd. 33 (1915), S. 90—99.

—: Der Kirchenschatz von Ulm bei Beginn der Reformation, in: Ebd. 36 (1918), S. 70—82, 86—101.

—: Bauanlage und Baugeschichte des Klosters Söflingen, in: Ebd. 41 (1926), S. 89—115.

Wortmann, Reinhard: Söflingen, Weißenhorn o. J.

—: Söflingen, in: Die Kunstdenkmäler des ehemaligen Oberamtes Ulm, München 1978, S. 601—693.

VERZEICHNIS DER ABKÜRZUNGEN

AF	=	Analecta Franciscana
AFH	=	Archivum Franciscanum Historicum
Alem. Fr.	=	Alemania Franciscana (siehe Quellen- und Literaturverzeichnis: Darstellungen)
BF	=	Bullarium Franciscanum (siehe Quellen-Literaturverzeichnis: Gedruckte Quellen)
BllWKG	=	Blätter für Württembergische Kirchengeschichte
DA Rottenburg	=	Diözesanarchiv Rottenburg
FDA	=	Freiburger Diözesanarchiv
Frz.St.	=	Franziskanische Studien
HHStA Wien	=	Haus-, Hof- und Staatsarchiv Wien
HJb	=	Historisches Jahrbuch
HStA Stgt.	=	Hauptstaatsarchiv Stuttgart
Kneschke	=	E. H. Kneschke, Neues allgemeines deutsches Adelslexikon, 9 Bde., Leipzig 1859 (Neudruck: Hildesheim 1973)
NDB	=	Neue deutsche Biographie
N. F.	=	Neue Folge
N. R.	=	Neue Reihe
StA Ludwigsburg	=	Staatsarchiv Ludwigsburg
StA Ulm	=	Stadtarchiv Ulm
UO	=	Ulm und Oberschwaben. Zeitschrift für Geschichte und Kunst
UUB	=	Ulmisches Urkundenbuch (siehe Quellen- und Literaturverzeichnis: Gedruckte Quellen)
WUB	=	Wirtembergisches Urkundenbuch

Personenregister

Nicht aufgenommen sind die Namen der einzelnen Schwestern des Söflinger Klosters. — Namen, die nur in den Anmerkungen genannt werden, sind mit * versehen.

PÄPSTE

BISCHÖFE